Ambición moral

Ambición moral

Deja de malgastar tu talento y empieza a cambiar el mundo

Rutger Bregman

Traducción de Joan Andreano-Weyland

Obra editada en colaboración con Editorial Planeta – España

Título original: *Moral Ambition. Stop Wasting Your Talent and Start Making a Difference*

Publicado originalmente en los Países Bajos con el título Morele ambitie por De Correspondent (decorrespondent.nl/en), una plataforma periodística financiada por sus miembros que da voz a autores independientes.
Únete al movimiento en moralambition.org.

Bajo el sello editorial PLANETA M.R.
Avenida Presidente Masaryk núm. 111,
Piso 2, Polanco V Sección, Miguel Hidalgo
C.P. 11560, Ciudad de México
www.planetadelibros.com.mx

Primera edición impresa en España: octubre de 2025
ISBN: 978-84-1100-422-0

Primera edición impresa en México: abril de 2026
ISBN: 978-607-39-4149-5

Impreso en los talleres de Impregráfica Digital, S.A. de C.V.
Avenida 11 # 463, interior bodega 2, Colonia San Nicolas Tolentino
Iztapalapa , CDMX, C.P. 09850
Impreso en México - *Printed in Mexico*

Índice

Prólogo
El cerebro más feliz de la Tierra

> No puedo creer que el propósito de la vida sea ser feliz. Creo que también el propósito de la vida es ser útil, ser responsable, ser compasivo. Es, sobre todo, importar, contar, representar algo, haber marcado alguna diferencia por haber vivido.
>
> Leo Rosten, escritor (1908-1997)

Los neurólogos apenas podían creer lo que veían. Nunca antes habían tenido delante un cerebro como ese. Era primera hora de la mañana del 22 de mayo de 2001, y en un laboratorio de la Universidad de Wisconsin el equipo examinaba las últimas imágenes por resonancia magnética.[1]

¿Qué demonios sucedía? El sujeto exhibía un nivel de ondas gamma inédito en neurociencia. El lateral izquierdo del córtex prefrontal —la parte del cerebro asociada a la felicidad— bullía de actividad, mientras que el lado derecho —asociado a pensamientos negativos— marcaba casi nada.[2]

Cuando los científicos publicaron sus resultados, la

prensa proclamó que habían hallado al ser humano con el cerebro más hermoso del planeta. «Su nivel de control mental es asombroso», escribió un periodista británico, «y los impulsos felices de su cerebro se salen de toda escala».[3]

¿Quién era esta persona? Y ¿cómo consiguió su cerebro ser así? La persona de las imágenes por resonancia magnética era un monje budista llamado Matthieu Ricard. Había crecido en París y obtenido un doctorado en genética molecular por el prestigioso Instituto Pasteur. Pero a la edad de veintiséis años, con una prometedora carrera científica ante él, Ricard lo dejó todo atrás y viajó al Tíbet. Allí, con el tenue aire del Himalaya, estudió con los grandes maestros budistas.

Ricard acabaría acumulando más de 60.000 horas de meditación. Año tras año alimentó su cerebro con pensamientos de amor y compasión, y el efecto fue asombroso. Para cuando acabó en aquel escáner, según los titulares de todo el mundo, Ricard era «el hombre más feliz del mundo».

Lo que este monje había conseguido era algo que millones de personas persiguen como objetivo último de sus vidas. Parecemos no saciarnos de mantras, métodos y trucos que prometen mayor presencia activa, prosperidad y bienestar. Uno puede fácilmente pasar 60.000 horas leyendo miles de libros acerca de los siete hábitos, las doce reglas o ese gran secreto único para vivir una vida larga y feliz. Todo ello, con la esperanza de, algún día, tener un cerebro tan bello como el del ilustre galo.

Pero también puede uno contemplar al señor Ricard bajo una nueva lente. Aquí tenemos a un tipo que ha pasado 60.000 horas —7.500 días laborables, el equivalente a 30 años de trabajo ininterrumpido— en su propia cabeza.

Treinta años en los que hizo poco por los demás; treinta años en los que no movió un dedo por hacer del mundo un lugar mejor.

Puede que sueñes con hacer algo más con tu limitado tiempo en este planeta. Tal vez tu propia felicidad no sea el objetivo principal; mucho menos el objetivo definitivo de tu vida. Tal vez no quieres verte, en tu lecho de muerte, con el incómodo sentimiento de que tenías más que dar, tal vez mucho más.

En tal caso, necesitarás un libro que sea algo más que la última guía para hallar la felicidad. No un libro para hacerte la vida más fácil, sino uno que te la haga un poco más difícil. No un libro que ofrezca solaz, sino uno que cause fricción. Ese tipo de libro que un poco desearías no haber escogido porque, al acabarlo, probablemente deberías cambiar tu vida.

Este es exactamente ese tipo de libro.

I

No, no estás bien como estás

> Alguna gente puede pasarse la vida subiendo por la escalera del éxito, tan solo para darse cuenta, al llegar a la cima, de que la escalera está apoyada en la pared equivocada.
>
> Allen Raine, escritora (1836-1908)

I

De todo lo que desperdiciamos en estos tiempos de desperdicio, lo más importante es el talento echado a perder. Hay millones de personas en todo el mundo que podrían contribuir a hacer del mundo un lugar mejor, pero no lo hacen. ¿Cómo es posible? En primer lugar está la razón obvia: no tienen la oportunidad. Al fin y al cabo, la mitad de la población del mundo ha de vivir con menos de siete dólares al día.[1] ¿Cuántos Einstein perdidos hay entre ellos?

Pero en realidad aquí hablo de la gente que ha tenido todas las oportunidades. Aquellos que tienen el poder de moldear sus propias carreras, aunque viendo sus currículos, totalmente anodinos, uno nunca lo diría. Hablo de las personas con talento, con el mundo a sus pies y que, no obstante, se quedan atrapados en trabajos estúpidos, inútiles o directamente dañinos.

Hay un antídoto contra este tipo de desperdicio, y se llama *ambición moral*. La ambición moral es la disposición o el deseo de hacer del mundo un lugar decididamente mejor. Dedicar tu vida laboral a los grandes desafíos de nuestra época, ya sea el cambio climático o la corrupción, las tremendas desigualdades o la próxima pandemia. Es el anhelo de marcar una diferencia... y de dejar un legado que realmente importe.

La ambición moral comienza con una sencilla revelación: solo tenemos una vida. El tiempo que tenemos en este planeta es nuestra posesión más preciada. No puedes comprar más tiempo, y toda hora que hayas gastado se ha ido para siempre. Una carrera a tiempo completo consiste en unas 80.000 horas, o 10.000 días laborables, o 2.000 semanas laborables. Cómo pases ese tiempo es una de las decisiones morales más importantes de tu vida.

Así pues, ¿qué quieres que muestre tu currículo? ¿Una lista respetable, aunque insulsa? ¿O pones el listón más alto? Los individuos moralmente ambiciosos no se mueven con el ganado, sino que creen en una forma de libertad más profunda. La libertad de dejar de lado los estándares convencionales de éxito, de abrir tu propio camino por la senda de la vida, sabiendo que es un viaje que solo se puede hacer una vez.

Aquellas personas que deseen hacer el bien en el mundo actual no tienen que buscar muy lejos. Recuperándonos todavía de una pandemia mundial, vemos los niveles de hambre aumentar por primera vez en años.[2] Entre tanto la autocracia está en auge, mientras el número de personas obligadas a abandonar sus hogares ha llegado a los 100 millones por primera vez.[3] Y mientras las temperaturas rompen récords año tras año, los climatólogos subrayan la necesidad de «la mayor y más fundamental transformación de la sociedad jamás intentada en tiempos de paz».[4]

Resumiendo: nuestro tiempo requiere ambición moral.

Ahora estarás pensando: «Todo eso está muy bien, pero tengo un trabajo a tiempo completo, dos hijos y una hipoteca. Me gusta reciclar y comer tofu de vez en cuando, pero ¿una "transformación fundamental"? No, gracias».

En ese caso, puede que este libro no sea para ti. Seamos sinceros: una vez tienes un golden retriever, un juego de cuchillos para queso o un robot cortacéspedes, no suele haber marcha atrás. Pero si te irrita oír eso —como imagino que te pasa—, bueno, venga, demuéstrame que me equivoco. He aprendido que siempre hay excepciones, y en este libro te quiero mostrar que tú puedes ser una excepción.

Cuando se trata de ambición moral, nunca es demasiado tarde para dar un paso adelante.

2

Comencemos por un sencillo modelo de lo que puedes hacer con tus talentos. Ya sea que tengas toda tu carrera por delante o que busques hacer un cambio, me parece que tienes, a grandes rasgos, cuatro opciones:

	No tan idealista	**Idealista**
No tanta ambición	I. Trabajo de mierda, independientemente de ser rico	III. Apasionado a tiempo parcial, activista en línea
Ambición	II. Abogado corporativo, asesor, finanzas o tecnología	IV. Ambición moral

Trabajos de Categoría 1: ni muy ambiciosos, ni muy idealistas

Algunos trabajos sencillamente no aportan mucho valor añadido. Se trata de ocupaciones en las que se elaboran informes que nadie lee, o se gestiona el trabajo de colegas que no necesita ser gestionado. Investigaciones recientes demuestran que cerca de un 8 por ciento de los empleados opina que su trabajo carece de sentido. Otro 17 por ciento confiesa tener dudas acerca de si su trabajo contribuye en algo a la sociedad.[5]

El difunto antropólogo David Graeber (1961-2020) reservaba un término altamente técnico para esos empleos: trabajos de mierda.[6] ¿De qué trabajos hablamos? Bueno, sabemos cuáles no son esos trabajos. En 2020, al inicio de la pandemia de COVID-19, surgían por todas partes listas de «trabajadores esenciales»: de personal de limpieza a barrenderos, de profesores a bomberos, de chóferes de autobús a enfermeros diplomados. Esa es la gente que hace que el mudo funcione; no necesitan lecciones de ambición moral.

Pero hay también un tipo de trabajos no tan útiles. Una clase compuesta por *influencers* y técnicos de mercado, de miembros de grupos de presión y de gestores, de asesores y de abogados corporativos: el tipo de gente que, si fuera a la huelga, al mundo no le importaría. No deja de ser notable que este grupo incluye a muchos hombres y mujeres con currículos impresionantes y salarios igualmente impresionantes. Me recuerdan a aquel empleado de Facebook que declaró: «Las mejores mentes de mi generación están pensando cómo hacer que la gente haga clic en un anuncio».[7]

¿Quiénes creen que su trabajo es una mierda?

El porcentaje de personas que creen que su trabajo es inútil o que duda de su valor para la sociedad, por ocupación

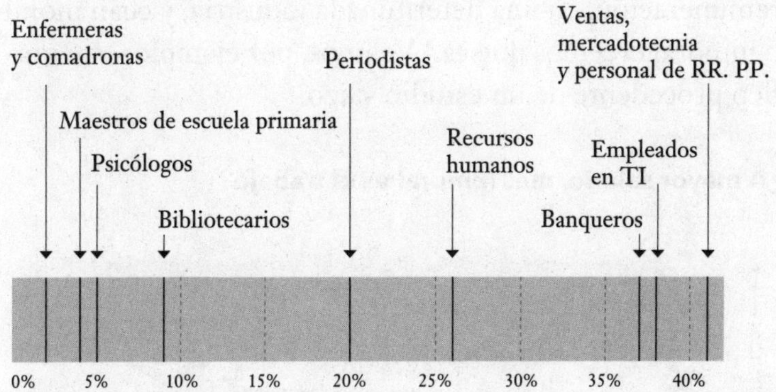

Fuente: Dur y Van Lent (2019)

Pero puede ser peor. Algunos trabajos son directamente dañinos, y caen dentro de lo que se llama a veces «industrias pecaminosas». Aquí hallamos contables que ayudan a los ricos a eludir impuestos, mercadotécnicos vendiendo fármacos adictivos, *brokers* intentando colocar productos financieros dudosos y cualquiera que trabaje para la industria de las apuestas o del tabaco.

A menudo estos trabajos reciben una mano de pintura de relaciones públicas. Por ejemplo, la gigante tabaquera Philip Morris asegura estar trabajando hacia «un futuro sin tabaco». Pero no nos engañemos: estamos hablando de personas a las que se les paga por hacer daño al resto de la sociedad.

A menos que los acorralen, muchos de estos empleados no aceptarán que tienen un trabajo inútil o incluso dañino. No es exactamente el tipo de cosas de las que uno habla en una fiesta («*Sí, estoy en el negocio de las adicciones, ¿y tú?*»).

Puede que sea esa la razón por la que tales puestos están tan bien remunerados. Uno quiere una compensación por tener que admitir que realiza ese tipo de trabajo. En realidad hay una sorprendente correlación entre la escala de remuneración, en una determinada industria, y cuán moral o inmoral creemos que es.[8] Veamos, por ejemplo, este gráfico procedente de un estudio suizo:

¿A mayor salario, más inmoral es el trabajo?

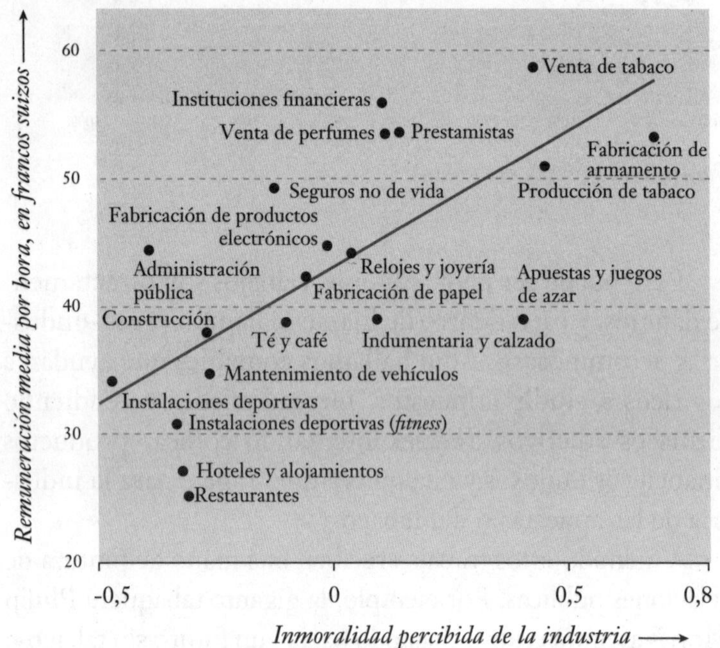

Fuente: Schneider, Brun y Weber (2020)

Hay una escotilla de escape para algunas de las personas que se encuentran en esta categoría de «ni tan ambicioso, ni tan idealista»: hacerse económicamente independientes. Incontables libros de autoayuda explican cómo hacerse rico con el mínimo esfuerzo, de manera que uno pueda salir lo antes posible de la rueda, y luego relajarse y descansar. Hoy en día hay montones de personas de veintipocos y treinta y pocos años que sueñan con acumular «ingresos pasivos»: rentas inmobiliarias, por acciones o por criptomonedas, de modo que puedan «ganar» lo suficiente como para retirarse pronto.[9]

No tengo nada en contra de tener algún ahorro y algunas inversiones, por supuesto. Pero en lo esencial, este tipo de pensamiento siempre me parece un poco triste. Implica que buscas un tipo de libertad en el que no tengas que mover un dedo. El sueño es hacer la transición de siervo de oficina a persona independiente de tal modo que puedas delegar el trabajo pesado y no tener que contribuir a la sociedad.

Trabajos de Categoría 2: ambiciosos, pero no muy idealistas

La segunda categoría de talento desperdiciado consiste en el trabajo de personas ambiciosas pero no muy idealistas. Dicho de otra manera, esta gente quiere llegar a la cima, pero tiene indicadores de éxito carentes de alma: un título bonito, un buen salario, una gran oficina u otras ventajas.

Tomemos por ejemplo graduados de las universidades más prestigiosas. Un 45 por ciento de los alumnos de Harvard acaban en finanzas o asesorías.[10] Una encuesta realizada años atrás en mi nación, los Países Bajos, muestra que un 40 por ciento de los «triunfadores» (los estudiantes universitarios con mejores calificaciones) aspiran a trabajar en grandes firmas de asesoría como McKinsey o el Boston Consulting Group.[11]

Estamos hablando, aquí, de un colosal desperdicio de talento. El economista Benjamin Lockwood, que estudió en Amherst, la universidad de élite de Massachusetts, se dio cuenta de que muchos de sus compañeros acabaron en campos sin una clara aportación a la sociedad.[12] Y en 2017, Lockwood y dos colegas publicaron un rompedor estudio que mostraba que muchos de esos antiguos compañeros ahora costaban dinero a la sociedad: pensemos, por ejemplo, en ejecutivos bancarios que precisaron rescates con dinero público.[13]

Un abogado corporativo, por ejemplo, cuesta unos 30.000 dólares por año a la sociedad, y un banquero comercial, más de 100.000.[14] Es mucho dinero, pero si se le plantea, Lockwood responde que los costes en oportunidades son mucho mayores. Se trata de jerga económica que significa: piensa cuánto mejor estaría nuestro mundo si esa gente tan brillante hubiera hecho algo útil con sus vidas.[15]

Pongamos por ejemplo a los asesores. La mayoría de los asesores ciertamente contribuyen a la sociedad, pero (esto es crucial) mucho menos de lo que podrían. Ayudan a que una organización tenga un mejor flujo de trabajo, o políticas de recursos humanos más claras, o van informando a una compañía tras otra acerca de una nueva legislación. El trabajo está bien y no hace daño a nadie. Pero pensemos en esto: en el mejor caso, estas personas con tanto talento ayudan a otras a ser más productivas. Se preocupan de que las cosas funcionen mejor; rara vez ponen nada en marcha. No crean nuevas organizaciones, no innovan, y por norma general no se preocupan por los desafíos más importantes a los que nos enfrentamos.

Si escoges esta senda profesional tendrás un buen salario. Si estás entre los mejores de tu campo, podrás permitirte ir a esquiar de modo regular, o comprarte esa casa en la playa con la que siempre has soñado. Pero ¿realmente eso es todo lo que esperas de la vida? Tiene que haber algo más. Muchos jóvenes asesores, según un reportaje del *Financial Times* de hace unos años, «sienten que aportan poco valor añadido al mundo, y no tienen sensación de crecimiento personal, comunidad y propósito».[16]

Se perciben frustraciones similares incluso entre doctores, profesionales que solemos considerar esenciales. Hoy en día nuestros mejores médicos son capaces de hacer cada vez más por ayudar a cada vez menos pacientes. Tenemos brillantes cardiólogos que ya no tienen que realizar agresivas operaciones a corazón abierto, sino que pueden sustituir una válvula cardíaca dañada a través de una diminuta incisión en la ingle del paciente. Fantástico, ¿no es cierto? Pero en la práctica, estas operaciones de alto coste se suelen realizar a pacientes ricos, con un buen seguro médico, de más de ochenta años, en un intento de prolongar su vida unos años más. Es más: estudios a escala internacional demuestran que hasta un tercio de las intervenciones médicas (no solo operaciones, sino pruebas, recetas, de todo) resultan ser innecesarias o incluso dañinas.[17]

Más doctores ≠ vidas más largas

Expectativa de vida vs. médicos por cada 1.000 habitantes

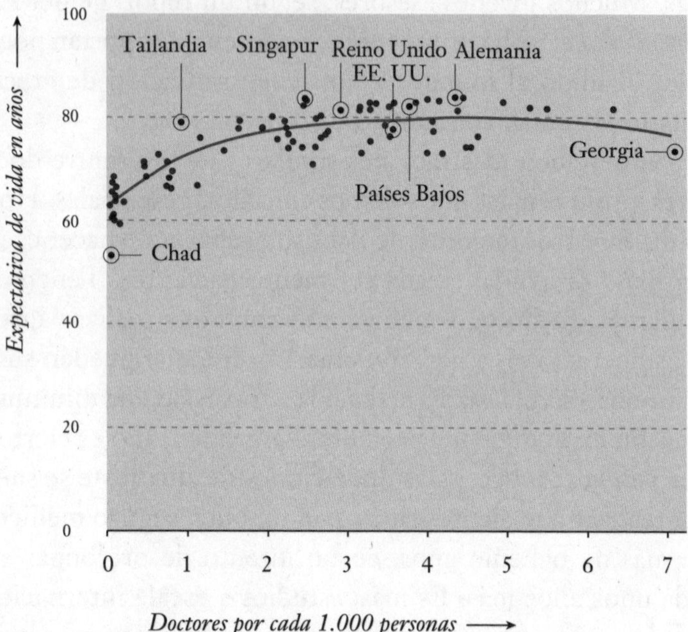

Fuente: Banco Mundial (2019)

Las cosas no son mucho mejores entre los emprendedores. Hace poco hojeaba una lista de *startups* exitosas y detecté algunas iniciativas inspiradas: una compañía que trabajaba en carne cultivada en laboratorio, otra que estaba construyendo un coche movido por energía solar o una organización que desarrollaba un spray nasal que protegía contra virus. Todo ello muy prometedor.[18]

Pero mucho más a menudo nos ofrecen soluciones a problemas que ni sabíamos que teníamos. Pongamos por ejemplo la categoría «mejores jóvenes emprendedores», en la que encontré la suscripción a cabezales para cepillos de dientes eléctricos.[19] ¿Qué tal, si no, la siguiente aplicación para invertir, o la próxima gran web de venta de moda? O tal vez la enésima aplicación de comida a domicilio, un servicio personalizado de vitaminas o aquella *startup* de colchones que parecía publicitarse en todos los *podcasts* de mi muro tiempo atrás («un colchón es el producto más aburrido que uno pueda imaginarse», según sus fundadores).[20]

No tengo nada contra los colchones, y renovar el cabezal de mi cepillo de dientes cada dos meses me parece bastante práctico, para ser sincero. Pero tenemos que preguntarnos lo que los fundadores de esas compañías habrían logrado si se hubieran enfrentado a un desafío como, no sé, los 5,4 millones de niños que mueren cada año por enfermedades que podemos prevenir fácilmente. ¡Fácilmente![21]

¿Y si pusieran su talento al servicio de algo que realmente importara?

Trabajos de Categoría 3: idealistas, pero no muy ambiciosos

Después tenemos una tercera categoría, compuesta por personas que son idealistas, pero no ambiciosas. Es una combinación que vemos a menudo en miembros de la Generación Z, es decir, nacidos a partir de 1996.

Una encuesta tras otra muestran que los adolescentes y veinteañeros componen la generación más progresista de la historia.[22] Eso es una noticia magnífica. La mayoría de los jóvenes son más idealistas que sus padres, y se centran en algunos de los desafíos más candentes de hoy en día, sea el cambio climático, el racismo, el acoso sexual o la desigualdad.

Pero hay algo que no cuadra. Lo ves en la elección de carreras de los jóvenes: carentes de ningún interés en sumarse a la carrera de ratas capitalista, muchos de ellos quieren trabajos por los que sientan pasión y sean preferentemente a tiempo parcial.[23]

A veces parece que «ambición» se ha convertido en una palabrota, incompatible con un estilo de vida idealista. A mucha gente le preocupa más el tipo de trabajo que hace que el impacto que ese trabajo tiene. Siempre y cuando siente bien hacerlo. «Lo pequeño es bello», les oirás decir. O «piensa en global, actúa en local»... como si conseguir poco fuera, de algún modo, una virtud.

La frase «sigue tu pasión» en libros publicados entre 1970 y 2020

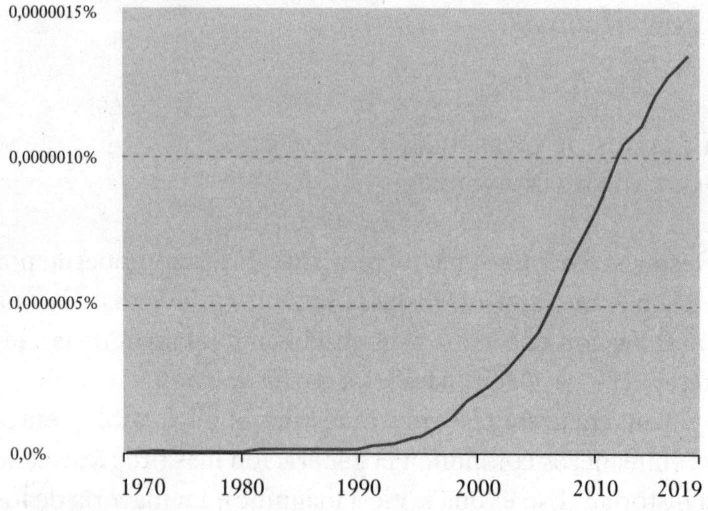

Fuente: Google Ngram

Uno pensaría que en algunos círculos el bien más preciado es no conseguir nada en absoluto. En esos casos, una buena vida se define por lo que uno no hace. No vueles. No comas carne. No tengas hijos. Y hagas lo que hagas, ni se te ocurra usar una pajita de plástico. ¡Reduce! ¡Reduce! ¡Reduce! El objetivo es dejar la menor huella posible, con tu pequeño huerto y tu casita diminuta. ¿En el mejor de los casos? Tu impacto sobre el planeta es tan irrelevante que bien podrías no haber existido.

No me malinterpretes: es buena idea alinear incluso la más diminuta de tus acciones con tus valores más importantes, y no comer carne de granjas industriales me parecería un mínimo moral. Pero una buena vida ha de consistir en algo más que en lo que uno no hace, ¿no es cierto? Sería de esperar que en el lecho de muerte pudiéramos resumir nuestra vida en algo más que meramente el daño que no hemos hecho.

Desde esta perspectiva, incluso el movimiento más moralista de nuestra época exhibe una grave carencia de ambición. Hablo de esos a los que llaman *woke*. Aunque a menudo los acusan de ir demasiado lejos, los activistas *woke* muy a menudo se quedan cortos. Tomemos por ejemplo la preocupación por las palabras con las que describir el mundo. Sí, las palabras importan, y hasta cierto punto incluso dan forma a nuestra realidad. Pero al cabo, lo que uno hace importa mucho más.

Si examinamos los éxitos concretos de estos activistas, se nos antojan más bien escasos. Ciertamente, en la actualidad puedes llegar a millones de personas con una diatriba en línea contra el machismo, el racismo o el capitalismo. ¡Abajo el patriarcado! ¡Recortad la policía! ¡Que los ricos paguen impuestos! Tener muchos seguidores en Instagram no es lo mismo que construir una organización eficaz. Hacerse viral no es lo mismo que obtener mayoría en una legislatura. A veces la protesta moderna parece poco más que un montón de clics y «me gusta», con la esperanza de que alguien más importante tome nota.[24]

«Lo que la gente no comprende», escribe Patrisse Khan-Cullors, fundadora de Black Lives Matter, «es que organizarse no es meterse en Internet a insultar a personas, o ir a una protesta a denunciar algo».[25] Para que se produzcan cambios reales se necesita mucho más. ¿Cómo se construye una coalición? ¿Cómo se presiona con eficacia? ¿De dónde procede el dinero? ¿Quién desempeña un papel crucial en esa comisión a escala local, estatal o nacional? ¿Cómo saber qué botones presionar, y cuándo hacerlo? ¿Y quién sabe cómo retorcer las leyes de modos inteligentes a su favor?

El problema con los idealistas poco ambiciosos es que tienden a priorizar la toma de conciencia por encima de la acción. Sus palabras e intenciones toman preferencia por encima de actos y consecuencias, y aquello que realmente «es» queda eclipsado por «cómo hace sentir». Pero aquí está la cuestión: la conciencia, sin más, no ayuda a nadie. Tomar conciencia de las cosas no pone comida en la mesa. Tomar conciencia de las cosas no paga un techo. Tomar conciencia de las cosas no enfriará el planeta, ni hallará refugio para 100 millones de refugiados, ni supondrá ninguna diferencia para los 100.000 millones de animales en granjas industriales de todo el mundo.[26]

Tomar conciencia es, en el mejor de los casos, un punto de partida, mientras que para muchos activistas parece haberse convertido en un objetivo.

Trabajos de Categoría 4: idealistas y ambiciosos

¿Hay otro camino? Imaginemos que tomamos el anhelo de una persona muy ambiciosa y de talento, y le añadimos una generosa ración de idealismo. ¿Qué obtendremos?

Dejadme que os presente a mi héroe personal, alguien al que volveremos a lo largo de este libro, el autor y activista Thomas Clarkson. En 1785, con 24 años, siendo estudiante universitario, Clarkson decidió participar con un ensayo escrito en latín en un concurso de la Universidad de Cambridge. Para hacerlo había que responder una corta pregunta: *Anne liceat invitos in servitutem dare?*

Es decir: ¿es correcto someter por la fuerza a otros a esclavitud?

En aquella época, ganar un concurso de ensayo en latín era el modo de labrarse un nombre en la universidad. «No tenía más motivación que la de otros tantos jóvenes universitarios en tales ocasiones», recordaría más tarde Clarkson, «es decir: el deseo de distinción, o de honores literarios».[27]

Solo había un problema: Clarkson no sabía nada acerca de la esclavitud.

Los estudiantes tenían dos meses para poner negro sobre blanco sus ideas, y aunque la mayoría solo comenzó a sentir la presión cuando la fecha límite era inminente, Clarkson era diferente. Se puso de inmediato manos a la obra.

Al audaz estudiante le encantaban los desafíos intelectuales, y pensó que disfrutaría del proceso de investigación. Pero los hechos lo conmovieron. «De día me sentía inquieto. Por la noche descansaba poco. A veces el dolor era tan intenso que no conseguía cerrar los párpados.» Clarkson mantenía una vela encendida cerca de la cama por si se le ocurría algo por la noche, porque creía que «ningún argumento de ninguna clase debía perderse en una causa tan noble».[28]

Unas cuantas semanas de intenso trabajo después, el ensayo estaba finalizado. En poderosa prosa, Clarkson concluía que la esclavitud era «contraria a la razón, a la justicia, a la naturaleza, a los principios del Derecho y de gobierno [...] y a la revelada voz de Dios».[29] Y, como imagináis, obtuvo el primer puesto. Le invitaron a presentar el ensayo ganador en la majestuosa Casa del Senado de la Universidad de Cambridge. Allí se plantó, un joven de elevada estatura, cabello desordenado y ojos de fiero brillo. Todo parecía indicar que Thomas Clarkson tenía una gloriosa carrera por delante.

Pero de regreso a Londres no conseguía sacarse de la cabeza el tema de su ensayo. Desmontó de su caballo y se puso a caminar, distraído. Intentó convencerse de que había cometido algún error, de que hechos tan siniestros no podían ser verdad. Pero cuanto más pensaba en ello, más seriamente se asentaban en su conciencia aquellos. Cuando apareció ante él la pequeña aldea de Wade's Mill se detuvo y se sentó, lúgubre, en un margen del camino. «Allí me vino a la mente la idea», escribiría más tarde, «de que, si el contenido de mi ensayo era cierto, iba siendo hora de que alguien procurase acabar con tales calamidades».[30]

Si el fin del tráfico de esclavos comenzó en algún lugar, fue allí, a un lado de la carretera, junto a Wade's Mill, en el verano de 1785.[31]

Evidentemente había habido otros que habían protestado contra las más abyectas formas de esclavitud. Y ciertamente la historia está llena de actos de resistencia por parte de las personas esclavizadas, que una y otra vez intentaron librarse de sus cadenas.[32] Pero lo cierto es que, durante siglos, las víctimas del sistema no consiguieron derrocarlo. La noción misma de abolicionismo, la idea de que la institución misma de la esclavitud podía abolirse definitivamente, pareció impensable durante mucho tiempo.

Y por ello Clarkson creyó que estaba solo en su ambición. En los meses posteriores a su revelación vagabundeó a menudo, confuso. «Me adentraba a menudo en los bosques para pensar en el tema en soledad, y para aliviar la mente. Pero la pregunta persistía: "¿Son ciertas todas estas cosas?". Y la respuesta era invariablemente: "Lo son". De lo que se seguía el mismo resultado: "Entonces, alguien debería impedirlo".»[33]

El joven inglés tenía pocos contactos, pero se le ocurrió que podía traducir su ensayo del latín al inglés. Acudió a un impresor de Londres que se mostró interesado en publicarlo «para personas de buen gusto», pero a Clarkson ya no le interesaba la fama literaria en círculos elitistas. Quería que su ensayo llegase a la mayor cantidad de personas posible.

Decepcionado, abandonó la imprenta y se dio de bruces con un viejo amigo de la familia. Detalle crucial: su familia pertenecía a la Sociedad Religiosa de los Amigos, los llamados cuáqueros. Clarkson no sabía que esta iglesia en particular había estado haciendo campaña contra la esclavitud durante bastante tiempo. Y tampoco sabía que ellos llevaban bastante tiempo siguiéndole la pista.

El cuáquero lo llevó a una pequeña librería e imprenta situada en el corazón de Londres. Aquel día, Clarkson descubrió que no estaba solo, ni mucho menos. Londres poseía ya una naciente red de abolicionistas.[34] Una tarde, en una comida con sus nuevos amigos, el joven tomó una decisión. Sabía que alguien debía dedicar su vida a luchar contra la esclavitud, de modo que se levantó y anunció: «Estoy dispuesto a dedicar mi vida a la causa».[35]

Esto puede sonar un poco melodramático. Y si uno lee sus memorias, hoy en día, no puede evitar pensar: «Tranquilo, Clarkson, no te enamores tanto de ti mismo». Pero no nos engañemos, el idealismo trae consigo, a menudo, una dosis de vanidad. En muchos casos de salvadores del mundo se hace difícil saber dónde acaba el idealismo y comienza la vanidad. Es más: si Clarkson hubiera sido menos seguro de sí mismo; si no se hubiese visto a sí mismo como un héroe capaz de hacer historia, ¿habría dedicado su vida al abolicionismo? No es muy probable.[36]

Más tarde Clarkson escribiría que había renunciado, obediente, a sus ambiciones mundanas para seguir el camino que Dios había diseñado para él. Siempre esa falsa modestia. Clarkson era, ciertamente, sincero con respecto a la empatía hacia los sufrimientos de las personas esclavizadas, pero no había perdido de repente toda su ambición. Lejos de ello. Sencillamente había cambiado sus sueños literarios por algo mucho, mucho más grande, pues ¿qué podía ser más trascendental que luchar por acabar con la esclavitud?[37]

Los actos en el mundo real son más importantes que las intenciones, y cuando fue el momento, el ambicioso estudiante universitario mantuvo su palabra. Durante el resto de su vida (sesenta y un años más) Clarkson siguió luchando por sus ideales. Acabó siendo uno de los reformadores más importantes de su época. Lo que el apóstol Pablo fue para el cristianismo, lo que Martín Lutero fue para la Reforma, es lo que fue Thomas Clarkson para el abolicionismo. «Una locomotora moral», lo llamó un coetáneo; «un gigante con una idea».[38]

3

En este libro me gustaría presentarte a algunos de los Thomas Clarkson de nuestro tiempo: todo un desfile de activistas y emprendedores, doctores y abogados, ingenieros e innovadores, todos rebosantes de ambición moral.

Lo que tienen en común es que son reacios a ver sus propios actos como meras gotas en el océano. Creen que pueden marcar una diferencia y están dispuestos a asumir riesgos para conseguirlo. No se limitan a pensar «alguien debería hacer algo al respecto», sino que ellos mismos se ponen en acción.

Otra cosa que muchas de estas personas también comparten es cierto grado de privilegio. No todo el mundo puede dedicar su vida a los mayores problemas del mundo. Thomas Clarkson nunca habría podido ser un abolicionista a tiempo completo sin la herencia que le dejó su padre. Elizabeth Cady Stanton (1815-1902) tampoco se habría convertido en una importante activista por los derechos de la mujer sin la educación que le pagaron sus ricos padres.

Pero no quiero generalizar. Las personas que sufren pobreza, enfermedades, racismo y machismo también pueden mover montañas. Helen Keller (1880-1968) era ciega y sorda, y se convirtió en una legendaria activista a favor de las personas con discapacidades. Malcolm X (1925-1945) creció en medio de la pobreza profunda y se convirtió en un famoso líder en la lucha por los derechos civiles.

Ciertamente, la gente con ambición moral a menudo paga un precio por sus ideales. Malcolm X pagó con su vida. E incluso en el caso de aquellos bendecidos con largas vidas, la ambición moral se cobra su precio. Thomas Clarkson viajó 56.000 kilómetros en un periodo de siete años (a caballo, y a menudo de noche) para llevar sus panfletos y peticiones a la gente. A los treinta y tres años sufrió una crisis nerviosa, lo que hoy llamamos síndrome de *burnout*. Un año tras otro llenaba su cabeza con los horrores de la esclavitud, en hechos, cifras y brutales imágenes. «A menudo sufro mareos y calambres», escribió Clarkson en su diario. «Tengo un desagradable zumbido en el oído, y las manos me tiemblan a menudo. Me sobrevienen escalofríos de modo repentino.»[39]

¿Qué habría pasado si hubieran puesto a este tipo en un escáner de IRM, como hicieron con el monje budista? Con toda probabilidad habría exhibido las ondas gamma más lamentables de la historia. Porque este hombre tenía que tener una materia gris terrible. El lateral izquierdo de su córtex prefrontal no reflejaba la menor chispa de alegría, mientras que el derecho zumbaba de energía negativa. Imaginémonos el titular: «¡EXTRA! ¡EXTRA! ¡HEMOS ENCONTRADO AL HOMBRE MENOS FELIZ DE LA TIERRA! Su nivel de control mental es ínfimo, y los impulsos negativos de su cerebro se salen de todas las gráficas».

De modo que no, Clarkson no era un hombre sereno, y tal vez debería haber realizado ejercicios de respiración. O haber bajado un poco el ritmo. No beneficia a nadie que las personas que intentan hacer del mundo un lugar mejor caigan reventadas a los treinta y tres años, y que los tengan que sacar del campo de juego en camilla a medio partido. Pero al menos no sufrió *burnout* por tener que lidiar con inacabables hojas de cálculo o con la enésima presentación en PowerPoint. «Me vi obligado, con gran pesar», escribió en sus memorias, «a alejarme del campo en el que había situado el gran honor y mayor gloria de mi vida».[40]

De modo que pregúntate: ¿cuál es el «gran honor y mayor gloria» de tu vida? ¿Qué esperas ver el día que mires hacia atrás? «A una persona de honor no le preocupa, en primer lugar, ser respetada, sino ser digna de respeto», escribió el filósofo Kwame Anthony Appiah.[41] Tu honor no es lo mismo que tu reputación. No se trata de dar buena imagen; se trata de hacer el bien.

Una cosa es segura: si quieres llevar una vida moralmente ambiciosa, no hay mejor momento que el presente. El miedo al cambio es a menudo el primer síntoma de envejecimiento, y antes de darse uno cuenta tiene puestas unas esposas de oro: está atrapado en un trabajo mediocre, sin tiempo libre y con todo el dinero reservado para cosas como esa suscripción a cabezales para cepillos de dientes eléctricos.

Pero da el salto y las posibilidades son inmensas. Dado que tantos otros desperdician sus talentos, las personas con ambición moral pueden marcar un mundo de diferencia.

II

Rebaja tu umbral para actuar

En los momentos críticos es posible elevar notablemente las aspiraciones de los demás, especialmente cuando son relativamente jóvenes, sencillamente sugiriendo que hagan algo mejor, o más ambicioso, que lo que tienen en mente. Hacer esto cuesta relativamente poco, pero los beneficios para ellos, y para el resto del mundo, pueden ser enormes. Se trata, de hecho, de una de las cosas más valiosas que uno puede hacer con su tiempo y con su vida.

TYLER COWEN, economista (n. 1962)

I

Es fácil pensar que la ambición moral no está hecha para uno. Tal vez crees que no eres el tipo de persona adecuado, que no tienes material de héroe. Pero ¿qué es lo que hace que algunas personas destaquen? ¿Qué las hace susceptibles de seguir su ambición moral?

Hay una famosa fotografía tomada en 1936 de trabajadores de unos astilleros alemanes haciendo el saludo nazi. Si prestas atención, verás que hay un hombre entre la multitud que no lo hace. Mientras más de cien personas extienden su brazo derecho hacia el *führer*, un hombre permanece de pie, fríamente desafiante, con los brazos cruzados sobre su pecho.

¿Quién era este hombre? ¿Y de dónde sacó el coraje? La fotografía permaneció olvidada, acumulando polvo durante décadas, hasta que un historiador la encontró por casualidad. El 15 de noviembre de 1995, puso un anuncio en un diario vespertino de Hamburgo: ¿alguien reconoce a este hombre? Esa misma semana una lectora respondió diciendo que debía de tratarse de su padre, August Landmesser.

La historia era desgarradora. En 1931, un joven Landmesser se afilió al partido nazi con la esperanza de encontrar un trabajo. Pero solo unos pocos años después conoció a Irma Eckler, de 19 años de edad. Ella era judía y él era ario, y tenía prohibido conocerla. Y sin embargo se enamoraron. Contra todas las leyes, tuvieron dos hijas juntos, Ingrid e Irene.[1] Hay una foto de la familia tomada en junio de 1938. Vemos a un padre sonriente con su hija mayor, y a una madre sosteniendo con firmeza a su bebé.

Un mes después de que se tomara esta fotografía, la Gestapo llamó a la puerta de la joven familia. Las niñas fueron trasladadas por la fuerza a un orfanato, y los padres fueron condenados por *rassenschande*.* Irma fue enviada a un campo de concentración y asesinada en las cámaras de gas; August fue enviado al frente, donde murió en 1944.

Más de medio siglo más tarde, su hija menor abrió el periódico y vio a su padre. La foto de los astilleros se hizo viral, y August Landmesser acabó en millones de chapas, postales, camisetas y afiches. Hoy en día la podemos encontrar en pisos, *pubs* y oficinas, y aún aparece a menudo en las noticias, casi siempre con el mismo comentario: ¡SÉ ESE TIPO!

Tras todos estos años, el hombre que se niega a saludar aún parece plantearnos la pregunta: *¿qué habrías hecho en mi situación*? ¿Habrías sido igual de valiente? ¿O te habrías dejado llevar por la multitud? Esperamos que lo primero, pero nos tememos que lo segundo. «Él es la única persona en toda la escena», escribe un/a historiador/a «que está en el lado correcto de la historia».[2]

La historia de August Landmesser nos recuerda un sencillo hecho: la mayoría de los seres humanos somos animales de rebaño. Hacemos lo que nos dicen que hagamos; aceptamos lo que nos dan; creemos lo que nos cuentan. Aunque podemos sentirnos libres, nos aferramos al guion que va con nuestro estilo de vida.

El miedo a ser diferentes está profundamente imbricado en la naturaleza humana. Puede que nos contemos sinceras

* Término nazi para las relaciones sexuales con no arios, un delito bajo las Leyes de Núremberg, que prohibían uniones entre judíos y otros alemanes.

historias acerca de nuestras convicciones personales, pero lo que en realidad hacemos es cuestión sobre todo de mímica. El anhelo de pertenencia es como un imán que interfiere con nuestra brújula interna. Si solo nos centramos en nuestra vida, resulta fácil confundir libertad con ser libres de hacer cuanto nos apetece. Pero hacer lo que apetece rara vez significa algo más que seguir la corriente al rebaño.

Hay una cita de la antropóloga Margaret Mead en la que pienso a menudo. «Nunca dude de que un pequeño grupo de ciudadanos reflexivos y dedicados pueda cambiar el mundo. En realidad, es el único modo en que cambia.» Puede sonar a eslogan feliz para biempensantes, pero en realidad es una observación cruda y fría.

Lo que dice Mead es que la mayoría de la población se encuentra en los márgenes. La mayoría deja tras de sí una huella pasajera, y son pronto olvidados porque no marcaron una diferencia. Solo una pequeña minoría de ciudadanos dedicados escoge una vida más difícil. Ponen el listón alto y forjan su propio sendero.

Y al hacerlo, cambian el mundo.

2

Pero ¿cómo marcar la diferencia? ¿Qué puedes tú, guerrero solitario, aportar para emplear en los mayores desafíos de nuestro tiempo, ya sea la pobreza, el hambre, la guerra o el cambio climático? En un planeta de 8.000 millones de personas (y creciendo) es fácil sentirse insignificante. Incluso como parte de un grupo, puede parecer imposible dejar marca.

En realidad ocurre al revés.

Un pequeño grupo de individuos dedicados puede tener una enorme influencia, en parte porque la mayoría de las personas está demasiado ocupada viviendo sus vidas. Se trata, en realidad, de una vieja ley de la estadística. En 1906, el economista y jardinero Vilfredo Pareto realizó un descubrimiento sorprendente: un 80 por ciento de sus guisantes crecía en un 20 por ciento de sus vainas. Es decir: dos de cada diez vainas poseían más guisantes que las demás ocho sumadas.

Esta regla del 80/20 parecía aplicarse a más cosas; y hoy en día se la conoce como Principio de Pareto. Los mejores atletas marcan más puntos que el resto del equipo sumado. Los discos de más éxito se reproducen más veces que todas las demás canciones sumadas. Las guerras más devastadoras causan más víctimas que todos los demás conflictos sumados.

Para quienes crecimos en democracia, en la que se dice que «nosotros, el pueblo» somos los que gobernamos, la noción de que la mayoría de los ciudadanos se encuentra en los márgenes debe de resultar sorprendente. Imagina que dispones a toda la población del planeta Tierra en orden de influencia. Luego puedes representar un gráfico con una curva suave:

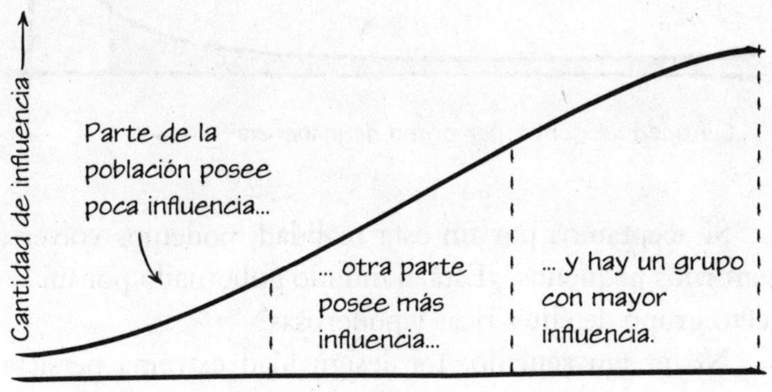

Pero, según Margaret Mead, la realidad no es ni suave ni curva. La realidad es extrema. Los individuos más influyentes no son dos, cinco ni diez veces más influyentes, sino cien, mil, un millón de veces. En estadística se dice que un fenómeno de este tipo sigue una ley potencial, y el gráfico asociado no parece en absoluto una curva suave o una colina, sino más bien una meseta con un pronunciadísimo pico. A la izquierda se ven las masas, cuya influencia es irrelevante; a la derecha, la escasa minoría que detenta el poder.

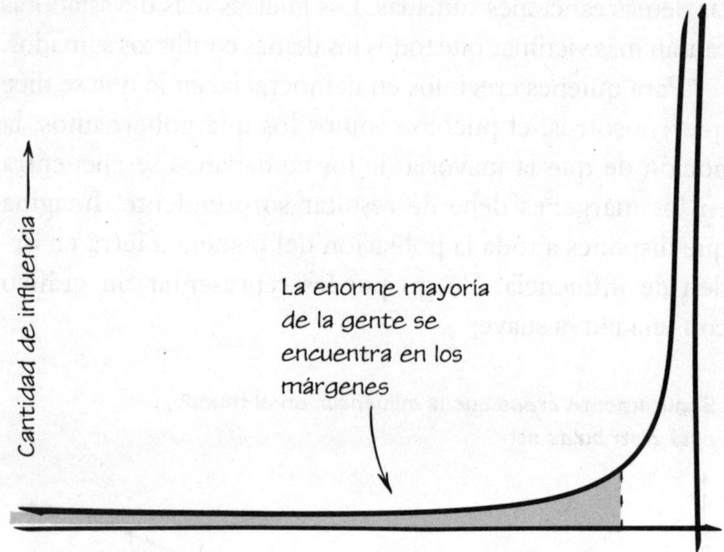

Si aceptamos por fin esta realidad, podemos volver a sentirnos pequeños. ¿Está el mundo gobernado por un selecto grupo de élites ricas y poderosas?

No es tan sencillo. La desigualdad extrema persiste, evidentemente, en cómo se distribuye la riqueza y las ganancias. Y con millones en el banco uno puede ejercer mucha influencia. Pero la mayor parte de los ricos no hace nada demasiado interesante con su dinero. Sus deseos son bastante predecibles: coches bonitos, casas de lujo, el yate más grande que puedan comprar... todo para llenar el vacío interior. Aquí no hallaremos ninguna sorpresa.

La historia, no obstante, está llena de personas que, sin estar forradas, han conseguido causar un impacto duradero. ¿Qué tal, por ejemplo, los abolicionistas, luchando por el fin de la esclavitud, o las *suffragettes*, luchando por el derecho al voto femenino? ¿Eran acaso los grupos más ricos o poderosos de la época? En absoluto. Pero cambiaron el mundo.

El estadístico Nassim Nicholas Taleb habla de la «minoría intransigente». El mundo está moldeado por partidarios tenaces, obstinados, tercos, cabezones, implacables. «Los más intolerantes ganan», observa fríamente Taleb.[3]

3

Conozco pocas historias que ilustren el poder de un activismo imparable de un modo tan claro como el de Nieuwlande, una diminuta localidad de los Países Bajos muy cercana a la frontera con Alemania. Durante la segunda guerra mundial, cientos de judíos encontraron refugio en ella. La concentración de gente ocultándose allí fue más alta que en cualquier otro lugar de Europa.

¿Cuál era el secreto de Nieuwlande? ¿Cómo es que tantos en esta comunidad hallaron el valor para ocultar a alguien en peligro? Para comprender lo que sucedió en Nieuwlande primero hay que conocer la historia de Arnold Douwes, un hombre de la ciudad de Boskoop, al otro lado del país. Arnold había sido un niño terco, expulsado de la escuela en tres ocasiones. Posteriormente no consiguió trabajo ni encontrar pareja. De joven, Arnold no cumplía con las expectativas sociales de ninguna de las maneras.

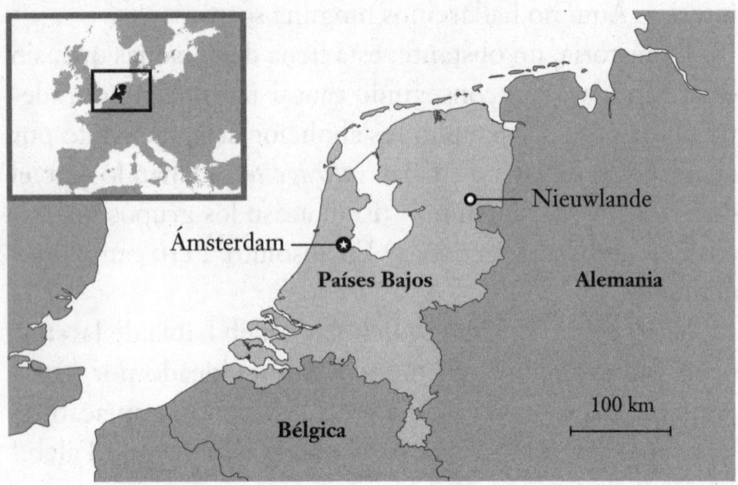

Hasta el 10 de mayo de 1940, cuando los nazis invadieron el país. Aquella semana, un alemán detuvo su motocicleta junto a este irresponsable de 34 años y le preguntó cómo llegar a Leiden.

—*Immer geradeaus* —respondió él: *siga en línea recta*, mientras señalaba en dirección equivocada.

—*Danke schön* —respondió el soldado, y arrancó la moto.[4]

Fue el primer acto de resistencia por parte de un hombre que en su vida cotidiana carecía de objetivo, pero que ahora, en tiempos de guerra, había hallado su vocación.

Si le hubieras dicho a Arnold Douwes que «la mayoría de las personas, en el fondo, son decentes», le habrías provocado una carcajada, porque creía que la mayoría de la gente era cobarde.[5] Pocos en los Países Bajos se atrevieron a resistir la ocupación nazi, mientras que tras la guerra muchos proclamaron haber pertenecido a la resistencia.

Los historiadores de los Países Bajos hablan del «mito de la Resistencia», la ficción según la cual esta valiente y pequeña nación se pronunció unánime para desafiar a los alemanes.[6] En realidad hubo pocos intentos serios de resistir a la autoridad. Muchos holandeses creyeron que la resistencia era inútil y se adaptaron.[7] Y así fue como un país civilizado se hizo a un lado y contempló cómo se llevaban a su población judía a campos de concentración. Los funcionarios públicos ayudaron gustosos a ello; la policía ayudó a sacar a los judíos de sus escondites y los ferrocarriles nacionales se encargaron de transportarlos.

No, la mayoría de la población neerlandesa no era nazi, ni formaba parte del Partido Nacional Socialista Holandés. La mayoría no aprobaba el trato que se daba a judíos y otras minorías, y esperaba sinceramente que Alemania fuera derrotada.[8] Pero cuando llegó el momento, la mayor parte del pueblo holandés se mostró pasivo bajo la ocupación.

Arnold Douwes era diferente. Tuvo su inicio en la resistencia repartiendo diarios clandestinos, y poco después pasó a acciones como cortar las líneas de alimentación de los faros antiaéreos alemanes. Cuando las autoridades por fin lo localizaron, se lanzó a cruzar el país con la bicicleta como única posesión. Así fue como acabó en Nieuwlande en verano de 1942. Allí lideró la que sería una de las mayores redes de ocultación de judíos. Al cabo de muy poco tiempo, Nieuwlande estaba llena de lo que Arnold Douwes llamaba *duikelaars*, judíos en la clandestinidad, procedentes sobre todo de Ámsterdam.

Para saber cómo funcionaba podemos leer una fuente única: el propio diario de Arnold. Es la única narración conocida, escrita en tiempo real, por alguien que ayudara a ocultar judíos en Europa occidental. Arnold rellenó treinta y cinco pequeñas libretas con su letra; las metió en frascos de mermelada y los enterró en los jardines de casas de su red secreta. Tras la guerra las mecanografió en forma de un libro de 247 páginas. El resultado es un diario de tiempos de guerra de sorprendente detalle, que proporciona, en ocasiones, información hora a hora.

Arnold rara vez escribía acerca de sus sentimientos, excepto sobre su frustración con respecto a sus cobardes paisanos. Tal vez por ello su narración es tan poderosa. Es la historia de un hombre que no justificaba excusas; que no se quedó vacilando y perdiendo el tiempo, sino que sencillamente actuó.

La vida con la resistencia exigía el aguante de un atleta. Al leer su diario, me sorprendían las distancias que recorría Arnold a diario. Durante dieciséis meses pedaleó con su bicicleta por carreteras secundarias de los Países Bajos, siete días por semana, lloviera o hiciera buen día, y a menudo con una persona como pasajero, preguntando a todo el mundo si estaría dispuesto a acoger a alguien.

Digo «preguntando», pero en realidad Arnold no hacía preguntas. De ese modo no obtendría un «no» por respuesta. Él y su camarada Max Léons representaban el número del poli bueno y el poli malo, con Max tanteando, con suavidad, y Arnold planteando un enfoque más directo. Arnold regañaba a un campesino tras otro en el dialecto local, que no había tardado en dominar. Era especialmente implacable con los religiosos. Los llamaba cobardes, o, lo que era incluso peor para ellos, *hombres de poca fe*.

En su diario, Arnold escribe que la gente solía pasar el marrón a otra gente que podía ayudar. *¿Por qué no van a ver a los señores Fulánez? Seguro que ellos tienen espacio. O tal vez el granjero que vive calle arriba, en aquella granja tan grande.* Cuando eso no funcionaba, algunos intentaban ofrecerles dinero: lo que fuera para evitar ocultar a alguien.

Incluso hoy en día la gente de los Países Bajos debate sobre *gewusst haben*, sobre si sabíamos lo que los nazis planeaban hacer a los judíos.[9] Pero si uno lee acerca de la gente que resistió, se da cuenta de que hubo dos maneras de «saber». Uno puede saber algo y decidir hacer algo al respecto. O uno puede saber algo y decidir mirar hacia otro lado, temeroso de enfrentarse a las consecuencias de lo que uno sabe que es cierto.

Quienes ayudaron a los judíos se negaron a mirar hacia otro lado. Creían que podían marcar la diferencia. No se veían a sí mismos como meros espectadores, como engranajes de una máquina, sino como personas autónomas que podían escoger hacer lo correcto. Se hacían la misma pregunta: *¿podría mirarme a la cara en el espejo si no hiciera nada?*[10]

La gente que se mantuvo al margen durante la guerra agachó la cabeza y se dijo a sí misma que no podía hacer nada.[11] Tenían una mayor tendencia a poner en duda las historias de cámaras de gas en el este de Europa, tal vez porque esos informes parecían demasiado aterradores para ser ciertos, o porque la incredulidad resultaba más cómoda. Como dos investigadores estadounidenses han escrito:

> Aunque rescatadores y no rescatadores conocían hechos similares, en algún momento los rescatadores comenzaron a percibirlos de forma personal. En algún momento

> la información no era meramente registrada, vagamente aprehendida [...] En algún momento, para los rescatadores, la concienciación se convirtió en atención, y la atención se convirtió en concentración en torno a qué iba a suceder a un tipo determinado de gente en un contexto particular.[12]

Esta tendencia a afrontar la verdad puede causar resentimiento. Durante la guerra, a quienes ayudaban a los judíos se los acusaba regularmente de egoístas porque ponían en peligro las vidas de sus vecinos.[13] Arnold y Max soportaron mucho odio por lo que estaban haciendo. Los acusaban de ser demasiado temerarios, de llevar demasiados judíos a Nieuwlande.

Pero no había manera de detener a Arnold. Se daba cuenta de que si todo el mundo en la ciudad ocultaba gente, nadie iba a querer chivarse. Con respecto a cómo calculaba la cantidad de personas, hay una anécdota reveladora en las memorias de Max, acerca de una vez que él y Arnold se acercaron a un granjero llamado Nienhuus, para que albergara a dos personas.[14] En torno a una taza de café sacaron el delicado tema, y el granjero de inmediato comenzó a plantear objeciones.

Pero Max lo tranquilizó:

—Son un matrimonio, gente encantadora. —Y añadió—: Un momento, voy a presentárselos.

Y para sorpresa de Nienhuus y su mujer, un matrimonio judío apareció en su sala de estar. Antes de que el granjero pudiera protestar, Arnold se puso de pie:

—¡Bueno, pues ya está arreglado! Buenas noches.

El matrimonio judío sobrevivió a la guerra.

4

¿Qué hace a algunas personas capaces de ir contra la corriente y plantar cara a la tiranía? ¿Qué explica las elecciones morales de un August Landmesser o de un Arnold Douwes? ¿Fue su crianza o una cualidad innata? ¿Fue la gente que los rodeaba o algo que llevaban dentro?

En la década de 1970 se llevaron a cabo los primeros estudios en profundidad acerca de la psicología de los héroes de la resistencia. Los pioneros de este nuevo campo fueron dos profesores, el doctor Samuel Oliner y la doctora Pearl Oliner, un equipo que también era matrimonio. Juntos formaron el Altruistic Personality Institute en la que entonces era la Universidad Estatal Humboldt de California.[15] Los Oliner entrevistaron a más de 400 personas que habían ocultado judíos durante la segunda guerra mundial y compararon sus perfiles psicológicos con los de aquellos que se mantuvieron al margen.

¿La mayor sorpresa? Lo poco que halló el estudio. Resulta que héroes y meros mortales eran difíciles de distinguir, lo que suscitaba la pregunta: ¿existía acaso la personalidad altruista? Un héroe de la resistencia podía ser tímido o seguro de sí mismo, tontorrón o serio, joven o viejo, beato o escandaloso, rico o pobre, de izquierda o de derecha, etcétera, etcétera.

La psicóloga estadounidense Eva Fogelman, que entrevistó a más de 300 rescatadores para un estudio similar, asistió regularmente a ceremonias en Israel, en la década de 1980, en honor a héroes de la resistencia. Le sorprendió cómo, desde la distancia, siempre le parecieron una colección aleatoria de personas, como «viajeros en el metro, sentados en el mismo vagón».[16]

Aun así, tanto Fogelman como los Oliner llegaron a unas conclusiones provisionales. En primer lugar, los sentimientos están sobrevalorados. Muy pocos rescatadores informaron de que les motivara una simpatía profunda. Al fin y al cabo, empatía no equivale a coraje. Uno puede sentir todo tipo de cosas acerca del sufrimiento ajeno, pero eso no significa que vayamos a hacer algo al respecto. Al vernos frente a imágenes de niños famélicos en la televisión, podemos hacer una generosa donación a una organización de ayuda internacional... o podemos cambiar de canal. Solemos optar por esto último.

Además, muchos de quienes salvaron vidas de judíos afirmaron que dejaron de lado sus sentimientos para poder ayudar de forma más eficaz. Como parte de la resistencia, uno debía poder robar, falsificar, sobornar y manipular, allanar edificios y a veces incluso matar. Por encima de todo, uno debía ser un buen mentiroso: mentir a las autoridades, pero también a la gente que uno quería ayudar.

Arnold mintió a casi todo el mundo acerca de casi todo. Dijo a los judíos de Ámsterdam, que no estaban seguros de si debían ocultarse, que la vida en Nieuwlande era una existencia agradable y fácil. Dijo a la gente del pueblo, que acogía a los judíos, que los riesgos no eran tan grandes.

En segundo lugar, los psicólogos concluyeron que muchos rescatadores tenían pasados similares. Sus padres les habían legado un alto sentido de la autoestima, y les habían enseñado a pensar por sí mismos.[17] Hablando con los Oliner, un hombre se describió a sí mismo como «completamente independiente, y relativamente invulnerable a la opinión ajena». Una mujer recordó que de niña «hacía muchas preguntas», y otra, que «protestaba siempre y muy vehementemente contra las rigideces de la Iglesia».[18]

Es necesaria cierta cantidad de autoconfianza para actuar. Uno ha de creer que puede marcar la diferencia. Los psicólogos hablan de un «locus de control interno», la sensación de que uno está a cargo de su propia vida. Muchos héroes de la resistencia fueron niños con una voluntad muy marcada.[19]

La tercera conclusión, y tal vez la más sorprendente, de la investigación psicológica de los héroes de la resistencia, fue que comunistas y personas muy religiosas estaban sobrerrepresentados, al menos en los Países Bajos.[20] No fue la mayoría moderada la que se alzó a resistir al invasor nazi, sino aquellos situados en los flancos. No hubo mucha diferencia en cuanto a si eran comunistas o cristianos, de izquierda o de derecha.

Como dijo un superviviente de uno de sus salvadores, un devoto cristiano: «No echaba en cara al dueño de un colmado que a sus ojos era demasiado izquierdista, sino que acogió a los judíos que él ocultaba, como parte de la lucha colectiva».[21]

Así pues, la pregunta permanece sin contestar: ¿qué hace de la pequeña aldea de Nieuwlande algo tan especial? ¿Cómo fue posible que tantos judíos hallaran refugio en ella? ¿Fue solo que albergaba a montones de personas altruistas?

En la década de 1990 surgió una nueva generación de investigadores, crítica con los estudios anteriores. Consideraban que Samuel y Pearl Oliner se apoyaban en un razonamiento circular. ¿Por qué alguna gente arriesgaba su vida por otros? Respuesta: porque eran buenas personas. ¿Por qué eran buenas personas? Respuesta: porque arriesgaban sus vidas por otros.[22]

Pero ¿cómo explicamos a todas estas personas criadas en familias amorosas, con elevados ideales, que no hicieron nada? ¿Por qué se abre este abismo entre los ideales a los que nos adscribimos y las cosas que hacemos? Para responder a estas preguntas, estos nuevos investigadores preferían fijarse menos en los motivos de los rescatadores y más en sus circunstancias. El foco pasó de posarse sobre la psicología del rescatador a su sociología.

¿Acaso los héroes de la resistencia eran, en términos generales, amigos, familia o conocidos de aquellos a los que ocultaban? No lo eran. Más de la mitad no habían tenido ninguna relación, antes de la guerra, con ninguno de los judíos a los que ayudaron, y cerca del 90 por ciento ayudó al menos a un completo extraño.[23] ¿Y tener un sótano, un desván, o algunos ahorros? ¿Tuvo algo que ver? Nuevamente, no. Lo único que parecía haber marcado una diferencia era la cantidad de habitaciones de tu casa, e incluso ese efecto era mínimo.[24]

Resulta que había una circunstancia que decidía casi todo. Un nuevo análisis a los datos sugirió a los Oliner que cuando se cumplía esa condición, casi todo el mundo decidía actuar: un 96 por ciento, para ser exactos.[25]

¿Y cuál era esa condición? Muy sencillo: se tenía que pedir. Aquellos a quienes se pedía que ayudaran a alguien en peligro casi siempre respondían que sí. En muchos casos la pregunta parecía ser un punto de inflexión, y la misma gente volvía luego a ayudar a otros judíos. Y muchos de aquellos a quienes se les pedía, hacían la misma pregunta a otros más adelante.

La resistencia funcionaba como un virus. Quienes se veían implicados transmitían el virus de la resistencia a otros, y algunos individuos, como Arnold Douwes, eran supercontagiadores, pidiendo a cientos de personas que actuaran. Muchos de estos supercontagiadores eran sacerdotes o profesores, respetados miembros de la comunidad. Unos dos tercios de los héroes de la resistencia recibieron su iniciación en ocultar judíos de manos de uno de estos supercontagiadores, mientras que pocas personas ponían a disposición un lugar habitable por voluntad propia.[26]

Podría estar ahí: la clave de la ambición moral. Todo el mundo tiene su propio umbral de acción, un punto de inflexión que les obliga a actuar.[27] Hay una minúscula minoría que no necesita que la empujen para dar la cara. El psicólogo Cass Sunstein llama «ceros» a estos pioneros, y Arnold Douwes encaja claramente en esta categoría. Pero la mayoría de nosotros solo nos atrevemos a actuar una vez otros han mostrado el camino. Los «unos» solo necesitan una persona («si tú vas, yo te sigo»); los «dos» actúan cuando tienen dos aliados; y los «millones» solo actuarán si medio país se ha echado a las calles.

Esta teoría también explica por qué las revoluciones ganan velocidad de un modo tan rápido. Los ceros encienden a los unos; los unos, a los dos, y después no hay manera de detenerlo. Pongamos por ejemplo la revolución encendida y avivada por Thomas Clarkson, a medida que galopaba por toda Inglaterra diseminando propaganda antiesclavista. Vio de cerca cómo el país se encendía y aprovechó cuanta oportunidad tuvo para azuzar las llamas. A principios de 1787 casi nadie hablaba de ello, pero solo un año más tarde un diario británico proclamaba que abolir el tráfico de esclavos, «como el fuego celestial, parece electrizar a todo espíritu digno».[28]

En la ciudad francesa de Le Chambon-sur-Lignon, rebosante, como Nieuwlande, de gente oculta, el papel de cero lo interpretó el sacerdote André Trocmé. «Creo que su mensaje era tan fuerte [...] que se convirtió en un contagio», dijo su hija tras su muerte. «Inspiró a la comunidad. Tal vez gente que nunca habría hecho nada parecido a albergar a una persona perseguida se dio cuenta de que sí, de que podía hacerlo.»[29]

Es importante que nos detengamos y reflexionemos sobre las implicaciones de esta teoría del contagio, porque llegan lejos. Hay bibliotecas llenas de libros acerca de la pregunta de qué distingue a los que hacen de los que no hacen, a los que construyen de los que no construyen, a los héroes de los demás. Pero ¿y si la ambición moral no es una cualidad ni un atributo personal, sino más bien un estado de ánimo? ¿Y si ese estado mental es contagioso, algo que todo el mundo puede sentir?

El historiador británico Anton Howes llevó a cabo un extenso estudio acerca de los orígenes de la revolución industrial, que comportó maravillas como el tren, la bombilla eléctrica o el motor de vapor. Howes cribó las biografías de 1.452 inventores británicos pero al principio no sacó nada en limpio de sus datos. Había inventores ricos y pobres, rurales y urbanos, heréticos y devotamente religiosos, profesores y aficionados.[30]

Pero entonces Howes se dio cuenta de algo. «Tras examinar mis datos el tiempo suficiente», escribió, «comencé a distinguir un patrón».[31] Una y otra vez, veía que la gente solo innovaba tras inspirarse en otros inventores, ya fuese un compañero de trabajo, un profesor, un amigo, un vecino, un miembro de la familia o un conocido. Era como si se vieran «contagiados» por una creencia en movimiento.

Según Howes, no tenía tanto que ver con la expansión de una determinada idea o diseño como con un modo de mirar el mundo, una actitud que se transmitía de una persona a otra. En otras palabras, uno tenía que verse expuesto a esta perspectiva. Es decir, hallar los lugares en los que este virus prosperaba, acudir a ellos y respirar bien hondo. Contagiarse uno y luego contagiar a otros.

Para empezar solo necesitas el más humilde de los comienzos.[32] Johtje Vos, que salvó a treinta y seis personas junto con su marido Aart, declaró tras la guerra: «No te levantas un día diciendo "voy a ocultar judíos". Es algo que va creciendo».[33] Muchos rescatadores fueron mucho más lejos de lo que inicialmente habían pensado.

En este sentido, lo más importante era empezar. Una vez uno comenzaba a resistir, generalmente no dejaba de hacerlo. Apenas un 3 por ciento de las personas entrevistadas por los Oliner tomaron parte en la resistencia menos de un mes. Para el grueso de los rescatadores, la resistencia duró más de dos años, y la mayoría —un 65 por ciento, para ser precisos— ayudó a sobrevivir a más de cinco judíos.[34]

En las entrevistas con héroes de la resistencia es sorprendente comprobar cuántos de ellos hablan de verse arrastrados por la tarea tras las dudas iniciales. En diciembre de 1956, poco después del histórico boicot en los autobuses de Montgomery, Alabama, un joven Martin Luther King Jr., de solo 27 años, dijo: «Si alguien me hubiera pedido hace un año que encabezara el movimiento, os aseguro muy humildemente que habría corrido una milla con tal de alejarme de él. No tenía intención alguna de verme implicado hasta este punto».[35]

No hace mucho, Marianne Birthler, una disidente de la Alemania del Este en la década de 1980, describía su radicalización a la historiadora Anne Applebaum:

La elección de convertirte en disidente puede fácilmente ser consecuencia de «toda una serie de pequeñas decisiones que uno toma»: ausentarse del desfile del Uno de Mayo, por ejemplo, o no cantar la letra del himno del partido. Y entonces, un día, una se encuentra irrevocablemente del otro lado. A menudo este proceso implica referencias morales. Ves gente a la que admiras y quieres ser como ellos. Puede incluso ser «egoísta». «Quieres hacer algo por ti misma», afirma Birthler, «para respetarte a ti misma».[36]

Si quieres cambiar el mundo, no se trata tanto de si «estás hecho para esto» con tu mezcla exacta de rasgos personales. No se trata de quién eres: se trata de quién llegas a ser. No haces buenas acciones porque eres una buena persona: te conviertes en una buena persona haciendo buenas acciones.

La mayoría de nosotros, evidentemente, no somos ceros como Arnold Douwes. Pero si permites que otros te inspiren, puedes bajar tu umbral de acción. Así que acepta exponerte al virus. Empieza. Y cuando hayas empezado, pide a otros que se unan.

III

Únete a una secta (o crea la tuya propia)

No estamos aquí por romper la ley; estamos aquí por nuestros esfuerzos para hacer las leyes.

Emmeline Pankhurst,
sufragista (1858-1928)

I

Así pues, digamos que te has contagiado del estado de ánimo que llamamos ambición moral. La siguiente pregunta es: ¿qué vas a hacer con esa ambición tuya? ¿Qué papel puedes desempeñar?

Cuando se trata de idealistas emprendedores, solemos pensar en personas que acuden a manifestaciones, que hablan y cantan, que motivan e inspiran. Pero ¿qué pasa si ese tipo de activismo no es lo tuyo? ¿Qué pasa si quieres luchar por un mundo mejor pero preferirías, no sé, resumir densos informes, trabajar en un laboratorio o fundar tu propia compañía?

Hay una sencilla verdad que no obstante repetiré numerosas veces: la ambición moral puede poseer muchas formas. Pongamos, por ejemplo, estos chicos:

Un fotógrafo de la revista *Life* tomó esta imagen de grupo en verano de 1969, un posado en los escalones del edificio del Capitolio, en Washington D. C. Es un retrato de uno de los grupos activistas más influyentes del siglo xx, los llamados Radical Nerds (los empollones radicales).

Para ampliar tu idea de lo que es capaz de hacer la ambición moral, me gustaría contarte la historia que hay detrás de esta legendaria fotografía.

2

Un viernes por la tarde de 1968, un joven abogado se preparaba para dar una conferencia en la Facultad de Derecho de Harvard. Se llamaba Ralph Nader y su mensaje estaba claro: estáis a punto de arrojar vuestra vida por el retrete.

Al estudiante promedio de Derecho, según Nader, se lo condiciona a pasar el resto de su carrera trabajando en empleos idiotizantes. Cada año un nuevo curso de mentes jóvenes y brillantes es secuestrado por firmas legales para ayudar a sus clientes a esquivar la legislación y eludir impuestos.

Pero no era demasiado tarde, subrayaba Nader. Invitaba a los estudiantes a unirse a un nuevo movimiento compuesto por las mentes más brillantes de las mejores facultades de Derecho: Harvard, Princeton, Yale. Un movimiento que no iba a luchar por los herederos, sino por los desheredados. No por las grandes compañías, sino por la gente.

Ralph Nader, hijo de inmigrantes libaneses, sabía que la causa precisaba de individuos tenaces: gente dispuesta a lanzarse a la lucha y que no tuviera miedo a la policía antidisturbios. Era la década de 1960, al fin y al cabo. Los estudiantes universitarios se lanzaban a las calles en todo el mundo y protestaban contra el racismo, la desigualdad y la guerra en Vietnam.

Pero Nader comprendió que también se necesitaban otras cualidades. Hacer del mundo un lugar mejor exige toda una gama de disciplinas. Tal vez disfrutes presionando desde las sombras. Tal vez te vuelve loco el análisis estadístico complejo. Tal vez sabes todo lo que hay que saber acerca del Título 6 §162.2 del Código Penal, y cómo se aplicó en aquel casi desconocido arresto del 5 de noviembre de 1965.[1]

En tal caso, la buena noticia es que también tú puedes ser un gran activista. Incluso puede que seas exactamente el tipo de activista que más necesitamos, porque en muchos movimientos hay un exceso de voluntad y una escasez de capacidades reales. En muchos casos, los empollones y los especialistas son los que marcan la diferencia.

Lo trágico es que muchos empollones y especialistas se encuentran atascados en empleos relativamente inútiles. Los mejores procuradores, asesores, programadores, contables y banqueros rara vez trabajan solucionando los grandes problemas, ya sea el trato de blancas, la carencia de agua potable, la resistencia a los antibióticos o el cambio climático. Para ser sinceros, demasiadas veces forman parte del problema.

Pero, como Nader aseguró a sus jóvenes oyentes aquel viernes por la tarde de 1968, hay una alternativa.

Repasemos primero la historia de su vida, porque está llena de anécdotas fantásticas. Como Arnold Douwes, Ralph Nader era un cero, pero un cero trajeado, y no en mono de taller. A los catorce años ya leía largas transcripciones de debates del Congreso, y como estudiante en Princeton devoraba como mínimo un libro al día, además de los requeridos para las clases.[2]

El siguiente paso de Nader fue la Facultad de Derecho de Harvard, en la que pronto comenzó a aburrirse profundamente y a sentir «un intenso desdén por el camino trazado por el típico estudiante de Derecho».[3] Veía la ruta hacia la abogacía corporativa como el camino a una billetera gorda y una mente débil. «Han creado mentes afiladas pero estrechas», diría más tarde de la Facultad de Derecho de Harvard.[4]

Si a principios de la década de 1960 eras un idealista, podías dirigirte a Alabama o a Misisipi para unirte a las protestas por los derechos civiles lideradas por Rosa Parks y Martin Luther King Jr. Pero cuando Nader se licenció en Derecho, emprendió un viaje en la dirección opuesta: hacia Washington DC, corazón del poder político. Nader tenía una razón urgente para hacerlo. Como estudiante había hecho autoestop por todo el país y presenciado incontables accidentes. Por aquella época, unos 50.000 estadounidenses morían cada año en accidentes de tráfico, y los fabricantes de coches no movían un dedo por hacer vehículos más seguros.

La seguridad en la automoción se convirtió en la primera misión de Nader. Escribió una ardiente acusación contra la industria y concretamente contra un fabricante: General Motors. La gigantesca corporación estaba en la cima de la lista Fortune 500, con unos ingresos anuales superiores a los de algunos países. Pero eso no detuvo a Nader.[5] Su acusación —que se convirtió en un libro superventas— expuso sin piedad los problemas del Chevrolet Corvair, un coche que parecía diseñado para asesinar a su conductor.[6]

General Motors no tardó en señalar a Ralph Nader como el Enemigo Público Número 1. Los directivos de la empresa lanzaron tras él a investigadores privados, que procedieron a pinchar su teléfono y a contratar prostitutas para manchar su reputación. Fallaron. Nader se dio cuenta de que lo espiaban y puso tras la pista a un par de periodistas: el público se mostró rabioso, y el libro de Nader subió a lo más alto de las listas de ventas.

El director de General Motors fue obligado a testificar ante el Senado, en una comparecencia televisada en la que tuvo que disculparse ante el joven Nader. Cinco meses después el presidente Lyndon B. Johnson firmaba la Ley de Seguridad de Tráfico y la Ley de Seguridad en Autopistas. LBJ FIRMA DOS LEYES DE SEGURIDAD VIAL BAJO LA MIRADA DE RALPH NADER, rezaba el titular del *Washington Post*.[7] No es muy exagerado afirmar que el nombre de Ralph Nader debería estar en cada cinturón de seguridad de cada coche estadounidense. En 2015, una pareja de expertos en tráfico calculó que esas dos leyes habían salvado más de 3,5 millones de vidas.[8]

Pero el joven abogado, de treinta y dos años, solo había comenzado. Nader no quería ser un solitario David que matara a un Goliat al año; quería formar todo un ejército de Davides.

3

¿Cómo se construye un cuerpo de élite de idealistas motivados?

Regresemos momentáneamente a las palabras de Margaret Mead: «Nunca dude», dijo Mead, «de que un pequeño grupo de ciudadanos reflexivos y dedicados pueda cambiar el mundo. En realidad, es el único modo en que cambia».

La historia está llena de pequeños grupos de activistas con un impacto colosal. No solo son rebeldes que se echan a las calles, sino también emprendedores e ingenieros, eruditos y funcionarios, abogados y... lo que se te ocurra. Estos grupos suelen operar como unidades compactas y motivadas. El inversor de riesgo Peter Thiel escribe que se puede hablar de sectas. Puede sonar exagerado, pero pensemos en los rasgos de las sectas y grupos similares.

En primer lugar, sus miembros están totalmente dedicados.[9] Además tienen escaso tiempo para su vida cotidiana, pero trabajan incansablemente en pos de su misión. El mundo exterior los considera ligeramente locos, en gran parte porque están un poco locos.

Thiel asistió a la Facultad de Derecho de Stanford, trabajó brevemente como procurador y luego reunió un millón de dólares de amigos y familia para lanzar su carrera en capital de riesgo (un consejo importante para tu carrera: escoge sabiamente a tu familia). Posteriormente se lanzó a la caza de las «sectas» más prometedoras de Silicon Valley, o de los fundadores de *startups* más fanáticos y obsesivos.

Se puede decir que la búsqueda tuvo éxito: Thiel se convirtió en el primer inversor externo de Facebook y acabó siendo tal vez el más influyente de los capitalistas de riesgo de Silicon Valley.[10] Es más: se convirtió en el padrino de la «Mafia de PayPal», un pequeño grupo de emprendedores implicados en la plataforma de pago PayPal y que acabaron cerrando negocios de inmenso éxito como Tesla y SpaceX (Elon Musk), LinkedIn (Reid Hoffman) y YouTube (Steve Chen, Chad Hurley y Jawed Karim). Un fotógrafo de la revista *Fortune* tomó un retrato de grupo de estos hombres, vestidos como mafiosos.

Pregunta: ¿qué es lo opuesto a una secta? Respuesta de Thiel: una empresa de asesoría. Una empresa como Deloitte o Accenture no está impulsada por una misión: sus empleados saltan de cliente en cliente. Por decirlo de un modo poco delicado: las grandes compañías están llenas de individuos muy talentosos que no saben qué hacer consigo mismos. De modo que se resignan y se hacen asesores.

Si quieres cambiar el mundo, tendrías más oportunidades uniéndote a una secta. O montando una propia. No importa: no puedes temer que te vean como a un bicho raro si quieres marcar una diferencia. Todos y cada uno de los hitos de la civilización fueron vistos como la locura de alguna subcultura, desde el teorema de Pitágoras a la convicción de que la esclavitud es aberrante.

Que hoy se nos enseñe en la escuela que $a^2 + b^2 = c^2$ es gracias a una secta ascética de griegos vegetarianos del siglo VI a. C. Y los historiadores corroboran que el inicio del movimiento abolicionista fue liderado por un grupo mencionado en el capítulo 1, los cuáqueros, una de las sectas más consecuentes de la historia de la humanidad.

Pensemos por un momento en este fascinante movimiento.

Los cuáqueros fueron siempre una secta de tamaño modesto. Hacia 1660 la religión contaba con unos 60.000 miembros en Gran Bretaña, no más del 1 por ciento, aproximadamente, de la población. Pero sin estos extraños cristianos el mundo, tal y como lo conocemos, sería muy diferente.

Y sí, los primeros cuáqueros eran realmente extraños. Para que te hagas una idea, se paseaban desnudos por otras iglesias y quemaban biblias en público. Se los apodaba cuáqueros porque se ponían a temblar y sacudirse durante los rezos... y porque tenían convicciones bastante sorprendentes.*

Los cuáqueros no tardaron en hacerse famosos por interrumpir servicios religiosos por toda Inglaterra. Luego comenzaron a viajar por todo el mundo para convertir a otros a su cristianismo alternativo. Uno de ellos tuvo una audiencia con el sultán de Constantinopla. Otro insultó al Papa, espetándole «¡Vos sois, en efecto, el Anticristo!» (y lo colgaron al día siguiente).[11]

Si los cuáqueros tenían una misión, era la equidad. No se inclinaban ni se arrodillaban, ni siquiera en presencia del rey de Inglaterra. No se sacaban el sombrero por ningún hombre, y se negaban a tratar de «mi Lord» a los nobles. No juraban lealtad a nadie, y de hecho no emitían juramentos, porque insistían en decir siempre la verdad.

La igualdad entre los cuáqueros se aplicaba también a las mujeres, las cuales podían mantener puestos de liderazgo en

* Cuáquero es la adaptación al castellano del inglés *quaker*, tembloroso. *(N. del t.)*

la iglesia, algo excepcional para la época. Las cuáqueras trabajaban como predicadoras, profetas, misioneras o activistas.[12] Uno de cada cinco libros escritos por mujeres en la Inglaterra del siglo XVII fue escrito por una cuáquera.[13]

¿Cómo era una reunión de cuáqueros? Los cuáqueros consideraban una blasfemia hacerse retratos, pero en 1690 el maestro holandés Egbert van Heemskerck consiguió pintar una congregación cuáquera en Londres. Los historiadores del arte discrepan en cuanto a si este retrato pretendía ser una representación verosímil o una sátira de una secta extraña.[14] En cualquier caso, la imagen resultó chocante para sus coetáneos, sobre todo porque la oradora era una mujer.

En el siglo XVIII, los cuáqueros se pronunciaron en contra de la esclavitud. Incluso cuando las clases dirigentes consideraban aceptable comprar y vender africanos, el movimiento abolicionista comenzó como una especie de *start-up* de los cuáqueros.

El pionero definitivo —un auténtico cero— fue el ermitaño Benjamin Lay (1682-1759). Descrito por su biógrafo como «un ultrarradical vegetariano con conciencia de clase, con conciencia de género, con conciencia de raza y con conciencia ambiental», Lay era un hombre de baja estatura, un tanto jorobado, que tiraba al suelo tazas si contenían té o azúcar cosechados por esclavos.[15] Insultaba a los propietarios de esclavos, dedicándoles cuanto improperio existía, e incluso fue expulsado de cuatro casas de asamblea cuáqueras diferentes.

Y estaba también el cuáquero y profesor de escuela Anthony Benezet (1713-1784), una especie de escritor residente del movimiento abolicionista. Benezet fue autor de cientos de cartas, libros y panfletos destinados a alertar a tanta gente como fuera posible de los terrores de la esclavitud. Era un seguidor de lo que él denominaba «cristianismo práctico». Benezet cedía la porción mayoritaria de cuanto ganaba y no consumía nada cosechado por esclavos. Se lamentaba de que convicciones expresadas en la Iglesia «quedaban demasiado contradichas por la práctica».[16]

Los escritos de Lay y Benezet, a su vez, influyeron enormemente en activistas británicos como Thomas Clarkson (a quien conocimos en el capítulo 1), que tomaría parte en el concurso de ensayos de Cambridge a los veinticuatro años de edad. Clarkson halló, en una librería de Londres, un libro de Benezet, que, en esencia, copió para ganar el primer puesto. Esto no era infrecuente: también otros abolicionistas plagiaban párrafos enteros de libros de Benezet, una práctica con la que el maestro de escuela no tenía problemas: con respecto a él, lo importante no era el autor, sino el mensaje.[17]

¿Quién habría sospechado que esta extraña colección de individuos —el ermitaño, el maestro de escuela, el recién licenciado— desatarían una de las mayores revoluciones de la historia de la humanidad? Y sin embargo, eso es exactamente lo que sucedió.[18] En Gran Bretaña, donde se ganaba mucho dinero con el tráfico de esclavos y menos del 3 por ciento de la población podía votar, millones de personas se alzaron para derrocar uno de los sistemas económicos más antiguos.

«En toda la experiencia humana», escribía un/a historiador/a, «no había precedentes de una campaña tal».[19]

Y así fue como en 1807 el Reino Unido prohibió oficialmente la esclavitud. En una época de ganancias récord, nada menos. Y luego los británicos forzaron a otros países a seguirlos. La Armada Real británica lanzó una campaña llamada «el Bloqueo de África», durante la cual capturó unos 2.000 barcos esclavistas y liberó a sus prisioneros. «Al cabo», calculan dos expertos, «las acciones directas de los británicos acabaron eliminando aproximadamente un 80 por ciento del tráfico de esclavos». Entre 1807 y 1867, los británicos gastaron una cifra astronómica de dinero en obligar al cumplimiento del embargo: casi un 2 por ciento del ingreso nacional, el equivalente a cuatro veces el presupuesto actual de ayuda al extranjero. Los investigadores hablan de «la acción moral más costosa de la historia moderna».[20]

Volvamos con Peter Thiel y su secta de PayPal. Por supuesto, es discutible que ninguno de estos tipos haya hecho del mundo un lugar mejor. Silicon Valley está lleno de incubadores de *startups* que miden el éxito en términos no de belleza, sabiduría o justicia, sino en dólares, dólares y más dólares.[21] Y hoy en día es posible que Thiel sea uno de los hombres más peligrosos de Estados Unidos, dada su gigantesca influencia, sus enormes recursos y sus opiniones profundamente autoritarias.[22]

Pero eso no quiere decir que se equivoque con respecto al poder de las sectas. Y ciertamente, los emprendedores moralmente ambiciosos pueden cambiar el curso de la historia: diez de los 12 hombres que en 1787 fundaron la Sociedad Británica para la Abolición del Tráfico de Esclavos eran emprendedores.[23] Y nueve de ellos eran cuáqueros. Si hoy en día uno hojea los archivos de la sociedad, encontrará sobre todo listas de cosas que hacer, planes de acción. Si el movimiento abolicionista, en Francia, estaba liderado por intelectuales y escritores (y no consiguió gran cosa) en Gran Bretaña estaba en manos de comerciantes y mercaderes.

4

Los revolucionarios pragmáticos marcan la diferencia, algo que uno puede ver reflejado en los siguientes capítulos de la carrera de Ralph Nader y en la secta que fundó en la década de 1960.

Tras su victoria sobre General Motors, Nader siguió con su cruzada solitaria, un «autoproclamado defensor del interés público».[24] Durante esos años aprendió sus primeras lecciones acerca de cómo conseguir hacer cosas:

1. La mayoría de los periodistas son vagos y no investigan las cosas por sí mismos. Se consigue cobertura por parte de la prensa cuando se les entregan exclusivas ya fabricadas, preferentemente junto con los números de teléfono de las fuentes.

2. No pierdas el tiempo contactando directamente con miembros del Congreso; los políticos nunca tienen tiempo para nada. Conseguirás más presionando a sus ayudantes. Son más jóvenes, más idealistas y están mejor preparados.
3. Los mejores informantes se encuentran en los mandos medios e incluso bajos. La gente que se encuentra en los escalones inferiores de la compañía conoce cómo funcionan las cosas mejor que los jefes en sus directorios. Y por norma general tienen un mayor sentido de la moral.
4. Cuanto más árido parece, mejor suele resultar. Si te escuecen los ojos mientras lees el documento, sabes que es donde se encuentra el dinero.
5. Cuantos menos halagos necesites, más fuerte será tu posición. «Si quieres ser eficaz en Washington, deja de lado tu ego», escribió Nader. «Mejor, masajea el ego de los demás.»[25]

Nader prefería ir allá donde no había ruido y centrarse en problemas que aún no habían salido en la prensa. Tenía principios e ideales, pero era pragmático en su método. «Intento averiguar cómo usar de la mejor manera posible lo que tengo», explicó. «¿Una conferencia? ¿Un artículo en una revista? ¿Un congresista? ¿Una carta a una compañía? No hay una fórmula universal.»[26]

Solo tenía que funcionar.

Y el enfoque de Nader era tremendamente eficaz. En pocos años consiguió influir en cuatro arrolladoras nuevas leyes que abarcaban desde una mejora en los estándares de revisión alimentaria a mejorar la seguridad de los gasoductos. Lo siguiente que deseaba hacer era aumentar la escala de su activismo legal, habida cuenta de que había tanto que hacer. Se estaban trazando autopistas por el centro de vecindarios urbanos, se estaban destruyendo zonas naturales y se estaban envenenando ríos.[27]

Y fue así como a Nader se le ocurrió la idea de reclutar todo un ejército de Davides, a los que pagaría con las regalías de su libro superventas acerca de General Motors. Nader buscaba gente ambiciosa de entre veinte y treinta y tantos, capaz de «combinar indignación moral y laboriosa investigación».[28] Los primeros enviaron sus currículos en verano de 1968. «Su trabajo resulta extremadamente atractivo para dos asqueados estudiantes de Harvard», escribieron conjuntamente dos candidatos, «que han de soportar inacabables años de tonterías a fin de defender mecánicamente a los culpables y atornillar aún más al consumidor en busca de mayores beneficios».[29]

Nader los contrató de inmediato, junto con otros cinco. Ya había fijado la mira sobre el siguiente objetivo: la Comisión Federal de Comercio, o FTC por sus siglas en inglés. Esta agencia, por entonces casi desconocida, estaba encargada de ir a por productos peligrosos y publicidad de dudosa sinceridad, pero, en opinión de Nader, era excesivamente laxa. Y creía que si quieres conseguir algo no debes atacar a tu archienemigo, sino a tu amigo vago.[30]

Su explosivo informe acerca de la FTC vio la luz en enero de 1969. «Hasta donde uno puede recordar, nada similar ha sucedido con anterioridad en Washington», escribió un periodista.[31] Nader y su equipo acusaban a la FTC de ser un perro de presa sin dientes, ocupada por burócratas adormecidos. La organización estaba caracterizada por «el amiguismo, la mediocridad institucionalizada, la inacción endémica, la demora y el secretismo», por no mencionar «un iceberg de incompetencia y mala gestión».[32] Para el *Washington Post*, los hallazgos eran «completamente devastadores».[33]

Esto solo dio más hambre a los jóvenes cruzados. En los siguientes meses, cientos de estudiantes se presentaron ante Nader, y en un momento determinado, una tercera parte de los alumnos de Derecho de Harvard habían pedido ser admitidos.[34] Y no solo estudiantes de Derecho: también aspirantes a médicos, biólogos, químicos e ingenieros quisieron la oportunidad de trabajar con Nader.

Este contrató a los mejores estudiantes y los agrupó en equipos de entre siete y catorce investigadores. Cada equipo se enfrentaba a un complejo tema como seguridad alimentaria, contaminación ambiental o política energética. Entre tanto, Nader llevaba a juicio a General Motors por invasión de intimidad, por aquellos detectives. Llegó a un acuerdo por la entonces inédita suma de 425.000 dólares, dinero que reinvirtió en su creciente ejército.

Fue entonces cuando comenzó de verdad el bombardeo legal. Los equipos publicaron un informe tras otro, con títulos como *Aire que se desvanece* (acerca de la polución en el aire y lleno de «hechos, cifras y fracasos incriminatorios»); *Vertedero acuático* (acerca de la contaminación de las aguas, «un crimen contra la humanidad») o *El festín químico*, acerca de la Administración de Alimentos y Medicamentos, o FDA por sus siglas en inglés, del que la revista *Time* dijo que «tal vez sea la crítica más devastadora que se haya hecho jamás a una agencia del gobierno de EE. UU.».[35]

Los informes que Nader y su equipo publicaban eran áridos como un hueso, pero vendieron medio millón de ejemplares en forma de libros. ¿Los beneficios? Los usaron para posteriores investigaciones.

Lo que nos lleva de vuelta al inicio de este capítulo. En verano de 1969, los jóvenes abogados —ahora apodados *Nader's Raiders* (los «Incursores de Nader») por la prensa, posaron para un fotógrafo de *Life* en la escalinata del Capitolio. En el artículo que ilustraba esa fotografía, Nader decía que quería dar una nueva dimensión a la profesión legal. «Los abogados nunca están allá donde se los necesita más. Espero que una nueva generación de abogados comience a cambiar eso.»[36]

No, no se harían ricos con sus investigaciones y su activismo, pero en cualquier caso, Nader creía que las riquezas eran para los débiles de espíritu. Vivía en una modesta habitación en una pensión, en la que compartía su teléfono fijo con otros tres compañeros. No tenía ni coche ni televisor, y era famoso por sus trajes de segunda mano (un diario de Nuevo Hampshire lo describió una vez como «un objetor de conciencia de la moda»).[37]

Cuando una vez le preguntaron cómo sería su semana laboral ideal, Nader respondió: «Creo que cien horas sería ideal».[38] Dormía unas pocas horas cada noche y no tenía mucha vida personal. Y exigía el mismo nivel de dedicación a todos sus seguidores. Eso acabó llevando en 1971 a unos cuantos Incursores «al borde de la rebelión», según el *New York Times*. Nader, por su parte, se quejaba de que muchos de sus reclutas eran demasiado blandos.[39]

—Querían gente que se sentase con ellos cada mañana, les diera apoyo y les preguntara cómo se encontraban.[40]

Uno de los chistes que circulaba por la oficina era que Nader «tiene que ser un ardiente defensor del capitalismo; si no, ¿por qué explotaría a sus trabajadores de un modo tan implacable?».[41]

Y aun así, pese al magro salario y a las larguísimas jornadas, Nader ejercía un atractivo tremendo para los Estados Unidos más jóvenes y ambiciosos. Trabajar con él era el sueño definitivo. Claro que había unas expectativas enormes, pero como Incursor tenías libertad para investigar tus propias pistas. «La función de un líder es crear más líderes, no más seguidores», decía Nader.[42] Más importante aún: trabajar como un «empollón radical» era mucho más interesante que acabar en algún gabinete anticuado y rancio. Como Incursor, hacías que sucedieran cosas.

Y es que millones de personas escriben informes. El mundo está rebosante de investigadores, asesores y eruditos que producen pilas de libros, artículos y *papers* académicos o sobre políticas y luego los lanzan al «debate público» como si hubiera alguien sentado por ahí esperando a convertirlos en una nueva ley, un nuevo producto, una nueva agencia. No lo hay. En realidad, la mayoría de las publicaciones acaban archivadas o destruidas.

Pero los Incursores de Nader sabían cómo convertir sus palabras en hechos y sus hechos, en resultados. A la publicación de *Aire que se desvanece* la siguió la Ley de Aires Limpios de 1970. Tras *Vertedero acuático* se aprobó la Ley de Aguas Limpias de 1971. Muchas más leyes y elementos legislativos llevan la huella de Nader. Un historiador calcula que los Incursores de Nader influyeron directamente o inspiraron veinticinco leyes federales acerca de contaminación de aire y aguas, producción energética, protección de la fauna y flora, productos químicos peligrosos y seguridad laboral.[43] Tan solo la Ley de Aires Limpios ha salvado millones de años de vida, y sigue haciéndolo.[44]

Durante todo ese tiempo, el método de Nader fue el mismo: exponer una injusticia, proponer soluciones y reunir una coalición de activistas, grupos de presión y políticos y expertos para hacer realidad los cambios. Los Incursores no escenificaban protestas ni se manifestaban en las calles: eran empollones que se enfrentaban a montañas de memorandos, cartas, transcripciones e informes. No atacaban a sus adversarios con piedras o cócteles Molotov, sino con mociones y denuncias en tribunales perfectamente sincronizadas.

Nader se estaba convirtiendo rápidamente en un nombre familiar. Solo en 1971 el *New York Times* escribió 141 artículos acerca de él, y lo inundaba correspondencia procedente de todos los rincones del país. «Creo que Ralph recibía más correspondencia que los Beatles», diría más tarde uno de los Incursores.[45]

Nader acabó fundando o inspirando decenas de organizaciones, muchas de las cuales aún existen hoy en día.[46] «Abogado del interés público» se convirtió en una carrera real. Una de las organizaciones sin ánimo de lucro de Nader publicó incluso, en 1980, una guía de trabajos, en la que enumeraba cientos de lugares en los que la gente «podía trabajar en una oficina sin traicionar su conciencia».[47] En el prólogo escribió que los estudiantes ya no tenían que escoger «empleos triviales en pos de necesidades manipuladas», sino que ahora podían hacer algo por la sociedad.[48]

En la actualidad muchísimos abogados, asesores, técnicos de mercadotecnia, programadores, gestores, contables y banqueros se encuentran atrapados en empleos bien pagados pero relativamente inútiles o incluso dañinos. Mientras tanto, el mundo se enfrenta a colosales desafíos que no se pueden solucionar solo con eslóganes y pancartas. Necesitamos manifestantes en las calles, pero también ratas de biblioteca en las trincheras burocráticas que puedan tomar el relevo de Nader y comenzar a correr.

En septiembre de 2015 Nader se encontraba de regreso en la Facultad de Derecho de Harvard. Desde aquellos días de antaño habían cambiado muchas cosas. Antiguamente, los alumnos de derecho eran casi exclusivamente hombres blancos; ahora la población estudiantil era notablemente más diversa.

Pero otras cosas eran iguales, para su gran frustración. Al menos un 80 por ciento de los graduados acababan trabajando para menos del 20 por ciento de la población. La mayoría de los abogados se encontraban en el bando de los rentistas, no de los arrendatarios; del de los cobradores de deudas, no del de los acreedores; del de los perpetradores, no del de los informantes. En la mejor de las interpretaciones, lo que se había democratizado era la posibilidad de conseguir un trabajo bien pagado pero carente de alma.

«Os quedan 2.500, tal vez 3.000 semanas», dijo Nader a su joven público.[49] ¿Qué querían hacer estos estudiantes durante el resto de su vida? ¿Qué esperaban ver en cuanto a su carrera cuando miraran hacia atrás? No os infravaloréis, exclamaba el abogado, vendiendo vuestro talento al mejor postor para trabajar en «trivialidades lucrativas». Es el mismo mensaje de 47 años atrás, de aquella tarde de un viernes de 1968, en la que reclutó a los primeros Incursores: estáis a punto de tirar vuestra vida a la basura. Pero no es muy tarde.

5

Puede que te hayas preguntado, mientras leías este capítulo: ¿hablará del desastre que causó Nader en 2000? Y tienes razón, esta historia no se ha acabado. Si Ralph Nader se hubiera retirado en la década de 1990 habría sido recordado como uno de los más grandes estadounidenses de la historia. Hoy en día su reputación ha sufrido un duro golpe.

Nader comenzó a perder influencia a finales de la década de 1970, en parte porque sus adversarios adoptaron sus tácticas. Se enemistó con muchos de sus amigos y se distanció del Partido Demócrata: Nader lo consideraba no muy diferente del Partido Republicano. A finales de siglo tomó una decisión que tendría consecuencias dramáticas: se postuló como candidato a presidente.

Muchos ex-Incursores vieron con horror cómo su antiguo héroe se embarcaba en una popular campaña como candidato del Partido Verde, algo que amenazaba con quitar millones de votos a los demócratas. En octubre de 2000, un mes antes de las elecciones, le suplicaron que se hiciera a un lado. «Querido Ralph», escribieron, «has sacrificado al interés del bien común toda tu vida adulta, algo que tus amigos y colegas sabemos perfectamente. Ha habido incontables ocasiones en que has permanecido en segundo plano cuando eso ayudaba a conseguir el máximo beneficio para los demás. Es hora de que, nuevamente, te hagas a un lado por el mayor interés de nuestra nación».[50]

Pero Nader no se inmutó. Con un ejército de jóvenes activistas continuó haciendo campaña en los cruciales estados bisagra hasta el último momento, ganando casi 10.000 votos diarios en el estado de Florida. Y, en efecto, pocos meses después el republicano George W. Bush era investido como 43.º presidente de Estados Unidos. Bush había derrotado a Al Gore en Florida por el más escaso de los márgenes: 537 votos.

Hoy en día, si uno menciona el nombre de Ralph Nader, muchos estadounidenses recuerdan de inmediato el dramático resultado de las elecciones de noviembre de 2000. Eso y todo lo que la victoria republicana trajo consigo: recortes de impuestos para los ricos, violaciones de los derechos humanos en la Bahía de Guantánamo y las guerras de Irak y Afganistán.

Lo trágico de la historia de Nader es que se convirtió en el tipo de líder sectario sordo a toda crítica. Se enrocó en sus viejos métodos incluso cuando comenzaron a dar malos resultados. Continuó atacando a sus amigos incluso cuando ya casi no le quedaba ninguno.[51] Y aunque poseía una notable capacidad para encajar golpes, pareció olvidar que la derrota no es, en sí misma, una virtud.

Lo cual nos lleva a la más importante lección en el próximo capítulo.

IV

Considera ganar como tu imperativo moral

Dios me libre de los puristas.

Joe Biden, acerca de Ralph Nader, en noviembre de 2000, días antes de las elecciones perdidas por Al Gore.

I

En círculos académicos, cuando surge la pregunta de cómo pueden las sectas cambiar el mundo, no tarda mucho en pronunciarse el nombre de Joseph Overton. Overton (1960-2003) era un politólogo estadounidense que se preguntó de qué manera, con el tiempo, los sueños radicales podían convertirse en realidad.

Imaginemos una ventana, decía, que enmarca todas las ideas que en algún momento se consideraron serias. Son las opiniones que se suelen pronunciar durante cenas sin que los demás te miren como a un bicho raro. Si uno sostiene una opinión que caiga fuera de este marco, se lo descalificará de inmediato como un loco o un ingenuo. Los políticos, en especial, han de permanecer dentro de este marco si quieren ser elegidos.

Pero entonces ¿cómo cambias el mundo? Si tienes que permanecer dentro de ese marco, ¿cómo cambias el punto de vista? Overton escribió que la clave es desplazar la ventana entera. Muchos activistas concluyeron que eso significaba ir más allá de los límites: ser irrazonables, insoportables y poco realistas, a fin de ir más allá de lo que la sociedad cree «aceptable».[1] Con el tiempo, puntos de vista que antes se consideraban radicales hoy se consideran lo normal. Al menos esa es la idea.

Pero afrontémoslo: la mayoría de los locos resultan incapaces de dejar una mella siquiera en una barra de mantequilla. La mayor parte de los locos con una misión nunca cambian el mundo; acaban agitando desde los márgenes. Sí, los sueños radicales pueden convertirse en realidad, pero eso no significa que empujar, empujar y empujar sea siempre la mejor estrategia.

Los idealistas eficaces, sin embargo, puede que sean exagerados en cuanto a sus objetivos, pero son pragmáticos en cuanto a cómo hacer que sucedan. Si tienen que codearse con ricachones para conseguir financiación para una buena causa, se codearán cuanto sea necesario. Si han de simular aceptar tremendos compromisos para seguir adelante, lo harán. Si la cuidadosamente peinada curva de su bigote amenaza con poner en duda su credibilidad, serán los primeros en afeitarse.

En el capítulo 3 vimos que en todo movimiento hay toda una gama de papeles que ejercer. A menudo tenemos una preferencia personal por un determinado tipo de activista: podemos creer que los manifestantes son valientes y que los miembros de grupo de presión son inútiles; tal vez tenemos debilidad por los profesores, con toda su poesía, pero nos disgustan los *influencers* más modernos. O viceversa.

Pero el cambio no es así, unidimensional. Cada uno de ellos puede desempeñar una parte crucial de ese cambio, el intelectual y el *influencer*, el negociador y el agitador, el burócrata y el emprendedor. Quien escribe en jerga académica y quien lleva sus ideas a un público más amplio. Quien polariza y quien une. Quien negocia tras bambalinas y quien se deja arrastrar por los policías antidisturbios.

La única persona que no resulta útil en esta lucha es el ingenuo que cree que con las buenas intenciones basta. Aquel cuyas inocentes convicciones lo sitúan perfectamente en el lado correcto de la historia, pero que consigue poco aquí y ahora. Llamemos a esta figura el Noble Perdedor.

¿Cómo evitar este destino? Si queremos responder a esa pregunta, es hora de una clase magistral por parte de uno de los más grandes héroes de la resistencia del siglo xx.

El 1 de diciembre de 1955, una mujer de 42 años se subió a un autobús en Montgomery, Alabama. Tras tres paradas, el conductor anunció que los pasajeros negros deberían ceder sus asientos a los pasajeros blancos que acababan de subirse. Pero una mujer negra permaneció sentada.

—¿Va a ponerse de pie? —ladró el conductor.

—No —respondió ella.

—Pues tendré que hacer que la arresten —dijo él.

—Puede usted hacerlo —replicó ella.[2]

Su nombre, evidentemente, era Rosa Parks, y su protesta desencadenó un boicot a los autobuses en toda la ciudad, pronto apoyado por el aún desconocido para la mayoría Martin Luther King Jr. Su absoluto rechazo, incluso amenazada con ser detenida, se convirtió en uno de los momentos más famosos y con más consecuencias de la historia de EE. UU.

Pero Rosa Parks fue mucho más que la señora-que-se-negó-a-ceder-su-asiento. Pese a ser frecuentemente descrita como una amable costurera, Rosa Parks llevaba mucho tiempo siendo una dedicada activista. Para cuando se subió a aquel autobús, llevaba años implicada en el movimiento por los derechos civiles. Aquel mismo verano había viajado discretamente a Tennessee para asistir a la Escuela Highlander Folk para activistas, en la que había participado en talleres de todo tipo de tácticas de protesta.[3]

Y una larga línea de mujeres negras la precedía. La joven de dieciocho años Mary Louise Smith había sido detenida un mes antes por negarse a ceder su asiento en un autobús de Montgomery. Seis meses antes de aquello, Claudette Colvin, de quince años, fue arrestada por negarse a ponerse de pie por una mujer blanca. Y hubo más: Aurelia Browder, Viola White, Geneva Johnson, Katie Wingfield, Susie McDonald, Epsie Worthy...[4]

No fue casual que, durante meses, la idea de un boicot a los autobuses se hubiera estado discutiendo entre las mujeres negras de Montgomery. Para ser precisos, al Consejo Político de la Mujer —un pequeño grupo orientado a la acción— se le había acabado la paciencia. La directora Jo Ann Robinson era el cerebro tras toda la acción. «Planeamos la protesta mucho antes del arresto de la señorita Parks», explicó más tarde.[5]

Las mujeres estaban esperando el momento adecuado. Cuando Colvin fue detenida, tomaron la dura decisión de aguantar un poco más. Colvin había sido violentamente expulsada del autobús, pero no era el icono ideal para protestas a gran escala. Era demasiado joven, procedía de un vecindario pobre, y para colmo se daba la circunstancia de que estaba embarazada. La prensa blanca se la habría comido en dos bocados.

Pero tras la decisión de Parks se tomó rápidamente la decisión. Era el momento: al amparo de la noche, Robinson y su grupo imprimieron por mimeógrafo 35.000 folletos llamando a los residentes negros a boicotear el sistema de autobuses de Montgomery.[6] A la mañana siguiente, un grupo de unas veinte mujeres del Consejo Político salieron a comunicar la noticia. Los líderes de algunas iglesias decidieron unirse al boicot, como Martin Luther King Jr., pese a haber sido inicialmente reacio.

Solo entonces adoptó Rosa Parks el papel de la heroína humilde. Sabía que no debía parecer demasiado radical, o los estadounidenses blancos se pondrían en contra del movimiento. «De un modo estratégico», escribió más tarde una historiadora, «el éxito de Parks como símbolo del boicot acabó en gran parte eclipsando su prolongada actividad política».[7] Incluso hoy en día muchos piensan en Rosa Parks como en una amable costurera: así de eficaz fue la construcción de su mito.

Entre tanto, un grupo de acción compuesto de empollones radicales se encontraba en algún otro lugar trabajando entre bambalinas. ¿Has oído hablar de Pauli Murray? En 1950 publicó la seminal obra *States' Laws on Race and Color* (Leyes estatales acerca de raza y color), también llamada «la biblia de los abogados por los derechos civiles».

¿Qué tal Fred Gray? Lideró el equipo legal que llevó a juicio al alcalde de Montgomery y ganó. El 13 de noviembre de 1956 el Tribunal Supremo de EE. UU. dictaminó que la segregación en los autobuses violaba la Constitución, y con esa decisión el boicot de Montgomery, de 381 días, llegó a su fin.

Si algo llama la atención de los activistas del movimiento estadounidense por los derechos civiles es cuán estratégico era su modo de trabajar. Empleaban todo tipo de métodos cuidadosamente escogidos, desde boicots a autobuses a sentadas, y de pleitos a marchas hasta Washington. En los años posteriores a la victoria de Montgomery, consiguieron aprobar cinco grandes cambios de legislación en el Congreso.[8] Se trata del opuesto total al Noble Perdedor, cuyas buenas intenciones no arrojan resultados palpables. Mujeres como Rosa Parks y Jo Ann Robinson estaban convencidas de una sencilla verdad: en la lucha contra la injusticia, ganar es un imperativo moral.

2

Tal vez deberíamos echar otro vistazo a aquella famosa foto de August Landmesser, el hombre que se negó a hacer el saludo nazi (capítulo 2). Porque, sinceramente, la acción de Landmesser no marcó una gran diferencia. Su resistencia abierta fue valiente pero inútil. Su hija Irene escribió incluso que August puso a su familia «en un peligro excepcional» al seguir apareciendo en público con su prometida judía.[9]

Landmesser era más bien un Noble Perdedor. Claramente tenía la razón, pero ¿adónde lo llevó eso? Estaba en el lado correcto de la historia, pero no hizo historia. Su coraje fue y sigue siendo admirable, sobre eso no hay controversia alguna. Pero si realmente uno quiere cambiar las cosas, Rosa Parks es un mejor modelo.

Para evitar el destino del Noble Perdedor, debemos librarnos de algunas ilusiones persistentes. Tal y como yo lo veo, hay al menos cinco mitos acerca de cómo funciona el cambio social.

1. La ilusión de la concienciación

Por decirlo de un modo crudo: la concienciación social está sobrevalorada. El que la gente sea consciente de varias injusticias no significa que vayan a actuar en base a ese conocimiento, al contrario. Tenemos todo tipo de opiniones acerca de todo tipo de asuntos, pero generalmente hacemos poco con nuestros puntos de vista.

Los psicólogos hablan de la discrepancia entre valores y acciones. Por ejemplo, las personas que opinan que es una barbaridad cómo se trata a los animales pero consume carne; los progresistas que creen que los aviones son demasiado contaminantes pero no tienen problemas en volar; los feligreses que apenas dan nada a caridad, pese a que las Escrituras ordenan hacerlo.[10]

Esta discrepancia entre la palabra y los actos también la encontramos en nuestra implicación en política. La mayor parte de lo que llamamos acciones políticas se parece muchísimo al amor por el fútbol o por la Fórmula 1.

Ve pasando tu *feed* con el dedo, lee acerca del último escándalo político, escribe una diatriba contra ese político que nunca deja de irritarte. Demasiadas veces la política recibe el mismo tratamiento que el entretenimiento. Un politólogo de la Universidad Tufts habla del «hobby de la política».[11]

La mayoría de los adictos a las noticias que se consideran implicados en política no hacen nada ni remotamente parecido a la auténtica actividad política. Ciertamente, votan cada tantos años, de vez en cuando firman una petición, y ya está. La política, reducida a un deporte de espectadores que se ve desde el sofá. La política como pasatiempo. Tiene poco que ver con presionar, protestar, organizar o movilizarse, los bloques básicos para construir poder democrático.

Esto también explicaría por qué los sondeos de opinión política nunca significan gran cosa. Aún en 2010 más de la mitad de los estadounidenses estaban en contra del matrimonio gay, que hoy en día una abrumadora mayoría considera un derecho constitucional.[12] ¿Y qué de la lucha por el derecho al aborto? Durante décadas los estadounidenses consideraron que el aborto debía ser legal la mayoría de las veces.[13] Pero un pequeño y dedicado grupo de activistas se propuso en la década de 1990 revocar ese derecho. Construyeron una red de casi 5.000 abogados y denunciaron un caso tras otro, en una labor de progresivo desgaste de la base legal de los derechos reproductivos. ¿La culminación de esta estrategia? La decisión en *Dobbs vs. Jackson Women's Health Organization*, en 2022, del Tribunal Supremo, que dictaminó que el aborto no es un derecho protegido, revirtiendo el parecer legal.[14]

Todo esto sirve para decir: lo que cuenta no es lo que crees correcto, sino lo que estás dispuesto a hacer por ello.

2. La ilusión de las buenas intenciones

La segunda percepción errónea del Noble Perdedor es que basta con las buenas intenciones. Nada más lejos de la verdad. Pongamos por ejemplo el mundo de las organizaciones benéficas. Abrimos nuestras billeteras si un anuncio nos conmueve, olvidando que muchísimas iniciativas prometedoras tienen escasas repercusiones. Rara vez se las evalúa seriamente, y cuando se hace, los resultados suelen quedarse muy cortos.

He aquí unos cuantos ejemplos:

- Cada año se venden cerca de 10.000 millones de dólares en productos de mercado justo. Pero los investigadores afirman que solo una fracción de ese dinero llega a manos de los granjeros necesitados, la gente para la que se ha diseñado.[15]
- En un metaestudio (un análisis de un gran número de estudios acerca de un tema) de 2019, investigadores australianos concluyeron que entre «un 40 por ciento a un 70 por ciento de dispositivos médicos donados no se usan, dado que no son funcionales, apropiados o el personal carece de formación en ellos».[16]
- Un análisis mundial de 1.500 medidas climáticas adoptadas entre 1998 y 2022 concluyó que solo 63 de ellas —apenas un 4 por ciento— llevaron a una caída significativa de las emisiones.[17]
- Un equipo de investigadores estadounidenses llegó a la conclusión de que la mayor parte de programas y servicios sociales (desde la lucha contra la pobreza al tratamiento de adicciones como prevención del delito) nunca han sido rigurosamente evaluadas, y que al menos un 75 por ciento de las que sí fueron evalua-

das «tienen efectos mínimos o ningún efecto, y en algunos casos, efectos negativos».[18]

Evidentemente no siempre se pueden cuantificar los efectos de una iniciativa, pero incluso así conviene una mirada crítica a si las buenas intenciones generan buenos resultados. Es tentador creer que todas las buenas obras, no importa cuán pequeñas sean, cuentan: que todo pequeño esfuerzo, que toda protesta, que toda pegatina en el coche acaba surtiendo efecto.

Pero no es así como funciona. Las oportunidades pueden desperdiciarse, y el tiempo puede perderse. La historia está llena de idealistas con buenas intenciones que consiguieron muy poco, mientras que, en cambio, los problemas que querían solucionar empeoraron.

Tengamos en cuenta que se necesita valor para admitir que tus idealistas planes han fracasado. Uno de mis ejemplos favoritos es la organización benéfica estadounidense No Lean Season, que antaño parecía eficaz a la hora de ayudar a campesinos de Bangladés a hallar trabajos en la ciudad durante la temporada baja. «Un billete de autobús para sacarte de la pobreza», era la idea. Pero resultó que no funcionaba. Una investigación de la propia organización demostró que el dinero no estaba ayudando a combatir la miseria.

Así pues, ¿qué hizo No Lean Season? En 2019 se disolvió como organización. «Es triste ver cómo algo que creías que realmente solventaría un problema resulta no hacerlo», admitió uno de los pioneros del programa. «Pero es mucho más triste desperdiciar recursos.»[19] Ojalá hubiera una gala de premios anual para quienes se atreven a admitir esos fracasos.

3. La ilusión de las razones correctas

Si te centras demasiado en las intenciones puedes perder de vista algo más: las cosas correctas a menudo suceden por motivos erróneos. Y los activistas inteligentes pueden aprovecharlo. Tomemos por ejemplo al joven abolicionista Thomas Clarkson (del capítulo 1), que nunca habría conseguido dar inicio a un movimiento contra el tráfico de esclavos si solo se hubiera centrado en el sufrimiento de las personas esclavizadas. A la mayoría de los británicos, en el siglo XVIII, eso les resultaba una preocupación remota, muy alejada de sus vidas cotidianas.

Clarkson sabía que necesitaba otros argumentos contra el tráfico de esclavos, de modo que centró su atención en el destino de los marineros ingleses en los barcos esclavistas. Exacto: uno de los mayores abolicionistas de todos los tiempos cambió su enfoque hacia el sufrimiento de los perpetradores. Los psicólogos llaman a esto «reencuadre moral».[20] La idea es hallar nuevos argumentos a favor del mismo punto de vista: argumentos que tengan resonancia más allá de tu secta, que caigan dentro de la ventana de Overton.

Un ejemplo: un político de izquierdas que quiera aumentar los impuestos a los ricos no va a convencer a un votante de derecha con el argumento de lo injustamente distribuido que está todo. Pero ¿qué sucede si se demuestra que, salvo escasas e industriosas excepciones, los ricos no ganan su dinero trabajando? ¿Que por norma general lo heredan o que reciben notables ganancias de inversiones en acciones de compañías, o rentas de propiedades inmobiliarias? Tal vez apelar al sentimiento patriótico funcione mejor, sosteniendo el argumento de que el país podría usar el dinero extra de los impuestos en liderar la guerra contra la pobreza.

El hallazgo de Clarkson, en cualquier caso, resultó ser un movimiento ganador. Los esclavistas aseguraban que un viaje de compraventa de esclavos era una buena formación para un marinero, pero Clarkson descubrió que un 20 por ciento de los marineros blancos morían, en promedio, en cada viaje.

Es más: los marineros morían en mayor proporción que las personas esclavizadas.[21] Los marineros británicos eran especialmente vulnerables a las enfermedades tropicales y estaba sujetos a una brutal lógica económica. «Dado que eran jornaleros, y no una inversión del capital», escribió un/a historiador/a, «los marineros de los barcos esclavistas eran más prescindibles que los cautivos».[22] Si un buen número de su tripulación moría antes de acabar la expedición, a muchos capitanes no les importaba: al fin y al cabo, un marinero muerto no cobra.

Este tétrico detalle suele pasar desapercibido hoy en día, pero en la época resultó ser crucial en la lucha contra la esclavitud: la vida de un marinero en un barco esclavista era aterradora. Que quede claro: el sufrimiento de los guardianes no era ni remotamente comparable al sufrimiento de sus cautivos. Pero las simpatías que Clarkson consiguió movilizar por el destino de aquellos marineros resultó ser una de sus maniobras más inteligentes. Cuando los políticos británicos se enteraron de la proporción de muertos entre los marineros británicos, muchos quedaron profundamente impresionados y se manifestaron en contra del tráfico de esclavos.

Hubo otro brillante abolicionista, un amigo de Clarkson, que también comprendió que a menudo las cosas buenas suceden por las razones equivocadas. En la primavera de

1789 publicó su autobiografía, que acabaría siendo el mayor superventas del movimiento antiesclavista británico. Su nombre era Olaudah Equiano.

The Interesting Narrative of the Life of Olaudah Equiano, traducida al castellano como *Narración de la vida de Olaudah Equiano «El Africano» escrita por él mismo*, es la historia de un muchacho negro que es secuestrado y subyugado, encadenado y enviado en barco a través del océano Atlántico. Es la historia de un hombre que se sacudió las cadenas, que sobrevivió a una batalla naval y a un naufragio, y que acabó viviendo extraordinarias aventuras en tres continentes y en el Polo Norte. Es la historia de un ciudadano del mundo que se estableció en Inglaterra y, para sorpresa y disgusto de muchos, se casó con una mujer blanca. El adjetivo «interesante» del título original inglés tiene que ser el eufemismo del siglo.

Si quieres saber cómo escribir un libro superventas, siempre puedes aprender de Olaudah Equiano. No era el tipo de escritor que envía su manuscrito y espera luego, nervioso, la respuesta (y que culpa al editor si resulta un fracaso). Equiano era su propio editor, su editorial y su departamento de mercadotecnia. Durante cinco años viajó por ciudades y pueblos de Inglaterra, Gales, Escocia e Irlanda para promover su libro. Es decir: realizó la primera gira promocional de la historia.[23]

Para muchos británicos debió de ser la primera vez que veían a un hombre negro. Su mera existencia era un golpe a los partidarios de la esclavitud. He aquí este hombre africano inteligente, carismático, profundamente religioso. Algo imposible, según la racista perspectiva de las cosas de los propietarios de esclavos. Peor aún: Equiano se presentaba a sí mismo como un auténtico *gentleman*. Hizo imprimir, en la portada del libro, un majestuoso retrato suyo, vestido con chaqueta, chaleco y puños de seda. La segunda edición (¡aún más doloroso!) lo mostraba como un héroe marítimo, salvando a un par de personas blancas de morir ahogadas.

Esta era la portada del libro superventas del movimiento antiesclavista británico. Durante años se conoció al autor como Gustavus Vassa, el nombre que su antiguo amo le había asignado. Pero más tarde escogió publicarlo bajo su nombre africano original, Olaudah Equiano.

Equiano era un maestro de la comunicación y de la persuasión. Su libro era una mezcla de los tres géneros más populares de la época: un espectacular cuaderno de viaje, una conmovedora historia de conversión y un inspirador cuento de heroísmo.[24] Por momentos, la *Narración...* se lee como un libro de autoayuda. Equiano subrayaba la voluntad individual porque creía que las personas tenían el poder de cambiarse a sí mismas y sus vidas. Su propia vida era un ejemplo: Equiano había comprado su libertad, se había convertido al cristianismo y se había vuelto un abolicionista, y desafiaba a sus lectores a seguir sus huellas.

Equiano también comprendía que para conseguir su objetivo debía masajear el ego de sus lectores. Se convirtió en un maestro en el arte del reencuadre moral. Habló extensamente de los horrores del barco esclavista, pero siempre enfatizaba su amor por Inglaterra, «allá donde siempre ha residido mi corazón».[25] Contó su sorpresa al ver que los británicos «no se venden unos a otros como hemos hecho nosotros». Contó que su padre, en África, poseía esclavos. «Me maravillaba ante la sabiduría de los blancos en la mayoría de las cosas que veía.»[26]

Era exactamente lo que los británicos deseaban oír, y lo que el movimiento abolicionista necesitaba. Pero también suscitaba la pregunta: ¿era la historia de Equiano demasiado buena para ser verdad?

Para los poseedores de esclavos estaba clarísimo. Aullaban que la supuesta autobiografía era el invento de un escritor fantasma y que Equiano ni siquiera había nacido en África. Tales acusaciones se consideraron meras difamaciones, pero en 1999 un profesor inglés llamado Vincent Carretta halló el manifiesto de carga de un barco y un certificado de bautismo. Ambos parecían sugerir que Equiano no había nacido en África sino en Carolina del Sur.

Nótese aquí que Carretta también demostró que prácticamente toda la autobiografía de Equiano quedaba corroborada por otras fuentes. Pero el profesor tenía dudas acerca de los primeros capítulos. ¿Podían ser inventados?

«Equiano sabía», explicaba Carretta, «que el movimiento antiesclavista necesitaba la descripción de África, y del Pasaje del Medio, que él (y tal vez solo él) podía proporcionar».[27]

El de Carretta fue, como es obvio, un descubrimiento bomba. Durante años sus memorias habían sido la fuente autorizada acerca de la vida en un barco de tráfico de esclavos. La historia de su vida había inspirado libros infantiles, novelas gráficas, películas e incluso una serie televisiva. No resulta sorprendente, pues, que algunos historiadores se sintieran ultrajados ante el ejercicio detectivesco de Carretta. Durante una conferencia académica se lo acusó de estar haciendo «ciencia anti-Equiano», con el dinero, la fama y el racismo como posibles motivos.[28]

La dura realidad es que nunca sabremos con certeza dónde nació Equiano. Las pruebas de Carretta son sólidas, pero no concluyentes.[29] Y, en cualquier caso, tal vez no importe demasiado. Equiano fue uno de los más grandes abolicionistas de todos los tiempos, sin lugar a dudas. Incluso si se valió de las experiencias de otros para dar forma a su increíble narración del viaje de un esclavo, Equiano dio al movimiento exactamente lo que necesitaba, en el momento adecuado.

Tal vez era incluso más genial de lo que creíamos.

4. La ilusión de la pureza

Si quieres cambiar el mundo, tarde o temprano te enfrentarás a un dilema. ¿Cómo tratar con personas que parecen menos comprometidas en sus creencias o en su práctica? Lo que los Nobles Perdedores tienden a olvidar es que toda coalición de éxito es un pacto entre personas que están en desacuerdo con respecto a varios temas.

Tomemos, una vez más, la campaña del siglo XVIII contra la esclavitud. «Este es un lugar frío y muerto», escribió un abolicionista británico con respecto a los Países Bajos, tras hallar cero interés allí en fundar una sociedad antiesclavista holandesa.[30] Los calvinistas del lugar no estaban interesados en unir fuerzas con los progresistas debido a que estos no abrían sus reuniones con una plegaria.[31] El director del club calvinista creía que «defender los principios cristianos es más importante que atraer nuevos miembros».[32]

En Inglaterra, entre tanto, la campaña adquirió impulso cuando los cuáqueros unieron fuerzas con otros cristianos, como el beato político William Wilberforce. A fin de atraer a tanta gente como fuera posible, el evangélico Wilberforce intentó incluso parecer menos devoto de lo que era, temeroso de que «el miedo a un hombre en exceso virtuoso mantuviera alejadas a las personas».[33]

Un siglo más tarde, en medio de la lucha de las mujeres británicas por el derecho al voto, todo tipo de sufragistas se unieron, «de pescaderas a aristócratas, de trabajadoras fabriles a princesas indias».[34] Esta frágil coalición se mantuvo unida lo justo para ver el día de su victoria, en 1918: las mujeres de más de treinta años y con propiedades consiguieron el derecho a votar.[35] Ciertamente, al principio solo las mujeres privilegiadas obtuvieron el voto. Pero lograr ese compromiso parece haber sido una buena idea, porque tras ese difícil paso, el siguiente —el derecho al voto para todas las mujeres, obtenido en 1928— resultó mucho más fácil.

En los días previos al boicot a los autobuses de Montgomery, en 1955, las miembros del Consejo Político de la Mujer también sabían que debían construir una coalición. La minúscula organización necesitaba el apoyo de las iglesias negras y de sus aún indecisos ministros. Algunos predicadores no querían ver sus nombres asociados al boicot por miedo a represalias de la comunidad blanca.[36] Esa fue una de las razones por las que la directora decidió no hacer la campaña en torno a la joven Claudette Colvin: sabía que los conservadores reverendos —triste, pero cierto— nunca harían causa común con una joven embarazada.

¿Por qué parece que hoy en día a los activistas les resulta tan difícil forjar coaliciones? Sospecho que tiene algo que ver con una doctrina clave de los modernos progresistas: la interseccionalidad. Se trata de la comprensión de que a menudo la gente es discriminada en base a múltiples factores que se superponen, como género, etnia, clase, educación, orientación sexual, discapacidades, etcétera.

Interseccionalidad significa que no podemos estudiar diferentes formas de discriminación y opresión por separado, sino solo como fenómenos interrelacionados. Se trata, sin duda, de una idea importante. Hoy en día incontables problemas sociales están interrelacionados de modos complejos, y sería de esperar que darse cuenta de ello proporcionaría el marco para un movimiento de amplia base que luchara contra la desigualdad y la discriminación.

Pero hay un riesgo asociado a hacer de esta noción el centro. ¿Qué pasa cuando el pensamiento interseccional se convierte en el test por el que medir toda posible colaboración? ¿Qué pasa si el deber de declarar tu solidaridad con todo el mundo es demasiado, e impide la colaboración en lugar de facilitarla? ¿Y qué pasa si acabas perdiendo de vista tu objetivo original?

En junio de 2022, tres días antes de que el Tribunal Supremo de EE. UU. derogara el derecho al aborto, NARAL, la principal organización proelección del país, tuiteaba esto:

> Si tu feminismo no incluye a las mujeres y chicas trans, no 👏 es 👏 feminismo 👏
>
> Si tu feminismo no comprende cómo las políticas anti-trans afectan de un modo desproporcionado a la gente BIPOC, especialmente a las mujeres y chicas trans negras, no 👏 es 👏 feminismo 👏

¿Quieres luchar a favor del derecho al aborto? Primero dinos qué opinas de las mujeres y chicas trans. ¿Quieres luchar contra el cambio climático? Genial, pero ¿qué opinas de las reparaciones por siglos de colonialismo?

El problema con esta actitud tan poco conciliadora es que te cierra el acceso a montones de posibles aliados. Y acabas con un movimiento que es cien por cien puro, pero 0 por ciento eficaz. Y no, la búsqueda de la pureza no es un problema teórico. La plataforma de periodismo progresista *Intercept* publicó una investigación en profundidad, en 2022, acerca de cómo casi todos los grupos de interés progresistas de EE. UU. habían, «en términos prácticos, dejado de funcionar» debido a disputas internas. Los activistas no dejaban de descalificarse entre sí por todo tipo de errores o meteduras de pata de poca importancia.

«Se ha dedicado tanta energía a disputas internas», comentaba un gestor recientemente dimitido, «que ha tenido un enorme impacto en la capacidad de hacer cosas reales de los grupos».

«La mayoría de las personas creía que sus más feroces críticos eran sus rivales», señalaba otro activista, «y ahora se dan cuenta de que sus peores críticos son sus compañeros de nómina».[37]

5. La ilusión de la sinergia

Esto nos lleva al mito final que impide a los Nobles Perdedores conseguir sus objetivos. Hace años el economista Albert Hirschman (1915-2012) llegó a la conclusión de que a menudo los idealistas se veían atrapados en la ilusión de la sinergia. Creen que sus ideales se refuerzan mutuamente: «Los progresistas viven convencidos», escribe Hirschman, «de que "las cosas buenas van juntas"».[38]

Tomemos por ejemplo la crisis del cambio climático. Muchos activistas creen que solo podremos solucionarla cuando solucionemos también toda una serie de otros problemas.[39] No deberíamos luchar solo contra los combustibles fósiles, sino también a favor de una sanidad universal, escolarización gratuita, cuidados pediátricos universales, ingreso vital básico, trabajo garantizado, semana laboral de cuatro días, reparaciones por siglos de colonialismo... diablos, ya que estamos, acabemos directamente con el capitalismo entero. Y, sí, deberíamos hacer todo eso en una democracia radicalmente reformada, con consejos ciudadanos escogidos por sorteo, para mayor limpieza, y... ¿podríamos hacer todo esto en unos diez años, por favor? Es que si no, será demasiado tarde. Ahora hay que reconstruir todo el sistema desde la base. Es todo o nada: la utopía o el apocalipsis.

Pero ¿qué pasa cuando la realidad es más difícil, cuando tienes que realizar todo tipo de difíciles compromisos para conseguir que las cosas se hagan? Precisamente cuando hay poco tiempo (por ejemplo, si el planeta comienza a calentarse) uno tiene que hacer sacrificios. El riesgo de un enfoque «todo o nada» es que si uno apunta a la Luna no consigue siquiera despegar los pies del suelo.

Sí, es importante contemplar todo el marco, y tener ideales, sueños, utopías. Pero también debemos tomar decisiones, y luchar hasta la saciedad por cada resultado concreto. El idealista serio, dijo el doctor King hace años, «nunca cede a ese tipo pasivo de paciencia que sirve de excusa para no hacer nada [...] Sabe que el cambio social no sucederá de inmediato, pero trabaja como si se tratara de una posibilidad inminente».[40]

Las reflexiones estratégicas de Thomas Clarkson y los abolicionistas británicos son un buen ejemplo. Durante una de sus primeras reuniones, en junio de 1787, se planteó la cuestión de qué objetivo debían perseguir. ¿Abolir la esclavitud por completo? ¿O imponer la prohibición de embarcar y comerciar con los esclavizados?

Todos los fundadores estaban de acuerdo en el objetivo final: un mundo sin esclavitud. Pero ¿era posible la abolición aquí y ahora? Para imponer una prohibición total, el Parlamento británico debería limitar drásticamente la autonomía de sus colonias de ultramar, algo políticamente imposible. Si añadimos que los propietarios de las plantaciones verían comprometidos sus derechos de propiedad, la empresa resultaba impensable. Porque si algo era sagrado para la clase dirigente británica eran los derechos de propiedad.

Desde un punto de vista ético, solo la abolición total de la esclavitud resultaba suficiente para los abolicionistas, pero en la práctica eso era adelantarse muchísimo a lo verdaderamente posible. Y si algo no se puede hacer, ¿tiene sentido malgastar la energía de todos? ¿En qué ayuda eso a nadie? Uno solo de los doce fundadores, el escrupuloso teólogo Granville Sharp, se negó a hacer concesiones. Sharp declaró a sus compañeros abolicionistas «culpables ante Dios», una declaración que pronunció «con voz fuerte, un potente tono y ambas manos levantadas al cielo».[41]

El resto del grupo —en su mayoría emprendedores— asintió y se puso a trabajar bajo el nombre Sociedad para la Abolición de la Trata de Esclavos. Eso era lo que apoyaban sus argumentos más eficaces (recordemos el destino del marinero británico), y era un paso que el Parlamento de Westminster podía dar sin necesidad del consentimiento de las colonias. Aunque los «sentimientos más sagrados» de Sharp quedaron «heridos de muerte», decidió asumir la derrota y seguir sirviendo a la causa con sus amigos, dejando al Todopoderoso el futuro juicio sobre sus compañeros.[42]

Y no olvidemos esto: la propuesta de acabar con el comercio de esclavos era, en sí misma, increíblemente radical. Hablamos de un segmento muy lucrativo de la economía británica, respaldado por un poderoso grupo de presión. Thomas Clarkson todavía esperaba que la abolición de la trata de esclavos fuera «un hachazo a la raíz misma» de la esclavitud en su conjunto (aunque, de un modo estratégico, no compartió esa esperanza en público).[43]

Muchos activistas piensan que hay que aferrarse a los ideales más elevados. Pero a veces, si quieres dar en el blanco, tienes que apuntar más bajo.[44]

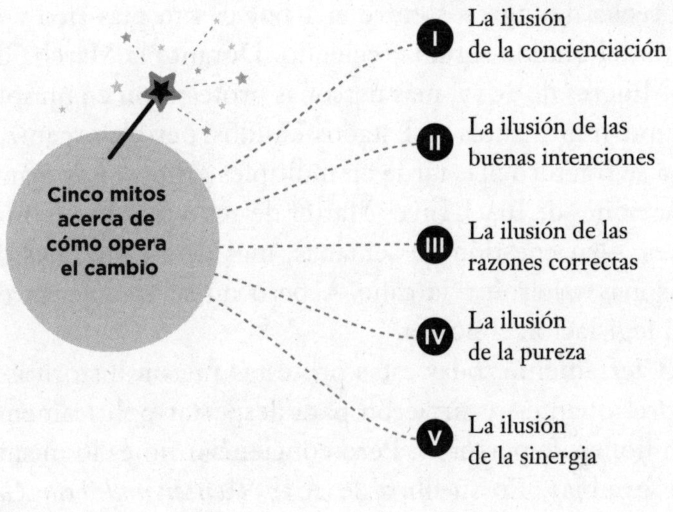

3

Vivimos en momentos revolucionarios. Un estudio reciente arrojó que el número de movimientos de protesta se triplicó entre 2006 y 2020.[45] En ningún otro periodo de la historia de la humanidad participaron tantas personas en una manifestación.[46] Desde Occupy Wall Street hasta Extinction Rebellion, desde la Primavera Árabe hasta las protestas chilenas, en todo el mundo, la gente ha salido a la calle. Esta coyuntura recuerda a 1968, 1917 o quizá 1848, otras épocas rebosantes de idealismo y agitación.

Pero parecería que falta algo. Algo esencial. Tanto si hablamos de la lucha contra el cambio climático como contra la desigualdad, de Occupy o de Black Lives Matter, cuando se analizan los avances reales en términos de nuevas leyes o derechos garantizados, los resultados parecen bastante escasos.

Las protestas de Occupy surgieron en todas partes tras la crisis de 2008, pero los rescates continuaron sin cesar y la brecha de ingresos entre el 1 por ciento más rico y el resto del mundo siguió creciendo. Durante la Marcha de las Mujeres de 2017, más personas protestaron en un solo día que nunca antes en Estados Unidos, pero la organización se fracturó más tarde en múltiples grupos. Las manifestaciones de Black Lives Matter de 2020 fueron aún mayores —en cuestión de semanas, más de 15 millones de personas salieron a la calle—, pero no se tradujeron en una legislación concreta.[47]

Ciertamente todas estas protestas fueron históricas e impresionantes, y sirvieron para despertar políticamente a millones de personas. Pero concienciar no es lo mismo que cambiar. En su libro de 2017 *Twitter and Tear Gas* (Twitter y gas lacrimógeno), la socióloga Zeynep Tufekci sostiene que algo fundamental ha cambiado desde los tiempos de Rosa Parks. «En el pasado», escribe, «una marcha verdaderamente grande era la culminación de una organización a largo plazo, un signo de exclamación al final de una frase».[48] Las protestas de hoy en día surgen más a menudo de un impulso, una oleada de indignación que puede recorrer el mundo en un abrir y cerrar de ojos.

Comparemos esto con el boicot a los autobuses de Montgomery de 1955. La presidenta Jo Ann Robinson y sus colegas del Consejo Político de la Mujer tuvieron que colarse de noche en la universidad para mimeografiar 35.000 octavillas. Tuvieron que repartirlas entre las sesenta y ocho organizaciones negras de la ciudad para que se corriera la voz, tras lo cual emprendieron la formidable tarea —sin correo electrónico ni teléfonos móviles— de confeccionar una lista de vehículos compartidos en toda la ciudad para miles de trabajadores. Y lo mantuvieron durante 381 días.

Tufekci subraya que la magia no se halla en el mimeógrafo ni en la lista de vehículos compartidos. La magia se encuentra en las incontables horas que los activistas pasan juntos, no a través de una pantalla, sino cara a cara.[49] Aquellas activistas tuvieron que desarrollar esa enorme capacidad de organización, y esa estrecha cooperación las convirtió en adversarias formidables. Cuando Martin Luther King pronunció su emblemático discurso «Tengo un sueño», el 28 de agosto de 1963, sus adversarios no vieron solo 250.000 personas reunidas para la Marcha sobre Washington como audiencia. También vieron la increíble fuerza organizativa que había detrás de aquella protesta masiva y se dieron cuenta de lo poderoso que se había vuelto el movimiento por los derechos civiles.

Ese éxito a plena luz del día implicó primero mucho trabajo duro en la sombra. Las personas que trabajan entre bastidores nunca son tan famosas, pero son —no está de más repetirlo— al menos tan importantes como las que están en el candelero. Por ejemplo, Bayard Rustin, el gran estratega de la Marcha sobre Washington (cuáquero, por cierto). Un contemporáneo describió a Rustin como «uno de los cinco hombres más inteligentes de Estados Unidos».[50] Pese a ello, sus compañeros activistas nunca le subieron al escenario porque era gay. Temían que su orientación sexual se convirtiera de alguna manera en un lastre para el movimiento, aunque los que estaban dentro sabían que Rustin era esencial para su éxito.

O pongamos por ejemplo a Rachelle Horowitz, la estudiante de Derecho de 24 años responsable del transporte a la marcha. Horowitz creó un enorme sistema de listas y fichas para controlar todos los viajes. «Podías llamarla a las tres de la madrugada y preguntarle: "Rachelle, ¿cuántos autobuses vienen de Nueva York? ¿Cuántos trenes vienen del sur? ¿Cuántos autobuses vienen de Filadelfia? ¿Cuántos aviones vienen de California?". Y ella podía decírtelo.»[51]

¿Y qué decir de Patricia Worthy, la estudiante de Derecho que había trabajado tanto en la marcha que se quedó dormida durante el histórico discurso de MLK? ¿O Walter Fauntroy, el hombre que horas antes de que King pronunciara su discurso se aseguró de que el costoso sistema de sonido, saboteado durante la noche, volviera a funcionar a tiempo? Sin Fauntroy, solo las primeras filas de personas habrían oído algo de aquel sueño.

No me malinterpretes: las protestas masivas aún pueden provocar grandes cambios. Pueden derrocar líderes y crear otros nuevos; pueden fomentar la solidaridad e impulsar a la gente a toda una vida de activismo.[52] Cuando la Marcha de las Mujeres empezó a disolverse, surgieron nuevos grupos, decididos a conseguir que saliera elegido el mayor número posible de mujeres. Y lo consiguieron. Desde 2016, el número de mujeres en el Congreso ha crecido más de un 40 por ciento.[53] «En última instancia, una marcha en sí misma no consigue nada», dijo una de las activistas originales. «Tenemos que centrarnos en seguir trabajando.».[54]

Y en cuanto a esas cinco ilusiones: por supuesto que la concienciación y las buenas intenciones son un gran punto de partida; por supuesto que puede ocurrir lo correcto por las razones correctas; por supuesto que no serás feliz trabajando con todo el mundo y por supuesto que tus ideales encontrarán alguna sinergia.

Pero incluso así, gran parte de la protesta moderna parece demasiado fugaz. Se basa mucho en la intuición y poco en la estrategia. Cargada de intenciones, ligera en resultados. «Estar en el lado correcto de la historia», escribe Tufekci, «no nos aísla de los malos análisis».[55]

4

Una última cosa.

Hay un detalle de la historia de August Landmesser que se suele dejar al margen, probablemente porque no es una historia bonita.

El 15 de noviembre de 1995, alguien más abrió aquel diario vespertino en Hamburgo, vio la foto del hombre que no hacía el saludo nazi y creyó reconocer a su padre. Se trataba de Wolfgang Wegert, un televangelista alemán. Señaló de inmediato a su esposa que su padre salía en el diario. Pero cuando, unos días más tarde, el mismo diario publicó la terrible historia de Landmesser, Wegert decidió, por respeto, no responder.[56]

Hoy en día poseemos fuertes indicios para creer que el hombre de aquella foto de 1936 es Gustav Wegert, y no August Landmesser. Sabemos con certeza que Wegert (1) trabajaba en los astilleros; que una y otra vez (2) se negó a hacer el saludo nazi, y que (3) se parecía al hombre de la foto mucho más que August Landmesser.

El hombre que no hizo el saludo.

Gustav Wegert en 1948 (derecha).

Según su hijo, el profundamente religioso Wegert creía que era blasfemia venerar a otro hombre como a un santo, aunque fuera Adolf Hitler. Cada vez que alguien lo saludaba con un *Heil Hitler*, él respondía con *Guten Tag*.*

Y ya está. A eso se reduce la famosa foto. Nada indica que Wegert tuviera simpatía por los judíos. Continuó trabajando para la industria de guerra alemana hasta 1945, y se diferenció en bien poco de los demás alemanes cristianos que no hicieron nada por resistir al régimen.

Hace más de setenta años, en uno de sus sermones más célebres, Martin Luther King enfatizaba que el inconformismo es, en sí mismo, una virtud. No se trata de lo que uno piensa o dice; se trata de lo que uno hace para mover la ventana de Overton y ganar la lucha contra la injusticia. El inconformismo puede inspirar, pero también puede acabar atrapado por el exhibicionismo. El reverendo King predicaba la necesidad de tener «una mente dura y un corazón tierno». «Los idealistas no suelen ser realistas», sostenía, «y los realistas no suelen ser idealistas».[57]

Lo que necesitamos es un poco de idealismo realista.

* «Buenos días.» *(N. del t.)*

V

Aprende a llorar por hojas de cálculo

En lugar de comparar nuestro destino con el de quienes son más afortunados, deberíamos compararnos con el destino de la mayoría de los seres humanos. En ese momento apreciaremos que estamos entre los privilegiados.

Helen Keller, luchadora por
los derechos de los discapacitados
(1880-1968)

I

Y ahora vayamos con un caso de nuestra época.

Voy a contarte la historia de un ejecutivo británico que de repente se entusiasmó por una causa. Su cambio es muy interesante porque con toda seguridad no lo habrías visto venir. Lo que es seguro es que él no lo vio. Este hombre tenía una carrera consolidada, una vida cómoda y más de treinta años (que, como todos sabemos, es el límite oficial para hacer algo remotamente radical). Ya con bastante éxito en el sentido tradicional, un día se preguntó: ¿esto es todo? ¿Es esta mi vida?

Todo empezó a última hora de la tarde del 9 de junio de 2003. Rob Mather estaba sentado en su sofá de Londres viendo las noticias de la noche. Quería apagar el televisor, pero, como explicó más tarde, «soy un desastre con el mando a distancia, y eso supuso un giro a la izquierda en mi vida».[1]

La televisión saltó a un canal en el que se emitía un documental sobre una niña llamada Terri.[2] Una noche de noviembre de 1998, cuando Terri aún no había cumplido los dos años, su madre acostó a la niña y la arropó. Tal vez fue el cansancio; tal vez fue el estrés: la madre de Terri había hecho algo que normalmente nunca hacía. Había encendido un cigarrillo en casa, un cigarrillo que olvidó junto a la cama de su hija.

Cuando los bomberos acudieron poco después, creyeron que lo que había en el catre era un muñeco de plástico negro, hasta que oyeron un suave gemido.[3]

Terri estuvo a punto de morir durante varios días. Dos veces dejó de respirar y dos veces fue reanimada. Perdió los dedos de las manos y los pies, las orejas, la nariz y un pie. Solo quedó intacta la piel bajo el pañal mojado.[4] Pero milagrosamente sobrevivió. Al cabo de varias semanas se despertó y pronunció su primera palabra desde el accidente: «Mamá».

Todo ello fue demasiado para la madre de Terri, que se sentía devorada por la culpa.[5] Se separó de la familia y el padre de Terri tuvo que arreglárselas solo. Dejó su trabajo para poder cuidar de su hija. Todas las mañanas la lavaba y le aplicaba pomadas. La llevaba a un sinfín de citas en el hospital y dormía en su habitación, en el suelo, junto a su cama.[6] Cuando Terri tenía miedo, la abrazaba; cuando las cosas parecían sombrías, la animaba.

Mientras tanto, había algo que le hacía seguir adelante: el increíble espíritu de su hija. Terri era optimista y traviesa, curiosa y decidida. Parecía la única persona en el mundo que podía conseguir olvidar sus lesiones, aunque solo fuera por un rato.

2

«No soy una persona emotiva», contaría más tarde el ejecutivo Rob Mather de la noche que vio aquel documental sobre Terri. «Pero mi mujer y yo teníamos dos niños, y no me avergüenza decir que estaba llorando a mares.»[7]

La mayor parte de la gente, cuando ve algo triste por TV, sigue con su vida al día siguiente. Pero no Rob Mather. No conseguía sacarse a Terri de la cabeza y decidió que debía hacer algo.

Vivimos en una época en la que se hace conscientes a los pocos y felices de sus privilegios, y es bueno que así sea. Pero estar concienciados no es suficiente. ¿Qué puede hacer uno con la conciencia de su suerte? No creo que conozca a nadie con una respuesta mejor que la de Rob Mather.

Lo primero de lo que uno se da cuenta al conocer a Rob es lo rápido que contesta sus *emails*. Es un hombre con mucha energía. Cuando me cuenta acerca de su infancia es casi embarazoso ver cuán exitoso fue en todo.

A los once años ganó una beca para estudiar en Hampton, una prestigiosa escuela para chicos del sudoeste de Londres. No tardó en convertirse en el mejor de la clase. Y por si eso fuera poco, Rob era además odiosamente bueno como deportista. Atletismo, fútbol, salto de altura..., lo practicaba todo. Al acabar Hampton fue a estudiar a la Universidad de Cambridge porque tenía el mejor equipo de fútbol.

Ciertamente, Rob no siempre acababa en primer lugar. Hubo una vez en la que solicitó una beca y quedó segundo, y comentó a un colega: «Maldita sea, espera a que le ponga las manos encima al que haya quedado primero». El ganador resultó ser aquel mismo amigo.

Pero Rob estaba acostumbrado a ganar. Corría los 100 metros lisos y se daba cuenta, al cruzar la línea de meta, de que los demás estaban a unos buenos 10 metros por detrás. Esa ventaja de 10 metros era una buena metáfora de su vida.

Lo que siguió fue una carrera igualmente exitosa. Primero, cuatro años en Italia como asesor para una gran compañía estadounidense, esquiando cada fin de semana; luego, dos años en la Escuela de Negocios de Harvard, que Rob califica de experiencia maravillosa. Luego tuvo la oportunidad de ser copropietario de una compañía que organizaba convenciones, pero tras tres años decidió que el crecimiento no era lo suficientemente rápido y aceptó un puesto ejecutivo en un conglomerado trasnacional mediático.

Fue allí donde Rob aprendió a ganar dinero de verdad. La corporación poseía cuarenta y seis divisiones y 1.400 empleados en todo el mundo. Algunas divisiones arrojaban márgenes de beneficios del 5 por ciento; otras, del 20 por ciento. El trabajo de Rob era averiguar qué debían hacer las divisiones del 5 por ciento para ser como las del 20 por ciento, y era bueno en ello. Las ganancias de la compañía subían cada trimestre, y con ellas, las de Rob, que había negociado una buena parte de las ganancias en su contrato.

Así pues, esto es lo que tenemos de momento: un escolar que sobresalía en todo; un estudiante universitario que prosperaba en Cambridge y Harvard y un hombre triunfador como asesor y como ejecutivo. Ciertamente es impresionante, pero aquí está la cuestión: Rob Mather no estaba haciendo nada especialmente único. Tenía éxito del mismo modo en que muchos otros tenían éxito. Era un cliché del privilegio, con su despreocupada juventud, su gloriosa carrera, su cómoda vida.

Aun así, escucharlo contar la primera mitad de su vida me resultaba fascinante. Porque sabía lo que venía luego.

3

Cuando Rob Mather se despertó el 10 de junio de 2003 no sabía que su vida estaba a punto de cambiar radicalmente. Llevaba un tiempo buscando un nuevo trabajo, pero no dejaba de pensar en Terri, la pequeña que había resultado tan gravemente quemada. Así que inició un hilo en Mumsnet, la mejor web sobre crianza de Reino Unido. Lo pude hallar allí, veinte años después, con el título «Niña con quemaduras del 90 por ciento. ¿Natación solidaria? ¿Ayuda, *email*?».[8]

Rob Mather tenía una idea. Quería reunir dinero para la pequeña Terri, y ya había convencido a dos amigos para que se unieran a él en una prueba de natación solidaria, de 35 kilómetros, la distancia del Canal de la Mancha. Cuando sus amigos le dieron el visto bueno, Rob pensó: «¿Por qué no pedírselo a más gente?».[9]

Unos meses más tarde, 10.000 personas, de setenta y tres países, participaron en más de 150 maratones de natación. Recaudaron dinero en Fiyi y Canadá, en España y en Vietnam, en Tonga y en China. Ah, y en una isla del océano Atlántico, en la que ocho cadetes de la Real Fuerza Aérea británica también nadaron por Terri.[10]

«¿Qué haremos el año que viene?», preguntó un participante.

«Me pregunto si podríamos conseguir que nadase un millón de personas», espetó Rob.[11]

Pero ¿con qué objetivo? Terri tenía, ahora, suficientes ahorros para el resto de su vida, y esta vez Rob quería poner el listón alto. Muy alto. En la segunda edición de la maratón de natación, quería hacer tanto bien como fuera posible a tanta gente como fuera posible.

Y así comenzó el proceso de consultas para su próxima buena causa. ¿Infarto de miocardio? No, eso es en gran parte un problema del Primer Mundo. ¿Investigación sobre el cáncer, entonces? Montones de dinero van hacia allí. ¿Minas terrestres? Demasiado político. ¿Agua potable? Se necesita al menos un billón para eso. ¿Diarrea? Muy complicado. ¿Tuberculosis? También difícil. ¿Y la malaria? Veamos: la malaria es una de las principales causas de muerte en mujeres embarazadas. Una de las más comunes causas de muerte en niños de menos de cinco años. Se dan unos 500 millones de casos al año, y causan la muerte de 3.000 niños cada año.[12]

Un momento. ¿3.000 niños muertos al año? Es el equivalente a siete aviones de pasajeros de gran tamaño cayendo. ¿Hay alguna solución? Sí, pastillas contra la malaria. Pero entonces estás recaudando dinero para la industria farmacéutica. ¿Hay alguna otra solución? Una mosquitera. Trátala con insecticida y está listo. ¿Cuánto cuesta algo así? Unas pocas libras. Suena sencillo. Fantástico, me encanta lo sencillo. ¿Funciona? Maldita sea, pensó Rob, ¿por qué no se invierte más dinero en esto?

Rob realizó unas cuantas llamadas a expertos en malaria y pronto comprendió que estaba ante un candidato perfecto. El mundo no hacía lo suficiente, ni siquiera se acercaba, por combatir la malaria. En 2004 solo se distribuyeron 5 millones de redes tratadas con insecticida de larga duración en todo el mundo.[13] Puede parecer mucho, pero no lo es cuando pensamos que 3.200 millones de personas vivían en lugares con alto riesgo de contraer malaria.[14] Al mismo tiempo, estudios científicos indicaban que unos pocos centenares de redes podrían, estadísticamente hablando, salvar la vida de un niño.

Así es como nació Natación Mundial contra la Malaria. Ahora Rob debía convencer a un millón de personas de tomar parte en ello, de modo que aplicó la norma de los veinte minutos. «A menudo me desafío a mí mismo pensando: si quiero hacer esto que quiero hacer, ¿cómo lo haría en veinte minutos?»[15] En este caso, la respuesta parecía sencilla. Empezó haciendo veinte llamadas de teléfono a veinte desconocidos bien conectados, pidiendo a cada uno de ellos que hallase 5.000 nadadores.[16] Si eso funcionaba, iba a tener 100.000 personas, un buen paso hacia el millón.

«Es sencillo», dijo Rob. «Si nadamos, salvamos vidas; si no nadamos, no salvamos vidas. Así que nademos.»[17]

En cuanto Rob y su equipo llegaron a la cifra de 100.000 nadadores, visitaron un fondo de inversiones milmillonario en Ginebra, Suiza.

«¿Se dan cuenta de que son el grupo de lucha contra la malaria más grande del mundo?», les dijeron allí.[18]

Rob se sorprendió. «¿Me estaban diciendo que veinte llamadas desde mi salita de estar en Londres han creado el grupo de trabajo más grande del mundo contra el principal asesino de niños?»[19]

La respuesta era sí. En 2005, más de 250.000 personas de 160 países participaron en la jornada Natación Mundial contra la Malaria. *The Times* habló de «el mayor chapuzón solidario de la historia».[20]

Y solo era el comienzo.

En principio, Rob había previsto regresar a su trabajo de gestor. Había recibido una lucrativa oferta para dirigir una gran corporación dedicada a los pollos. Pero la idea de vender pájaros muertos le pareció tremendamente depresiva. Y acababa de inaugurar la Fundación Contra la Malaria, o AMF por sus siglas en inglés, para distribuir todo el dinero recaudado de los patrocinadores. ¿Tal vez podía hacer algo más desde allí?

Rob había presenciado, en el mundo laboral, que los cambios totales a menudo funcionan según el efecto dominó. Solo hay que saber dónde están colocadas las piezas y dar el empujón inicial a las primeras. Rob era brillante encontrando esas primeras piezas, y así su movimiento contra la malaria siguió creciendo y creciendo. Una y otra vez aplicaba la regla de los veinte minutos, que significaba hacer el máximo número posible de llamadas en el menor tiempo posible.[21]

En realidad, esas llamadas telefónicas son el ingrediente clave del éxito de Rob Mather. Como Arnold Douwes, el héroe de la resistencia del capítulo 2, Rob no se muestra tímido a la hora de pedir ayuda a otras personas, aunque no las conozca. ¿El resultado? La AMF no tiene que gastar sus fondos en la contabilidad, el sitio web o el asesoramiento jurídico, porque todo eso se proporciona *pro bono*.[22] Todo puede ir a los necesitados.

Al mismo tiempo, Rob se muestra crítico con las organizaciones sin ánimo de lucro, su falta de transparencia, su incapacidad para rendir cuentas y la carencia de evaluaciones en profundidad de resultados. Por eso quiere que todos los donantes puedan ver exactamente qué se hace con su dinero. Cada donación se registra en el sitio web de la fundación, y se puede seguir cada entrega. Las mosquiteras son distribuidas por socios locales, y una tercera parte independiente comprueba que llegan a su destino.

En todo este tiempo, Rob no ha gastado ni un céntimo en *marketing*, sino que se ha centrado en crear una empresa lo más eficiente posible. Tampoco ha buscado nunca el protagonismo. Esta es la primera vez que habla extensamente —a petición mía— sobre su increíble carrera.

4

Para subrayar el gran impacto de la Fundación Contra la Malaria, me gustaría presentar a otro joven privilegiado. En 1999, Holden Karnofsky inició sus estudios en Harvard. Sacaba buenas notas y participaba en numerosas y edificantes actividades extraescolares, como «mear en la estatua de John Harvard y correr desnudo por Harvard Yard».[23]

Tras graduarse, Holden —como muchos de sus talentosos compañeros de clase— se puso a trabajar como inversor para un importante fondo de alto riesgo. Cobraba un sueldo de seis cifras, pero por alguna razón no se conformaba con la lánguida vida de los ricos. Decidió donar una parte considerable de sus ingresos y, en otoño de 2006, fundó un club benéfico con algunos de sus compañeros de trabajo.

Estos hombres estaban acostumbrados a investigar el rendimiento de las inversiones de empresas, y la idea de Holden era hacer lo mismo con las organizaciones sin ánimo de lucro. ¿El único problema? Había muy poca información sobre los resultados de estas organizaciones. Cuando Holden y sus colegas pedían información, recibían folletos impresos en papel satinado, pero no datos concretos.[24]

Así que a los veintiséis años Holden decidió abandonar su bien remunerado trabajo en un fondo de cobertura. Cofundó el grupo de reflexión GiveWell y empezó a evaluar todo tipo de organizaciones benéficas. Pronto quedó claro que la mayoría de las organizaciones caritativas carecían de datos serios que analizar. Sin embargo, había un antiguo ejecutivo en Londres que estaba encantado de entregarle carpetas llenas de cifras, evaluaciones, correos electrónicos y notas. ¿Adivinas quién? Rob Mather.

Gracias a un exhaustivo análisis por parte de GiveWell, sabemos que la Fundación Contra la Malaria es una de las organizaciones sin ánimo de lucro con mejores resultados del mundo. Es el Real Madrid de las organizaciones benéficas. Como muestran las hojas de cálculo elaboradas por Holden y sus colegas, pocas fundaciones han salvado tantas vidas o lo han hecho de forma tan rentable. Mientras escribo estas líneas, la AMF ha recaudado ya más de 700 millones de dólares y distribuido más de 300 millones de mosquiteras a 600 millones de personas, una contribución colosal a la lucha contra la malaria.

Lo que empezó como un maratón de natación por la pequeña Terri se ha convertido en una empresa que, según cálculos conservadores, ha salvado 100.000 vidas.[25]

¿Qué habría pasado si aquella noche de 2003 Rob Mather hubiera presionado otra tecla de su mando a distancia? Rob sospecha que seguiría dirigiendo una compañía de tamaño medio. Probablemente habría seguido ascendiendo por la escala convencional de una carrera profesional.

Ese elemento de serendipia en la gran carrera de Rob me da esperanzas. No tienes que hacer de Gran Samaritano toda tu vida para marcar la diferencia. Un día puedes ser el típico gestor de una típica compañía y al día siguiente liderar la lucha contra una de las enfermedades más mortales. Puedes contagiarte del virus de la ambición moral y comenzar a transformar tu vida y tu carrera. Parecería, al fin y al cabo, que no todo está perdido si tienes un lujoso juego de cuchillos para queso en tu cocina.

Cada día de 2005 la malaria mataba al equivalente a siete aviones de pasajeros llenos de niños. Hoy en día son menos de tres aviones.[26] Resulta difícil imaginar esa escala de cifras. Sencillamente el cerebro humano no está hecho para sentir cifras abstractas como esas. Pero cuando pregunté a Rob cuál había sido su momento más emotivo en la AMF, me contó de la vez en que distribuyeron 50.000 mosquiteras en la región del Nilo Occidental, en Uganda. Un día Rob llamó a un empleado local de la Cruz Roja, quien le dijo: «Tengo aquí en la oficina a uno de los ancianos de la aldea. Quiere hablar contigo».

Rob conocía las cifras de la aldea. En los meses previos se había informado de 357 casos de malaria, y eso, en una comunidad de menos de 700 personas. Dos muchachos habían muerto. Rob habló brevemente con el hombre, Mohammed, quien le agradeció las mosquiteras. Desde sus cuarteles en Londres, Rob respondió que él y sus colegas estaban felices de poder ayudar, pese a estar a miles de kilómetros de distancia.

Seis meses después llegaron nuevos informes. Los casos de malaria se habían reducido a siete: una disminución del 98 por ciento. Y al mes siguiente no hubo ningún caso. Rob no tardó en recibir un *email* de Mohammed. El anciano había caminado diez kilómetros hasta el puesto de la Cruz Roja, desde donde había dictado un escueto mensaje:

> Sr. Rob,
> La malaria ya no existe en nuestro pueblo.
> Mohammed

Cuando Rob me cuenta acerca de este mensaje, pasa lo mismo que cuando vio aquel documental acerca de la niña con quemaduras, veinte años atrás. Se le llenan los ojos de lágrimas. Me recuerda a algo que una vez dijo el filósofo Bertrand Russell: «La señal de una persona civilizada es su capacidad para mirar las cifras de una columna y ponerse a llorar».[27]

A cuánta gente ha ayudado Rob Mather

Cuando Rob organizó la maratón de natación por Terri:

Cuando Rob se enfrentó a la malaria:

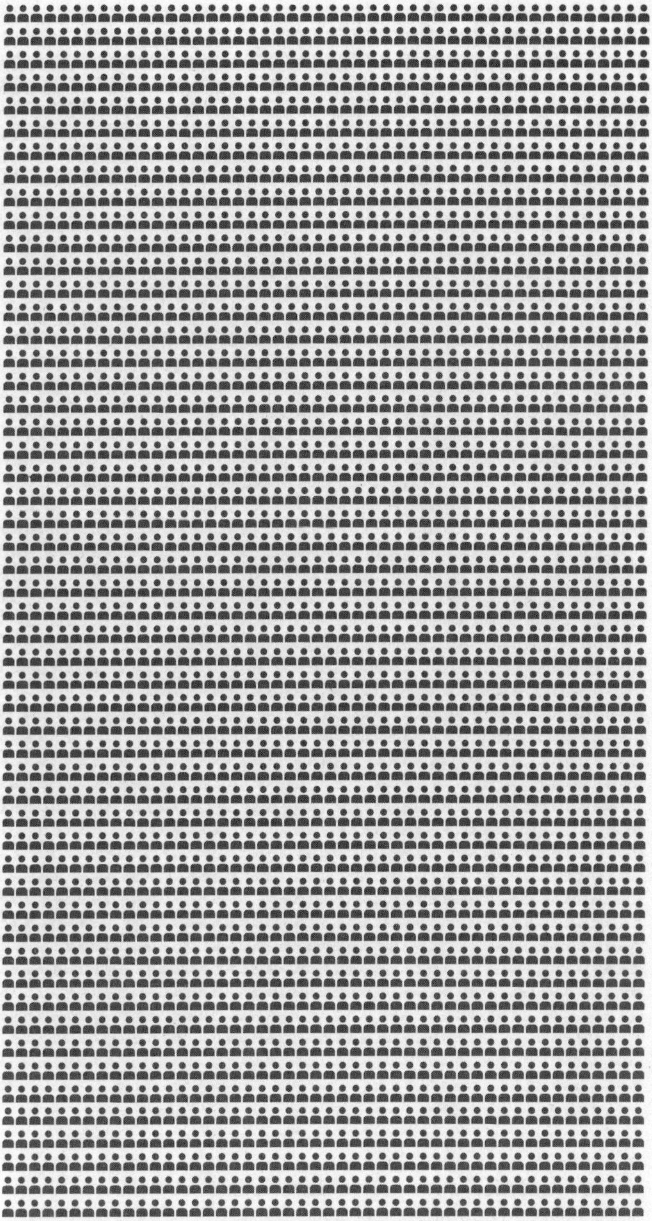

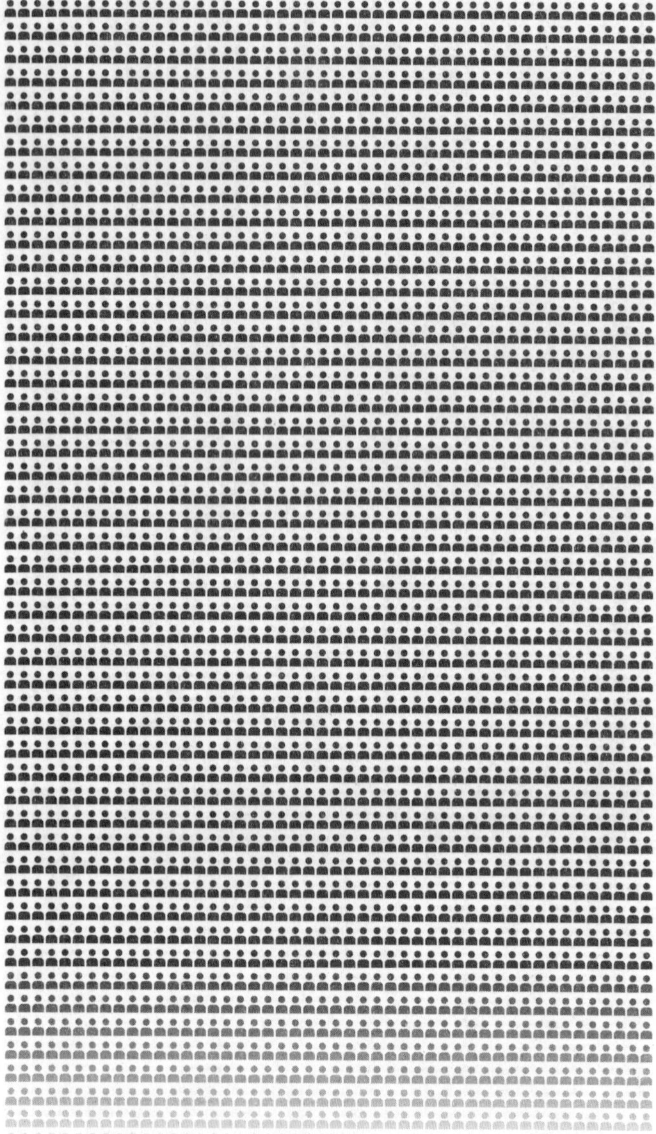

Esto se extendería otras 38 páginas para mostrar la cifra de vidas salvadas: 100.000, y en aumento.

VI

Alístate en una Hogwarts para filántropos

Si una quiere ser irreemplazable, debe ser siempre diferente.

Coco Chanel, diseñadora de moda (1883-1971)

1

Imagina una escuela que produjera una clase anual de idealistas eficaces, todos del calibre de un Rob Mather o de una Rosa Parks. Una academia que te ayude a crear tu propia secta para hacer del mundo un lugar radicalmente mejor. Un semillero de innovación en el que aprendas a evitar las ilusiones del Noble Perdedor y a convertir tu ambición moral en resultados sólidos.

¿Existen escuelas como esta?

La respuesta es que sí. En una concurrida calle de Kilburn, en el oeste de Londres, frente a un estudio de yoga y a un taller mecánico, encontrarás uno de los lugares más mágicos del mundo. Los viandantes pasan por delante del viejo edificio de oficinas, desconocedores de que alberga lo que algunos llaman la «Hogwarts para altruistas». Cada año, un nuevo curso de magos recibe su aprendizaje para salir al mundo y hacer tanto bien como pueda.

Para saber más de esta escuela tomé el Eurostar hasta la estación internacional St. Pancras; luego, el tren hasta Queen's Park y desde allí arrastré mi maleta con ruedas por Kilburn Lane hasta el número 253. Y sí, allí una placa junto a la puerta reza «Charity Entrepeneurship», emprendeduría en altruismo. Era el lugar correcto.

Y dejadme decir, desde el principio: aquella noche, ya

de regreso en el hotel, al meterme en la cama, estaba todavía entusiasmado ante todo lo que había visto.

Comencemos por el folleto de la escuela, porque es fácil de resumir: Charity Entrepeneurship es un programa para emprendedores: emprendedores con ambición moral. Es una incubadora de *startups* como tantas que se encuentra uno en el mundo de la tecnología y del capital de riesgo, pero en este caso no se trata de lanzar compañías de alto rendimiento. Aquí es donde se preparan organizaciones benéficas de alto impacto.

Cada año, el personal de la escuela se pregunta cómo puede ayudar al mayor número posible de personas y animales. ¿Cuáles son las mejores soluciones a los mayores problemas del mundo? ¿Qué inversiones proporcionan a cambio el mayor bien? ¿Qué organizaciones no existen todavía, pero deberían existir?

La respuesta puede ser de todo tipo. Por ejemplo, la organización benéfica que reclama impuestos más altos sobre el tabaco en Mongolia y Líbano, para que muera menos gente de cáncer de pulmón.[1] O el equipo que exige una regulación estricta de las importaciones de carne, pescado y productos lácteos a Nueva Zelanda y la UE, para que los productores extranjeros cumplan las mismas normas de bienestar animal que los nacionales, lo que redundará en un mejor trato a los animales en general.

¿Qué tienen en común todos estos problemas? Son de magnitud, a menudo son fácilmente resolubles y suelen ser ignorados: problemas «MRI», por así decirlo. Estos grandes retos, en gran medida desatendidos, son cosas que podemos abordar, siempre y cuando adoptemos el enfoque adecuado. Pensemos en la lucha de Thomas Clarkson contra la esclavitud, la cruzada de Ralph Nader contra General Motors o la lucha de Rob Mather contra la malaria. Estos retos triple-S ofrecen nuevas perspectivas para hacer el bien. Y ese es un nicho de mercado infinitamente más prometedor que el de los complementos para cepillos de dientes eléctricos.[2]

En béisbol, los ojeadores hablan de VORP, que significa «Value Over Replacement Player» (valor sobre el jugador de reemplazo). Digamos que eres un bateador excelente, pero hay otros diez bateadores fantásticos en el banquillo: tu valor añadido al equipo es limitado porque hay otros diez como tú, que hacen lo mismo. En Charity Entrepreneurship, te entrenan para que consigas tu mayor VORP posible: llegar allá donde nadie más llega.

Cada año hay un pequeño ejército de idealistas que no ve la hora de empezar la nueva Tesla de las organizaciones benéficas. En cuanto la escuela anuncia las causas del año en su página web, miles de futuros estudiantes de todo el mundo solicitan plaza. Tras un exhaustivo proceso de solicitud, se invita a un grupo selecto a acudir a Londres. Reciben un curso intensivo de dos meses, se les asigna un cofundador y una causa, y se les proporciona un modesto capital inicial.[3]

¿El resultado? Desde su fundación en junio de 2018, la escuela ha ayudado a lanzar más de cuarenta organizaciones, y ha marcado una diferencia en las vidas de millones de personas y de animales.

Pongamos por ejemplo a alguien como Lucia Coulter. Tras su curso acelerado en Charity Entrepeneurship cofundó el Lead Exposure Elimination Project (proyecto para la eliminación de la exposición al plomo), una fundación que combate la intoxicación por plomo. Es un problema enorme, dado que en todo el mundo uno de cada tres niños posee niveles peligrosos de plomo en sangre.[4] Es también un problema dolorosamente ignorado, dado que un 52 por ciento de los países no posee legislación que regule los niveles de plomo en la pintura.[5] Y el problema mismo —el plomo en los productos— es tremendamente resoluble. Podemos hacer algo al respecto.

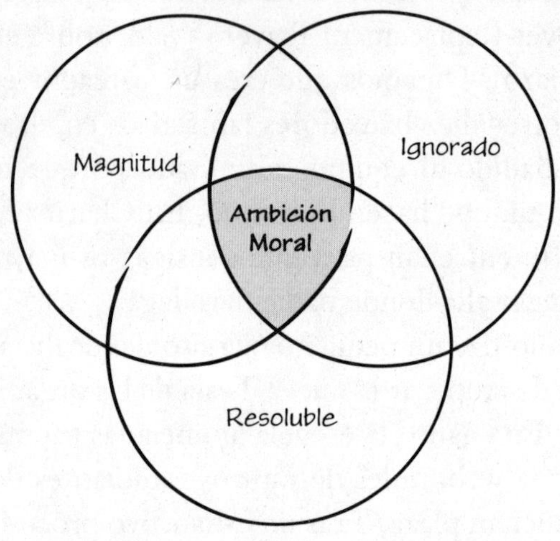

Lucia y su equipo compran y analizan la pintura en ferreterías de Madagascar, Zimbabue, Angola, Sierra Leona, Bolivia y Pakistán, y han presionado con éxito al gobierno de Malaui para que imponga normas más estrictas sobre el plomo en la pintura. Se espera que esto salve miles de vidas.[6]

Otro ejemplo es Anna Christina Thorsheim, una de las fundadoras de Family Empowerment Media, organización que ayuda a prevenir embarazos no deseados mediante la educación sexual. De nuevo, estamos hablando de un gran problema, con más de 200 millones de mujeres en todo el mundo que no tienen acceso a anticonceptivos modernos.[7] También es un problema que se ignora, especialmente en el África subsahariana, donde se ofrece muy poca educación sexual.[8] Mientras tanto, este problema también ha demostrado tener solución, cuando suficientes personas unen sus fuerzas.

Junto con mujeres, médicos y líderes religiosos locales, Family Empowerment Media emite programas de radio con información fiable sobre anticoncepción. La fundación comenzó con una campaña en el estado de Kano, en Nigeria, y consiguió llegar a más de 5 millones de oyentes en el primer año. El uso de anticonceptivos en la región aumentó nada menos que un 75 por ciento, lo que evitó que unas 200 mujeres murieran durante el parto.[9] La fundación está creciendo para abarcar otros tres estados nigerianos.

Y ¿he mencionado que Anna tiene solo veinticuatro años?

El director de esta extraordinaria escuela es un tal Joey Savoie. Desde luego, no se parece en nada a Dumbledore, el viejo y sabio mago director de Hogwarts, del famoso *Harry Potter*. Joey tiene una barba oscura y corta y no pasa de la treintena. No obstante, tiene algo en común con el anciano mago: está un poco chiflado. Sinceramente, es una de las personas más raras que he conocido.

Cuando llamo al timbre de la escuela, en el número 253, es Joey quien me enseña la casa. No es exactamente un castillo, sino más bien una casa común para estudiantes universitarios. Hay un viejo y tosco piano en un rincón y un gran mapa del mundo en la pared, salpicado de pequeñas etiquetas con nombres. «De ahí vienen nuestros estudiantes», explica Joey. Y vienen de todas partes: Egipto, India, Sudáfrica, España, Argentina, Irlanda, Nigeria, Filipinas, México, Estados Unidos, Mozambique, Holanda y otros veintitantos países.

Ya había leído, en el sitio web, el proceso de solicitud. No hay un número fijo de plazas: demuestra suficiente potencial y serás aceptado. Pero ojo: es más fácil entrar en una universidad de la Ivy League. «Hay gente que se presenta con un doctorado de Harvard o de Oxford», dice Joey. «Nuestro listón está mucho más alto.»

Para obtener una plaza, ante todo, debes tener una mentalidad radicalmente abierta. Olvida tus pasiones. Abandona tus causas favoritas. Lo más probable es que pronto crees una organización para hacer algo que nunca te habías planteado. «Creo que la causa en la que ahora trabajo habría sido la última de mi lista», me dice un licenciado que trabaja en la planificación familiar en Ghana.[10]

En segundo lugar hay que tener mucha ambición. Ambición moral, para ser precisos, porque la ambición a secas no es tan rara. «Y es muy fácil ser ambicioso con los temas equivocados», dice Joey.

En tercer lugar, tienes que estar dispuesto a trabajar muchísimo. «Puedes decidir tus propias horas», dice Joey con una sonrisa, «siempre que sean todas». Los alumnos trabajan muchas horas por un sueldo modesto. Pasan aislados de sus amigos y familiares largos periodos, y el trabajo en sí no suele ser nada glamuroso. Como dice Joey, «con demasiada frecuencia, te quedas horas intentando arreglar la conexión a Internet en algún lugar del norte de Nigeria mientras el aire acondicionado no funciona».

Otros elementos de tu currículo son menos importantes. Los títulos académicos, por ejemplo, interesan poco a Joey. La experiencia sobre el terreno es útil, pero no necesaria: cuanto antes empieces una carrera moralmente ambiciosa, mejor.[11] Y olvídate del estereotipo de fundador de *startup* extrovertido al que le gusta oír su propia voz. Muchas personas con talento son introvertidas.

Me llama mucho la atención lo diversos que son los alumnos de la escuela. El más joven tiene veintiún años; el mayor, cincuenta y cinco. Hay muchas mujeres y mucha gente de color. Uno de los alumnos me cuenta que cuando tenía once años no abría la puerta de casa, por miedo a una nueva citación por deudas. Con sus aptitudes, podría haber hecho carrera en la banca, pero no quería acabar en el sistema que exprimía a su madre.

Joey está convencido de que existe una gran reserva de ambición moral sin explotar. Mucha gente cree que no es lo bastante buena, cuando en realidad puede cambiar el mundo.

Por ello puede resultar útil un mentor que ayude a rebajar el umbral de la acción. Un Arnold Douwes, una Jo Ann Robinson, un Rob Mather... Un viejo y sabio mago que llame a tu puerta y te diga que hay una plaza para ti en Hogwarts. Alguien que te señale y diga «¡Eh, tú! ¡Sí, tú! Se te necesita ahora mismo. Tienes una misión que cumplir en este mundo».

Así es como empiezan muchas historias heroicas.

2

Para comprender cómo comenzó la escuela para buenas causas de Kilburn Lane, deberemos retroceder al inicio: a la historia de Joey Savoie.

Antes de hacer mi visita había mirado vídeos de Joey, y al principio pensé que tal vez había dado sin querer al botón de reproducir a 1,5 × velocidades. Pero no: es su velocidad habitual al hablar. Luego visité una página web en la que Joey ha colgado vídeos hechos por él, en los que comparte sus trucos favoritos. Tiene un vídeo acerca de los mejores cuidados para tus dientes (el hilo dental es una pérdida de tiempo, los caramelos de menta sin azúcar están infravalorados) y es el orgulloso creador de un método para secarse con solo una octava parte de la toalla.[12]

En pocas palabras, este hombre adora la optimización. Le gusta comer mantequilla de cacahuete y bananas porque son baratos, saludables, sabrosos y eficaces. O veamos su vida sentimental. Joey defiende la web de citas OkCupid porque es «la más analítica» de todas. Con veintipocos años, leyó más de un millar de perfiles, puso toda la información en una tabla de cálculo y envió un mensaje a la candidata más prometedora. Se trataba de una joven con (¡sorpresa!) ambición, compasión y una mente abierta. «Acabamos saliendo juntos ocho años», me cuenta con una mueca.

La historia de este infrecuente personaje comienza en Vancouver, Canadá, en la década de 1990. Lynn, su madre, era psicóloga infantil; Mark, su padre, era ante todo un padre. Cuando la gente preguntaba a Mark a qué se dedicaba, respondía «soy padre».

«Lo primero que atrajo a mi madre de mi padre», dice Joey, «fue que era superamable con todo el mundo: no importaba si eras el jefe, el lavaplatos o una persona sin hogar con la que tropezaba en la calle».

Durante la escuela primaria quedó claro que Joey era un niño excepcional. Halló su primera misión con nueve años de edad: acabar con el *bullying*. «El *bullying* fue lo primero de lo que fui consciente que estaba mal en el mundo.» De modo que el pequeño Joey buscó cuanta literatura científica había acerca del *bullying*.[13] Descubrió que, más que centrarse en el abusón o en la víctima, lo mejor era centrarse en los testigos pasivos. Ellos eran quienes podían marcar la diferencia.[14]

A continuación, Joey pasó de la teoría a la práctica. Cada vez que detectaba el más mínimo indicio de acoso, actuaba y animaba a sus amigos a hacer lo mismo. Solo hubo una vez en la que no intervino, cuando alguien que no le caía muy bien estaba siendo acosado. Eso todavía le atormenta.

Joey encontró su segunda misión en el instituto. Las clases le parecían terriblemente aburridas y un día se preguntó: ¿y si no soy yo, sino el sistema? El plan de estudios, por ejemplo, no tiene sentido. Te enseñan todo tipo de cosas que nunca usarás, mientras que los profesores no explican nada acerca de cosas que obviamente todos necesitamos saber (como hacer la declaración de la renta, por ejemplo).

¿Y por qué tenía la escuela que ser tan monótona? ¿Por qué dedicaba tan poco esfuerzo a atender a alumnos diferentes con necesidades diferentes? Joey observó que se desperdiciaba mucho talento. Es más: estaba convencido de que había que revisar todo el sistema, de modo que volvió a sumergirse en literatura al respecto. Mientras tanto, el adolescente se unía a todo tipo de foros en línea de expertos en educación. «Me encantaba Internet porque nadie sabía mi edad.»

Tras algún tiempo se dio cuenta de que había dos grandes escuelas de pensamiento en el mundo de la educación. Por un lado, están aquellos que saben cuanto hay que saber sobre la ciencia y los métodos (basados en evidencias) que han demostrado mejorar los resultados de los alumnos en los exámenes. Por otro lado, están los que se plantean la pregunta fundamental: ¿cómo puede la educación prepararte para vivir una vida con sentido?

A Joey le encantaba el enfoque cuantitativo del primer grupo, pero opinaba que sus objetivos eran ridículos. También le gustaba la visión de la segunda escuela de pensamiento, pero se sentía frustrado por la falta de evidencias que la respaldaran. Así pues, decidió tomar cartas en el asunto.

Durante los últimos años de instituto, Joey formuló un plan maestro para su carrera. Cuando miraba a sus compañeros de clase, no podía creer lo pasivos que eran. Veía a todos esos jóvenes con talento que sacaban buenas notas con la esperanza de enorgullecer a sus padres. Entre tanto, no se atrevían a pensar en el futuro. «Bueno, mis mejores notas son en biología», decían, «así que estudiaré biología». ¿Por qué a nadie parecía interesarle el resto de su vida?

Joey, en cambio, siempre había vivido en el futuro: «Siempre pensaba a cinco o diez años vista». Por eso investigó qué trabajo necesitaría si quería desencadenar una revolución educativa en Canadá. Resultó que ese trabajo no existía. Incluso el presidente del más alto consejo educativo del país solo tenía una influencia nominal en la política escolar.

Entonces Joey pensó: ¿Y si monto mi propia escuela? Invitó a sus amigos a un juego de rol —un escenario al estilo de Dragones y Mazmorras, en el que habitualmente interpretas a un elfo o un enano—, pero esta vez con otros papeles en mente. Los jugadores tenían el rol de profesor o alumno en una escuela del futuro. Para Joey, tenía mucho sentido. Si puedes jugar a ser un enano o un elfo, ¿por qué no interpretar a tu futuro yo de veinte años? Llamó al grupo «Scientific World Changers».

Fue entonces cuando se dio cuenta de otra cosa. Había estado viendo un documental tras otro sobre todo tipo de temas, desde la pobreza extrema hasta la agricultura industrial, y apenas podía creer lo que veía. Siempre había creído que la injusticia era cosa del pasado. A veces incluso tenía la sensación de haberse perdido algo por no haber vivido en Europa durante la segunda guerra mundial, una época en la que podías seguir tu conciencia y unirte a la resistencia.

Pero entonces se dio cuenta de que todavía había mucho sufrimiento y opresión en el mundo. Todavía debemos tomar decisiones fundamentales, y todavía se puede formar parte de la resistencia, de un modo u otro. ¿Por qué no nos enfrentamos a ello en la escuela todos los días?

Tras terminar el instituto, Joey Savoie decidió estudiar psicología en un colegio comunitario cerca de Vancouver, a partir de septiembre de 2011.* Tenía todo su futuro planeado. Pensaba que los diplomas estaban sobrevalorados, pero sabía que podría necesitar un par de ellos para su revolución educativa. Al mismo tiempo, sabía que, por lo general, la gente solo se fijaría en su último título.

Su plan era licenciarse en una universidad barata, hacer un máster en una institución más prestigiosa y doctorarse en Harvard. De ese modo, conservaría todo el tiempo y el dinero posibles para asuntos más útiles, como desarrollar el plan de estudios de la escuela que quería crear. Sus amigos le llamaban loco, pero Joey creía que tenía sentido.

Pero entonces, en su segundo año de universidad, Joey descubrió algo. Estaba buscando en Google «buenos modos de marcar la diferencia» y «cómo cambiar el mundo»

* En EE. UU. y Canadá, los *Community College* son una rama pública de institutos de enseñanza superior adaptada a mayores de 25 años y personas que simultanean estudios y trabajos. Son considerados, popularmente, una opción educativa menor. (*N. del t.*)

—como solemos hacer todos— cuando dio con el grupo de reflexión GiveWell. Esta organización, fundada por un tal Holden Karnofsky (véase el capítulo 5), investigaba a fondo formas más eficaces de ayudar a la gente.

De repente todo encajó. Por primera vez Joey comprendió que había otras personas como él. Personas con criterios de éxito similares, que querían hacer del mundo un lugar mucho mejor. Esa idea lo cambió todo. En el sitio web de GiveWell leyó sobre organizaciones benéficas eficaces, como la Fundación Contra la Malaria. Joey dejó la universidad y reservó un billete de ida a Londres con su novia de entonces, la de OkCupid. ¿Una de las primeras personas a las que llamó una vez allí? Lo has adivinado: Rob Mather.

3

Sentado en la cocina de la escuela, mientras escucho a Joey Savoie, dos cosas me vienen a la mente:

1. Este tipo es fantástico.
2. No puedo hacer nada con su historia.

Joey no me sirve como modelo de conducta de ambición moral, me temo, porque es como si fuera de otro planeta. Y aun así es maravilloso oír lo independiente que es su vida, cuán poco le interesa la definición tradicional de éxito.

Tomemos por ejemplo su espartano estilo de vida. Cuando Joey y su chica vivieron en Londres, sobrevivieron con 12.000 libras al año (unos 14.500 euros). La mitad iba destinada al alquiler, y la otra mitad, a todo lo demás. Esta fue la época en que Joey descubrió que podía secarse con solo un octavo de toalla. La pareja vivía muy por debajo del umbral de pobreza del RU, pero para ellos, tenía sentido. Esos 14.500 euros estaban en línea con lo que ganaba cualquier persona del planeta.[15]

Poco después de que Joey llegase a Londres, Rob Mather, el creador de la Fundación Contra la Malaria, le dijo que en realidad no necesitaba un par de manos extra. No obstante, más dinero para la causa siempre era bienvenido, de modo que Joey y su pareja comenzaron a recaudar. ¿Por qué a Joey le gustaba tanto? Porque era mensurable. Sabías exactamente cuánto o cuán poco habías conseguido.

En los meses siguientes, Joey y su pareja probaron tres estrategias: inscribirse para recibir becas (que no funcionó en absoluto); codearse con gente rica (no eran muy buenos en ello) y el *crowdfunding* (que es lo que realmente funcionó). En algún momento llevaron 200.000 libras recaudadas, y GiveWell contactó con ellos. «Buen trabajo», les dijeron, «pero una gente joven y con energía como vosotros debería crear su propia organización».[16]

Joey se entusiasmó de inmediato. Pidió a Rob Mather que fuera su mentor, algo a lo que Rob accedió encantado. Ya en su cincuentena, Rob pensó que sería genial que una pareja de chicos veinteañeros pudieran desbancarlo del primer lugar de los listados de organizaciones benéficas.

El plan de los jóvenes era sencillo. En palabras de Joey: «Hagamos seis meses de investigación, creemos una hoja de cálculo con prioridades y dediquémonos a lo mejor que encontremos». Junto a un par de amigos, Joey se sumergió en la literatura publicada al respecto y luego los cuatro reservaron un viaje de ida a la India. Pensaron que el enorme y variado país sería un lugar perfecto para ampliar la escala de su empresa. Ahora la *startup* tenía un nombre: Charity Entrepeneurship.

En enero de 2016 comenzaron, cuatro críos con poca

experiencia y menos dinero aún, con grandes planes para fundar una de las mejores organizaciones benéficas del mundo. En la ciudad de Lucknow (población: 3,3 millones en aquella época) fueron de barrio pobre en barrio pobre entrevistando a cientos de padres, médicos y personal de campo acerca de sus vidas y su trabajo. «No lo calificaría de divertido», dijo Joey. «Fue un desafío, pero muy bueno desde una perspectiva de satisfacción vital.»

Comenzaron con una lista de veintiocho ideas, y comenzaron a tachar una tras otra.[17] Tras unos pocos meses les quedaban cinco opciones, y el mejor plan resultó ser el más sencillo: enviar cartas escritas a padres, recordándoles que debían vacunar a sus hijos. Era una intervención que no costaba casi nada, pero que aumentaba la cobertura de las vacunaciones, con el potencial para salvar miles de vidas. En todo el mundo, 14 millones de niños no reciben ninguna de sus inyecciones básicas.[18] Y cada minuto un niño de menos de cinco años muere de una enfermedad fácilmente evitable con una vacuna, como el sarampión o la tos ferina.[19]

Joey y sus amigos querían asegurarse de que era la mejor idea, de modo que el equipo concibió un premio para quien pudiera convencerlos de lo contrario. Cuando nadie pudo aportar nada, y con Rob Mather y GiveWell entusiasmados ante el plan, dieron el salto. Joey, de veinticuatro años de edad, y sus amigos fundaron su primera organización benéfica: Charity Science Health.

Los cuatro se pusieron manos a la obra. En muy poco tiempo, doce hospitales de la India formaban parte; se tomaron diez empleados y se alcanzó a 200.000 familias. En cuanto la organización estuvo creada y en funcionamiento, Joey se mostró ansioso por el próximo proyecto. Se había convertido en un emprendedor en serie, enfrentándose a un problema ignorado tras otro.

Y entonces tuvo su momento *eureka*.

El equipo había cogido la hoja de cálculo con todas las ideas para organizaciones benéficas y la había subido en línea. Un joven estudiante de Harvard la vio y pidió un empleo, ofreciéndose a crear una de las potenciales nuevas organizaciones. Entonces fue cuando a Joey se le ocurrió: ¿Y si hiciera por él lo que Rob Mather hizo por mí? «OK, esto es lo que vamos a hacer», respondió Joey. «Te daremos una beca de 30.000 dólares y una hora semanal de tutoría personalizada.»

Pronto el estudiante halló un cofundador —un reciente graduado de Oxford— y juntos realizaron estudios sobre el terreno en la India. Acto seguido fundaron Fortify Health, una fundación que trabaja con los molineros locales para enriquecer la harina con hierro, ácido fólico y vitamina B_{12}, protegiendo así a millones de personas de anemia y de defectos congénitos como la espina bífida. En solo un año, Fortify Health había ayudado a más gente que la propia Charity Science Health de Joey.[20]

En ese momento Joey se vio obligado a revaluar. «Estaba mirando este proyecto, que no me había costado ni tiempo ni dinero —me comentó— y al otro lado tenía Charity Science Health, para la que me maté a trabajar.» Los fundadores de Fortify Health habían declarado que Joey había rebajado su umbral de acción y que sin su impulso no se habrían atrevido a hacer lo que hicieron. Él era su viejo mago sabio, el que les había dicho «¡Eh, tú! ¡Sí, tú! Se te necesita ahora mismo. Tienes una misión que cumplir en este mundo».[21]

Tan solo ahora Joey supo lo que quería hacer con su vida. Era la hora de crear su propio Hogwarts.

4

Aquella noche, mientras descansaba en la cama del hotel, intenté aclarar qué era lo que me gustaba tanto de la escuela de Kilburn Lane. ¿Eran acaso los inspirados profesores, que podrían estar ganando tres veces más dinero en cualquier otro sitio? ¿Las sillas de la oficina, todas diferentes, que daban claras indicaciones de que el verdadero trabajo importaba más que el envoltorio? ¿O era la camaradería entre los alumnos, que hacía que el lugar pareciera albergar una gran familia feliz?

Al final pensé que tenía que ver con la combinación única de cuatro características que casi nunca hallas reunidas en una sola persona. Pero en conjunto, la gente de la escuela las poseía todas. Llamémoslos los cuatro ingredientes de la ambición moral:

1. El idealismo de un activista
2. La ambición del creador de una *startup*
3. La mente analítica de un científico
4. La humildad de un monje

No puedes cambiar el mundo tú solo, subrayaba Joey constantemente durante mi visita. Al final siempre es trabajo de equipo. El problema con un montón de idealistas es que tienen expectativas irreales de sí mismos. Quieren ser un emprendedor de éxito, un hábil investigador, un recaudador, una persona de contactos y un narrador, todo en uno. «Es muy agradable creer que uno es superimportante, que uno es quien va a salvarlo todo», decía Joey. «Pero has de tocar con los pies en la tierra y darte cuenta de que necesitas un equipo para que las cosas salgan. Necesitas una comunidad.»[22]

Eso también valía para Joey: sabía que necesitaba un cofundador para su escuela. A través de un amigo de un amigo de un amigo contactó con Karolina Sarek, quien con veintiún años había sido nombrada la profesora universitaria más joven de Polonia. Joey y Karolina se complementaban a la perfección: si él tiende un poco a ser el despistado profesor Dumbledore, ella es la más meticulosa profesora McGonagall.

Trabajar en equipo te sitúa en una mejor posición cuando las cosas se tuercen. Y las *startups* son un asunto arriesgado de por sí: de las cinco organizaciones que lanza anualmente Charity Entrepeneurship, al menos una se disuelve pasado un año. Se necesita coraje para comenzar algo nuevo, pero tal vez se necesita más coraje para dar carpetazo al proyecto si este no cumple con las expectativas.

También es cierto que nuevas ideas pueden hacerte cambiar de curso. En 2019 los economistas Abhijit Banerjee y Esther Duflo (quien acabaría ganando el premio Nobel ese mismo año) publicaron un estudio pionero.[23] Resulta que si uno quiere aumentar los índices de vacunación en la India, lo que funciona mejor es enviar recordatorios escritos y reclutar embajadores locales que animen a los padres jóvenes a vacunar a sus hijos.

Joey y sus amigos decidieron coger su primera organización benéfica, Charity Science Health, y fundirla con Suvita, una organización también creada en la escuela de causas benéficas. Ahora Suvita combina ambas estrategias de modos casi cómicos: los miembros de la organización toman un listín telefónico, llaman a gente al azar y le preguntan quién es la persona más chismosa de la aldea.[24] Entonces llaman a esa persona con un sencillo mensaje: «¡Eh, tú! ¡Sí, tú! Se te necesita ahora mismo. Tienes una misión que cumplir en este mundo».

Y no te lo creerás. Más del 95 por ciento de la gente contactada accede a ayudar. Como Arnold Douwes y Ron Mather habían descubierto antes que ellos, casi todo el mundo actúa, si se lo piden.

Si preguntas a Joey Savoie por sus ambiciones para el futuro, tendrás una visión grandiosa. En Hogwarts, hay cuatro casas: Ravenclaw, Hufflepuff, Slytherin y Gryffindor.

¿Y si la escuela de Kilburn Lane tuviera también cuatro divisiones que se ocuparan juntas de los mayores problemas del mundo, cuatro vías para idealistas ambiciosos?

La primera casa sería el equivalente a Gryffindor, conocida por el valor y la audacia. Aquí se formarían los fundadores de *startups* benéficas.

Después tenemos Ravenclaw, la división de los estudiantes más analíticos y con mayor coeficiente intelectual. Escudriñan la literatura en busca de nuevas ideas y evalúan minuciosamente los resultados de las *startups*.

En tercer lugar está Hufflepuff, la división que valora la paciencia, la lealtad y el trabajo duro. Aquí se reúne a idealistas polifacéticos que sobresalen en las negociaciones y la comunicación, las personas que reúnen a la gente para formar coaliciones y a «intraemprendedores» que tienen la persistencia necesaria para cambiar las organizaciones desde dentro.

Y por último, Slytherin. Es una división famosa por su ambición, astucia y orgullo. Aquí se enseña a los asesores a ayudar a los grandes donantes a asignar su dinero de forma eficaz. Sin la recaudación de fondos de Slytherin, todo el modelo se vendría abajo, pero hay que tener cuidado de no producir un Voldemort de vez en cuando.

Para evitar que su ambición moral se les escape, los

alumnos de Kilburn Lane están entrenados para rendirse cuentas unos a otros y mantenerse en el buen camino. Es esencial incorporar ese tipo de reflexión: «*¿Estoy haciendo lo que digo? ¿Produzco lo que prometo?*». Hay que estar atento a la corrupción moral. La gente no pierde sus ideales de golpe, dice Joey, sino poco a poco: «Gana medio kilo al año, y veinte años después pesarás diez kilos más. Creo que algo parecido puede ocurrir con nuestro altruismo».

Por eso el director de la escuela cree en circuitos de retroalimentación cortos, o en objetivos concretos que se puedan cumplir. E incluso se muestra receloso a la hora de conseguir demasiados fondos para la escuela, porque eso podría hacer que alumnos y profesores se relajaran. No es que haya nada malo en las habilidades de Joey para recaudar fondos: sencillamente prefiere cierta inseguridad financiera. Quiere poder demostrar a los donantes de la escuela que su dinero se gasta adecuadamente.

Mientras escribo esto, Charity Entrepreneurship cuenta ya con más de cien graduados. El 65 por ciento de ellos ha creado una organización sin ánimo de lucro, y el resto ha encontrado otro trabajo en la lucha contra la pobreza, las enfermedades o el sufrimiento de los animales.[25] Para Joey, eso es solo el principio. «Incluso en mi época de reformador de la educación», dice, «siempre tuve la idea de empezar poco a poco y luego ir creciendo».

Imagina un mundo con muchas más escuelas mágicas para idealistas. Academias para periodistas y vendedores moralmente ambiciosos; una para grupos de presión y políticos, otra para abogados y banqueros; médicos y profesores, técnicos e ingenieros. Mejor aún, una escuela para directores de escuela, para poder formar a veinte Joeys a la vez.

Joey Savoie sueña con una vasta red internacional de antiguos alumnos motivados que se ayuden mutuamente.[26]

Slytherin recauda el dinero, Ravenclaw aporta las mejores ideas, Hufflepuff crea un movimiento y Gryffindor se lanza a fondo. Es un mundo con una nueva definición del éxito, un mundo en el que mucha más gente emplea sus habilidades para hacer el mayor bien posible.

Como dice un viejo y sabio mago al final de *Harry Potter y la cámara secreta*: «Son nuestras elecciones, Harry, las que muestran lo que somos, mucho más que nuestras habilidades».

VII

Averigua lo que el mundo necesita y haz que ocurra

> Busco lo que el mundo necesita. Luego intento inventarlo.
>
> THOMAS EDISON, inventor (1847-1931)

I

En 1836, el hombre más rico del mundo, Nathan Mayer Rothschild, murió de una simple infección que hoy podemos curar con un tratamiento de antibióticos por pocos euros. Durante miles de años, cualquier persona, en cualquier lugar, podía fallecer repentinamente por enfermedades que hoy ignoramos o que hemos erradicado por completo.

Los niños son especialmente vulnerables. En el siglo XXI, en gran parte del mundo la muerte de un niño es una tragedia poco frecuente, mientras que antes era una cuestión de cara o cruz. Hasta el año 1800, casi la mitad —¡la mitad!— de todos los niños moría antes de alcanzar la edad adulta.[1] Incluso príncipes y princesas morían de a decenas, pese a ser atendidos por los mejores médicos.

Carlomagno (747-814), por ejemplo, tuvo siete hermanos y hermanas, pero solo dos llegaron a cumplir los dieciocho años. El rey Eduardo II de Inglaterra (1284-1327) tuvo once hermanas, pero solo cinco sobrevivieron a la infancia, y sus tres hermanos murieron antes de cumplir los doce años.[2] La reina de Gran Bretaña, Ana Estuardo (1665-1714), estuvo embarazada nada menos que dieciocho veces, y solo uno de sus hijos sobrevivió a la primera infancia: el pequeño príncipe Guillermo.

Poco después de su undécimo cumpleaños, en 1700, Guillermo enfermó.[3] Los médicos de la corte aconsejaron rápidamente una sangría, y el tratamiento pareció aliviar la fiebre, pero durante la noche del 29 al 30 de julio tuvo dificultades para tragar y respirar. Con sus padres desesperados junto a él, el joven príncipe perdió el conocimiento. Pocas horas después había muerto.

Hoy en día, la mortalidad infantil es, a escala mundial, diez veces menor que en la época del príncipe Guillermo. En Estados Unidos, es más de cincuenta veces menor, y en la UE, cien veces menor.[4] La proporción de la población mundial que vive en la pobreza extrema se ha reducido casi un 90 por ciento, y los pobres de los países ricos tienen un nivel de vida superior al de reyes y emperadores hace unos siglos.[5]

Pero las buenas noticias no parecen haber llegado a todo el mundo. Una encuesta realizada en veintiocho países indica que la mayoría de la gente cree que la mortalidad infantil se ha mantenido igual o ha aumentado en los últimos veinte años, cuando en realidad se ha reducido a la mitad.[6] ¡Reducido a la mitad! Es como para querer gritarlo a los cuatro vientos: antes morían millones y millones de niños, ¡pero ya no! ¿Me oyen? ¡Millones y millones!

Desde hace años, el mundo avanza de forma rápida y constante en la lucha contra la muerte y las enfermedades, pero cuando se trata de nuestra visión del futuro, el pesimismo prevalece. Innumerables películas y series de televisión retratan las variadas formas en que huracanes, glaciaciones, asteroides, brotes víricos, extraterrestres, robots y zombis amenazan con aniquilarnos. Sorprendentemente, son sobre todo los habitantes de los países ricos los que comparten esta sombría perspectiva. En Finlandia y Noruega, por ejemplo, solo el 8 por ciento de la gente piensa que las cosas están mejorando; en Francia y Australia, apenas el 3 por ciento.[7]

Ciertamente no es difícil plantear escenarios apocalípticos para la humanidad. Al mismo tiempo, hay una falta crónica de imaginación a la hora de imaginar cuán mejor puede ser el futuro. Cuando la mitad de los niños no sobrevivían, la gente no podía imaginar un mundo en el que viviera el 96 por ciento. Sin embargo, aquí estamos. Y probablemente nuestros descendientes se horrorizarán de las enfermedades a las que ahora sucumbimos, diciendo cosas como «en 2017, la mujer más rica del mundo, Liliane Bettencourt, murió por complicaciones del alzhéimer. En aquella época, no había forma de tratar la enfermedad».

2

Una cosa es cierta: las innovaciones científicas han salvado más vidas que todas las Malalas, Mandelas y Madres Teresas sumadas. Es por eso por lo que resulta trágico que tantos niños prodigio de la tecnología malgasten su tiempo construyendo aplicaciones inútiles y algoritmos sin sentido. Si queremos enfrentarnos a los grandes problemas de nuestro tiempo necesitaremos un ejército de empollones científicos llenos de ambición moral.

Hubo una época, no hace demasiado, en la que los pioneros de la ciencia y la tecnología inspiraban la mayor admiración. Una época en la que los grandes avances se celebraban en todo el mundo.[8] Pongamos como ejemplo el descubrimiento de la vacuna contra la polio. La polio es una enfermedad horrible, que provoca parálisis y asfixia. Hasta principios de la década de 1950, los padres vivían aterrorizados de que sus hijos contrajeran la enfermedad; solo se temía más a la bomba atómica.[9]

Entonces saltó a escena Jonas Salk. Este virólogo había estudiado medicina en la Universidad de Nueva York en la década de 1930 y decidió que no quería seguir el camino clínico. En lugar de ver a un paciente cada vez, Salk quería tratar a la humanidad entera.[10] Acabó dedicando siete años de su vida a desarrollar la vacuna contra la polio.

Lee algo sobre el 12 de abril de 1955, el día en que se hizo público el descubrimiento de Salk, y es más que probable que se te haga un nudo en la garganta. En todo el país, los estadounidenses se reunieron en torno a sus radios. Los comercios instalaron altavoces, las fábricas enmudecieron y los jueces declararon un receso en los juzgados. En cientos de cines, más de 50.000 médicos vieron juntos las noticias.

Entonces llegó el anuncio oficial: un equipo dirigido por el doctor Jonas Edward Salk había desarrollado una vacuna segura y eficaz contra la poliomielitis. La enfermedad tenía los días contados. En el auditorio donde se celebró la rueda de prensa, la gente lloraba y se abrazaba. Los automovilistas circulaban tocando el claxon y miles de personas salieron a la calle para celebrarlo. Un historiador escribió más tarde:

> Un contagio de amor barrió el mundo. La gente guardó momentos de silencio, tocó campanas, bocinas, silbatos de fábrica, disparó salvas, mantuvo en rojo sus semáforos en breves periodos de homenaje, se tomó el resto del día libre, cerró sus escuelas o convocó fervorosas asambleas en ellas,

brindó, abrazó a los niños, asistió a la iglesia, sonrió a los extraños, perdonó a los enemigos...[11]

De inmediato se puso en marcha una operación de vacunación masiva, y el callado virólogo se hizo mundialmente famoso de la noche a la mañana. Tres estudios de Hollywood se disputaron los derechos de la historia de su vida y la ciudad de Nueva York se ofreció a organizar un desfile en su honor, pero Salk lo rechazó amablemente.[12] Cuando le preguntaron quién tenía la patente de su vacuna, respondió: «Bueno, yo diría que la gente. No hay patente. ¿Puede alguien patentar el sol?».[13]

Hoy en día la polio está casi erradicada.

Menos conocida, pero como mínimo igual de impresionante, es la historia de Viktor Zhdanov, un virólogo ucraniano. No desarrolló una vacuna, pero tuvo una enorme repercusión en 1958, cuando pidió a la Organización Mundial de la Salud (OMS) que iniciara una campaña de inoculación contra la viruela.

La viruela fue el virus más mortífero de todos los tiempos.[14] Solo en el siglo xx, más de 300 millones de personas murieron a causa de esta enfermedad. Compáralo con la segunda guerra mundial, que se cobró unos 80 millones de vidas.[15] (Los historiadores sospechan que el hijo más longevo de Ana Estuardo, el pequeño príncipe Guillermo, también murió de viruela.)[16]

Al plan de Zhdanov le sobraba ambición. Hacía tiempo que se disponía de la vacuna contra la viruela, pero la humanidad nunca había erradicado una enfermedad, y muchos expertos sencillamente no lo creían posible. Pero en 1966, con un margen de solo dos votos, la OMS dio luz verde al plan de Zhdanov.[17] Durante un periodo de diez años se invertirían 300 millones de dólares en una campaña mundial de vacunación.[18]

Los resultados fueron asombrosos. En octubre de 1977, se diagnosticó en Somalia el último paciente de viruela del mundo. Se llamaba Ali Maow Maalin, voluntario de un equipo local de vacunación. Maalin se recuperó, y cuando no se encontró ningún otro paciente tras meses de búsqueda, la oficina local de la OMS en Nairobi envió este histórico telegrama a la sede central en Ginebra:

> Búsqueda completada. Ningún caso descubierto. Ali Maow Maalin es el último caso de viruela conocido en el mundo.

Hoy, la viruela es la única enfermedad humana que hemos erradicado por completo. UNICEF calcula que la campaña de Viktor Zhdanov ha salvado 200 millones de vidas. Tal vez la enfermedad se habría erradicado sin el virólogo ucraniano, pero probablemente habríamos tardado mucho más tiempo, y habrían muerto muchas más personas. En otras palabras, Zhdanov puede tener el mayor VORP de la historia de la sanidad («valor sobre jugador de reemplazo», véase el capítulo 6).

Lamentablemente, no fue tan aclamado como Jonas Salk. Una solemne ceremonia celebrada en Ginebra en mayo de 1980 marcó la erradicación de la viruela en todo el mundo, pero el régimen ruso no permitió que Zhdanov asistiera. En su lugar se envió a un *apparatchik* soviético.[19]

«Ninguna buena acción queda impune», ironizó Zhdanov sobre el insulto. Luego añadió, con un don para el eufemismo: «... pero las buenas acciones siguen siendo rentables».[20]

Hoy en día, con las nuevas vacunas, se puede hacer mucho más. Tomemos como ejemplo una de las principales causas de muerte hoy en día: la malaria. Sí, tenemos mosquiteras tratadas con insecticida, y personas como Rob Mather (véase el capítulo 5) han demostrado que pueden salvar muchas vidas. Pero ¿y si tuviéramos una vacuna? ¿Podríamos vencer al paludismo de una vez por todas?

La buena noticia es que tenemos una vacuna. El 2 de octubre de 2021, la OMS dio luz verde a la primera vacuna eficaz contra la malaria, un gran avance. Parece que esta enfermedad, que ha asolado a la humanidad durante miles de años, y matado a un 5 por ciento de todas las personas que han existido, es ahora algo que podríamos erradicar en las próximas décadas.[21]

Naturalmente, es una perspectiva fantástica. Pero no podemos evitar preguntarnos: ¿por qué hemos tardado tanto?

En 1980, los investigadores de la Universidad de Nueva York identificaron una proteína esencial para el desarrollo del parásito de la malaria.[22] En otras palabras: a partir de entonces, quedaba claro que la vacuna contra la malaria estaba al alcance de la mano, siempre y cuando se invirtiera en investigación adicional.

El ejército estadounidense se interesó brevemente porque la vacuna parecía ideal para proteger a las tropas estacionadas en el extranjero. Pero nunca se dio prioridad a la investigación necesaria. Hubo que esperar hasta 1998 para obtener los primeros resultados de una prueba con hombres adultos en Gambia. Para entonces, la atención del ejército se había trasladado a otra parte, y otros países y empresas tampoco mostraron mucho interés.[23]

En todo ese tiempo solo se gastaron un par de millones de dólares al año en todo el mundo en el desarrollo de una vacuna contra la malaria.[24] Se invirtió cincuenta veces más en la investigación del VIH/sida porque... bueno, porque miles de activistas de países ricos habían luchado por conseguir financiación.[25] En el caso de la malaria, no hubo tal movimiento, probablemente porque afecta principalmente a personas pobres en países pobres.

Al final, fue precisamente un multimillonario de la tecnología quien se encargó de reactivar la investigación sobre la vacuna. El apoyo de Bill Gates permitió iniciar la siguiente fase de desarrollo: estudiar si la vacuna era segura para niños.

Esa etapa duró otros veinte años.[26]

Mientras todo esto ocurría —entre 1980 y 2020— más de 40 millones de personas sucumbieron a la malaria. Es una cifra equivalente a las muertes en Europa durante la segunda guerra mundial.[27] Una de las víctimas fue el voluntario somalí Ali Maow Maalin, que se había recuperado totalmente de la viruela en 1977. Desde 2004, había ayudado a erradicar la polio en su país porque, como dijo a un periodista británico, «Somalia era el último país con viruela. Quería ayudar a garantizar que no fuéramos también el último lugar con polio».[28]

Pero en 2013 hubo un rebrote de polio en Somalia. Maalin se unió inmediatamente a la última campaña de vacunación, pero le picó un mosquito mientras trabajaba. Tuvo fiebres y murió unos días después a causa de la malaria.

3

Si hay algo que demuestra el combate contra la viruela, la poliomielitis y la malaria, es que no podemos hacer del mundo un lugar mejor sin la ciencia. La ambición moral necesita tecnología, y los nuevos descubrimientos e inventos pueden marcar la diferencia en la lucha contra nuestros mayores problemas. Entonces ¿por qué no hablamos más de la promesa de tales avances?

Organizamos manifestaciones contra la desigualdad y la pobreza —y sobran razones—, pero rara vez para que se investigue en más vacunas. Se ven protestas contra fábricas contaminantes o contra oleoductos y sus fugas —y con razón—, pero nunca se ve gente marchando con pancartas exigiendo ¡FONDOS PARA LA FUSIÓN NUCLEAR! ¡ENERGÍA LIMPIA E INFINITA YA! En los círculos de izquierdas está más de moda ser un cínico de la tecnología que un tecnófilo. Y la gente de todas las tendencias tiende a saber muy bien a qué se opone.

Pero también tenemos que saber a favor de qué estamos. Martin Luther King nunca dijo: «Tengo una pesadilla». Tenía un sueño. Sí, necesitamos activistas que luchen contra la injusticia aquí y ahora, sin duda, pero también necesitamos personas que sueñen, creen y construyan el futuro. Necesitamos personas que oigan «superresoluble» y luego comiencen a pensar en soluciones que aún no existen.

Obviamente, la palabra «tecnología» puede evocar la imagen de un multimillonario evasor de impuestos que se lanza al espacio para llenar el vacío de su alma. No es erróneo, pero eso es una visión limitada de lo que puede constituir la tecnología. Nuevas tecnologías fueron cruciales para quienes lucharon por la libertad en siglos pasados. Es más, la tecnología puede desencadenar revoluciones morales.

Pongamos como ejemplo el movimiento feminista. La invención de la bicicleta dio a las mujeres más libertad de movimientos que nunca, y la famosa sufragista Susan B. Anthony consideraba que una mujer montando en bicicleta era «la imagen de la feminidad sin trabas».[29] La bicicleta acabó con las «anticuadas nociones del sexo débil y lento», según un periódico de Nebraska de 1895, y allanó el camino para «una nueva mujer, montada en su corcel de acero».[30]

Por aquella misma época, Josephine Cochrane, de Illinois, se preguntaba por qué no existía todavía una máquina para lavar los platos.[31] Cochrane procedía de una familia de inventores, pero los ingenieros varones de la época sentían poco interés por el hogar.[32] «Si nadie va a inventar un lavavajillas», dijo Cochrane, «lo haré yo misma».[33]

Inventos como el de Cochrane provocaron una revolución en los hogares estadounidenses. A aquellos electrodomésticos como lavadoras, aspiradoras y frigoríficos se los llama «máquinas de liberación» por una razón.[34] En 1900, el ama de casa media dedicaba cincuenta y ocho horas a la semana a cocinar, limpiar y lavar. En 1975, esa cifra se había reducido a dieciocho horas.[35]

«Siempre que me piden que nombre a mi heroína feminista», escribe la feminista británica Helen Lewis, «siento la tentación de responder: la lavadora».[36]

No he mencionado aún mi ejemplo favorito: Katharine McCormick. Katharine fue la segunda mujer que se licenció en el Instituto Tecnológico de Massachusetts, en 1904, y la primera en biología. McCormick lucharía toda su vida por los derechos de la mujer, y en especial por el derecho a la contracepción.

Máquinas de liberación

Tiempo pasado en las tareas de la casa por parte de mujeres rurales en EE. UU.

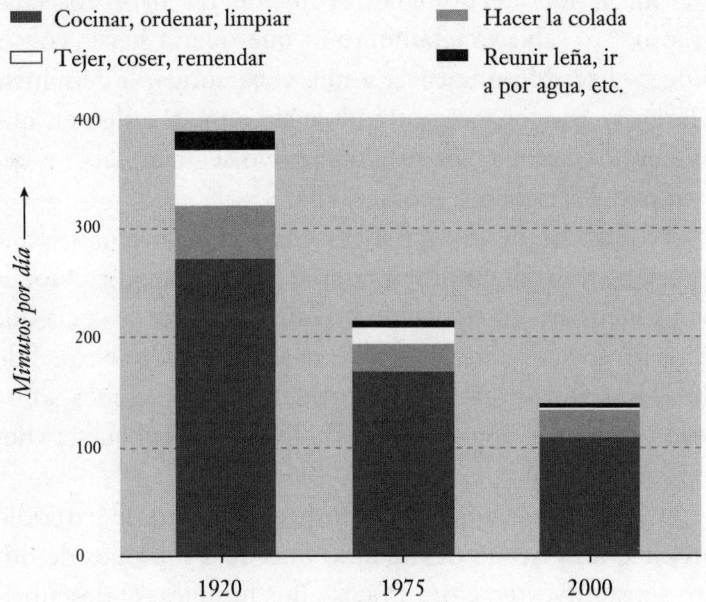

Fuente: Gershuny & Harms (2016)

En la época de McCormick, era ilegal promover el control de la natalidad o enviar anticonceptivos por correo. Se consideraba oficialmente «obsceno». Y en el estado de Connecticut, hasta 1965, podían arrestarte o encarcelarte por usar un preservativo, incluso si estabas casado.[37] En mi país, Holanda, las cosas no eran tan diferentes: existía la Ley de Moralidad, que prohibió la distribución de anticonceptivos hasta 1970.[38]

McCormick no dejó que eso la detuviera. Pasó de contrabando más de mil diafragmas desde Europa por las aduanas estadounidenses, cosiéndolos a su ropa.[39] Creía que las mujeres solo podrían ser libres cuando tuvieran el control sobre sus propios cuerpos.

En 1947, McCormick heredó los bienes de su acaudalado marido (el padre del cual había inventado la segadora mecánica, una tecnología revolucionaria para cosechar grano).[40] Y sabía exactamente lo que quería hacer con el dinero. Escribió una carta a una vieja amiga, la feminista Margaret Sanger, preguntándole si conocía a alguien que pudiera desarrollar un anticonceptivo seguro, fiable y barato para las mujeres.

No mucho después, Sanger conoció a un biólogo que ya estaba trabajando precisamente en eso. Gregory Goodwin Pincus era un científico brillante, del que se decía que tenía un cociente intelectual de 210.[41] Lo habían despedido de Harvard por sus controvertidas investigaciones sobre sexo y reproducción, y muchos activistas creían que era demasiado radical.[42]

McCormick fue a verle. Inmediatamente le extendió un cheque, y acabó destinando más de 2 millones de dólares a su investigación. Pocos años después, el descubrimiento de Pincus, «Enovid», fue aprobado por la Administración de Alimentos y Medicamentos de EE. UU.[43] Fue revolucionario: millones de mujeres obtuvieron el control sobre sus propios cuerpos, reconfigurando economías, transformando familias y trastornando normas centenarias. El impacto de Enovid fue tan masivo, y a tal escala histórica y global, que llegó a ser conocido por un simple nombre.

La píldora.

4

Resulta difícil imaginar la revolución feminista de la década de 1960 sin el ímpetu, el vigor y la visión de pioneras como Josephine Cochrane y Katharine McCormick. Sus historias demuestran que el progreso tecnológico no sucede, sencillamente, sino que tiene mucho que ver con las decisiones que tomamos.

Las nuevas tecnologías pueden desencadenar las revoluciones morales del futuro: por ejemplo, cómo tratamos a los animales. Hoy en día sacrificamos unos 80.000 millones de pollos, vacas, pavos, cabras y ovejas al año.[44] Un número tan inmenso de cabezas de ganado no puede existir sin antibióticos y modernas explotaciones industriales, pero, por suerte, la tecnología también puede ofrecer una solución.

Imagina carne de la mayor calidad imaginable, sin salmonela ni trazas de metales pesados, producida empleando un 90 por ciento menos de agua y tierra. Imagina un mundo con innumerables fuentes de proteínas más sanas, sabrosas, sostenibles y baratas. Ese es el futuro. «Nos libraremos del absurdo de cultivar un pollo entero para comer la pechuga o el ala», escribió un tal Winston Churchill en 1931, «cultivando estas partes por separado».[45]

En 2020, la predicción de Churchill se hizo realidad. Ese año, en Singapur, se sirvieron los primeros *nuggets* de pollo que no requerían el sacrificio de ningún ave.[46] La carne se cultivó en un laboratorio a partir de células madre de un pollo.

En un mundo en el que este tipo de carne cultivada abundara, sería mucho más fácil tener principios y negarse a comer carne de granjas industriales. No me extrañaría que en este siglo se prohibiera la producción de carne contaminante a escala industrial, como ahora ocurre con el amianto en muchos países. «Antes comíamos animales», les diremos a nuestros asombrados hijos y nietos.[47]

Que la tecnología desempeñe un papel tan importante no significa que el trabajo de los defensores de los derechos de los animales ya no sea necesario. Al contrario: gracias, en parte, a los activistas, hemos visto una inversión sustancial en biotecnología en los últimos años. Josh Balk, fundador de la empresa que sirvió los primeros *nuggets* de pollo en Singapur, empezó como activista encubierto en mataderos.[48]

Al igual que con la vacuna contra la malaria, podríamos haber tenido esos *nuggets* años antes. Cuánto tardemos en ver nuevos avances en la carne cultivada depende en gran medida de nosotros: de cuánto tiempo, atención, dinero y talento le dediquemos.

Esto me recuerda algo que dijo una vez Jimmy Wales, fundador de Wikipedia. Para cuando lanzó su enciclopedia en línea, en 2001, la tecnología necesaria ya existía desde hacía años. Los servidores web, los navegadores y las bases de datos en línea no eran nada nuevo, de modo que Wikipedia podría haber visto la luz mucho antes. «Piensa en toda la tecnología que tenemos hoy en día», dijo Wales, «y en lo que se podría crear con ella y que nadie ha imaginado todavía».[49]

Permíteme citar un último ejemplo de una revolución desencadenada por un culto de científicos empollones moralmente ambiciosos. Puede que sea el ejemplo más inspirador de todos: el auge de la energía sostenible.

La energía es la base de la sociedad moderna. Sin energía no hay coches ni ordenadores, frigoríficos ni teléfonos.

Y resulta que ahora consumimos 700 veces más energía per cápita que hace dos siglos. En términos de trabajo físico pesado, es como si el estadounidense medio tuviera a 240 adultos trabajando duramente para él las 24 horas del día.[50]

Obviamente ahora somos muy conscientes de las enormes desventajas de nuestro uso incontrolado de combustibles fósiles. Pero supongamos que logramos que nuestro suministro energético sea ecológico y limpio. Y digamos que pongamos a nuestra disposición 700 veces más energía por persona.

Las fantasías más desbocadas podrían convertirse en realidades cotidianas.

«El equipo que traiga al mundo una energía limpia y abundante», escribe el psicólogo Steven Pinker, «beneficiará a la humanidad más que todos los santos, héroes, profetas, mártires y poetas laureados de la historia, sumados».[51]

¿Agua potable limpia para todos los habitantes del planeta? Por supuesto. Con electricidad suficiente, podríamos desalinizar toda el agua de mar que necesitemos. ¿Eliminar dos siglos de emisiones de carbono? Adelante. Con energía verde esencialmente gratuita, podemos eliminar todo el carbono de la atmósfera que queramos. Y ya que estamos, podemos suministrar productos frescos a todo el mundo, siempre que los plantemos bajo luces LED en rascacielos donde podamos ajustar las condiciones de cultivo. No necesitaremos prácticamente pesticidas y podremos devolver casi toda la tierra cultivable a la naturaleza.

Y muy probablemente no estoy siendo lo bastante audaz. Con cantidades infinitas de energía, podríamos trasladar todas las carreteras bajo tierra, o construir ciudades en el fondo del océano. Podemos empezar a explorar la Vía Láctea y hacer habitables planetas como Marte. Los muelles espaciales —donde tomar un ascensor hasta una plataforma de lanzamiento a cien kilómetros de altura— no deberían ser un problema de cara a viajar a otro planeta.[52]

De acuerdo, tal vez no sean los mejores ejemplos. Personalmente, prefiero ir a la playa unos días a pasar el fin de semana en Saturno. La cuestión es que podríamos estar a las puertas de algo muy grande. Si la historia nos enseña algo a este respecto, es que cada revolución energética viene acompañada de una explosión de nuevas tecnologías. «El rápido progreso de la verdadera ciencia», escribió Benjamin Franklin en 1780, «hace que a veces me arrepienta de haber nacido tan pronto».[53]

¿Sabes el modo en que vemos a la gente de la Edad Media? Es probable que así nos vean nuestros bisnietos.

Entre tanto, tenemos que dejar los combustibles fósiles, una fuente de energía escasa, sucia y mortal que mantiene a muchos dictadores en el poder. En algún momento, miraremos atrás y pensaremos que quemar carbón, gas y petróleo era tan primitivo como quemar alquitrán.

Por suerte hay opciones mucho mejores. Con su famosa fórmula, $E = mc^2$, Einstein ya anticipó que se podía convertir un poco de masa en una inmensa cantidad de energía limpia. Esa energía se libera cuando los núcleos atómicos se dividen o, mejor aún, cuando se fusionan. En diciembre de 2022, científicos estadounidenses anunciaron que, por primera vez, habían conseguido generar energía de esta forma.[54] El proceso en cuestión, la fusión nuclear, también tiene lugar en el interior de las estrellas.

Una pequeña nota al margen: esos investigadores produjeron la energía suficiente para preparar una tetera. Así pues, la fusión nuclear a gran escala sigue estando muy lejos, pero el tiempo que nos llevará obtenerla no está escrito en las estrellas: depende de las decisiones que tomemos, es decir, de lo mucho que nos empeñemos en conseguirla.

Hay otro candidato a fuente de energía del futuro. Me refiero al reactor nuclear que vemos surgir cada día: el sol. «Yo apostaría por el sol y la energía solar», dijo Thomas Edison en 1931 al fabricante de automóviles Henry Ford. «¡Qué fuente de energía! Espero que no tengamos que esperar a que se acaben el petróleo y el carbón para empezar a utilizarlos. Ojalá me quedaran más años de vida.»[55]

Desde la década de 1970, el precio de la energía solar ha caído más de un 99 por ciento.[56]

Barata, más barata, la más barata

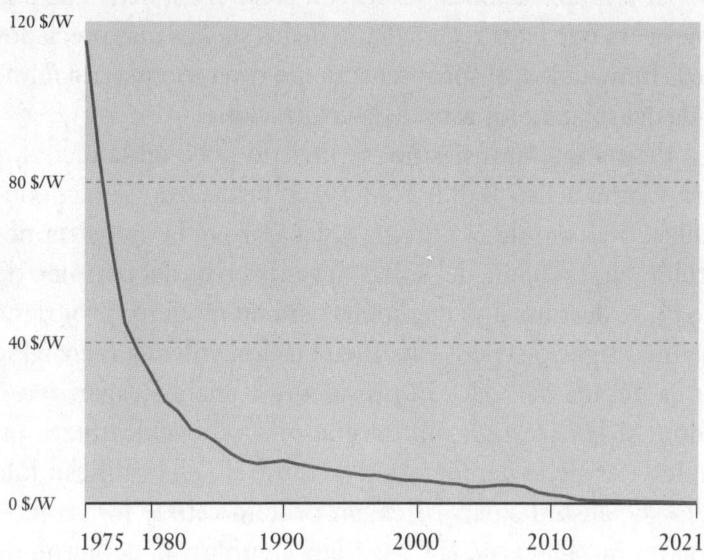

Fuente: Our World in Data

Al ver la pronunciada línea descendente de este gráfico, se podría tener la impresión de que la caída de los precios de la energía solar era inevitable. Nada más lejos de la realidad. Tras este gráfico se esconde una fascinante historia acerca de un grupo de decididos individuos. Hablo de tres pioneros con altísimos VORP («valor sobre el jugador de reemplazo», véase el capítulo 6): un profesor australiano, un político alemán y un emprendedor chino.

Permíteme empezar por el principio de esta increíble historia. Ya en 1839, un físico francés describió el principio básico de un panel solar, el efecto fotovoltaico. Pero transcurrieron otros cien años antes de que el *New York Times* informara, en 1954, de un avance revolucionario: UNA NUEVA BATERÍA APROVECHA LA INMENSA ENERGÍA DEL SOL.[57] Investigadores de los Laboratorios Bell habían construido el primer panel utilizable que recogía partículas de luz y las transformaba en electricidad. El periódico comprendió las revolucionarias implicaciones: «Podría marcar el comienzo de una nueva era que haga realidad uno de los sueños más preciados de la humanidad: el aprovechamiento de la energía casi ilimitada del sol para los usos de la civilización».

Pese a este entusiasmo, se invirtió poco en la tecnología. Como acusó Ralph Nader más tarde, «no se ha generalizado el uso de la energía solar porque la industria petrolera no es dueña del sol».[58] Tras la crisis del petróleo de 1973, se destinó algo de dinero para un modesto programa de investigación, pero esta financiación volvió a recortarse en la década de 1980. El presidente Ronald Reagan actuó como si la investigación en energías renovables fuera un típico derroche demócrata y se burló de ella calificándola de «socialismo solar». Reagan ordenó retirar los paneles solares instalados en la Casa Blanca durante el gobierno de Jimmy Carter.[59]

En los años siguientes, una pequeña luz piloto siguió parpadeando en la Universidad de Nueva Gales del Sur (Australia). Allí, un equipo dirigido por un profesor llamado Martin Green continuaba trabajando en el panel solar del futuro.

Mientras tanto, al otro lado del mundo, otra figura clave entraba en escena: el concejal alemán Hans-Josef Fell. Si buscas una foto suya, verás un político con un traje anodino: nada que sugiera la condición de superhéroe. No obstante, Fell dio un enorme impulso a la energía solar, nuestra arma más importante hasta la fecha en la lucha contra el cambio climático.

Ya a principios de la década de 1990 era un afable ecologista, o un «friki solar», como él mismo se denominaba. En una ladera de la ciudad de Hammelburg construyó una especie de casita de hobbit, totalmente cubierta de hierba y paneles solares. Fell era conocido en la zona como el loco que se había gastado una fortuna en caros paneles que apenas generaban energía.

Pero ese loco podía ser muy persuasivo. Creía que la energía solar sería mucho más barata si se aumentaba su producción.[60] De modo que propuso la primera «prima solar» del mundo: los residentes locales recibían una importante subvención por sus paneles solares, financiada con una tasa añadida a la factura de la luz. De repente, unirse al culto de los fanáticos de la energía solar resultaba lucrativo.

En 1998, el partido de Fell, Die Grünen (Los Verdes), pasó a formar parte de la coalición gobernante a escala nacional. Había llegado su oportunidad. Fell redactó un ambicioso plan de subvenciones nacionales y la nueva coalición lo aprobó. En los años siguientes, los alemanes inyectaron una cantidad disparatada de dinero —más de 200.000 millones de euros— en subvenciones para paneles solares. El mercado mundial se multiplicó por treinta, y en algunos años Alemania corrió con más de la mitad de los gastos.[61] En ningún otro lugar del mundo subió tanto la factura de la luz.

La gente solía burlarse de los estúpidos alemanes, que pagaban una fortuna para reducir ligeramente las emisiones. Pero los que se burlaban entonces ya no se ríen ahora. Porque lo que predijo Fell se hizo realidad: a medida que las fábricas se ampliaban, la producción se hacía más eficiente y el precio de los paneles solares caía en picado en todas partes. En otras palabras, Alemania pagó la cuota mundial, gracias al loco solar de Hammelburg, y ahora la energía solar es superbarata. Gracias, señor Fell.

¿Y dónde se fabricaron esos millones de paneles? No en Alemania, sino en China. Uno de los estudiantes de intercambio de Martin Green (aquel profesor australiano) resultó ser no solo un excelente investigador, sino también un brillante emprendedor. Se llamaba Zhengrong Shi, y se convirtió en el rey solar del mundo. Así como Thomas Edison ideó un modelo de negocio para la bombilla eléctrica, Shi desarrolló un modelo de negocio para el panel solar.

Siguiendo el consejo de su antiguo profesor, Shi acudió a una feria en Alemania, donde se acababa de presentar el plan de subvenciones de Fell. Shi era el único empresario chino del sector, pero se ganó a todo el mundo con su perfecto inglés y su doctorado en la escuela de ingeniería fotovoltaica más importante del planeta.

«Tuvimos que lograr en una década lo que muchos predijeron que tardaría un siglo», reflexionaba Shi en 2012. «Algunos creen que crecimos demasiado rápido..., pero el mundo no podía permitirse esperar cien años a que resolviéramos la crisis energética y medioambiental de nuestro planeta.»[62] Shi quebraría un año después: su multimillonaria empresa había crecido demasiado rápido. Pero para entonces docenas de competidores ya seguían su ejemplo, y los expertos coinciden en que Shi desempeñó un papel histórico.[63] Sin él, los avances en energía solar habrían tardado mucho más.

No se vislumbra el final de la caída de precios de la energía solar. Según la Agencia Internacional de Energía, ahora mismo es la fuente de energía más barata de la historia de la humanidad, incluso sin subvenciones, y puede ser mucho más barata aún si seguimos aumentando la producción. Cada hora llega al planeta suficiente luz solar para abastecer a todo el mundo durante un año.

Parece que Thomas Edison tenía razón cuando dijo que apostaba por el sol, y que la energía solar podría convertirse en nuestra mayor fuente de energía. Cuando lleguemos a ese punto, acuérdense de Martin Green, Shi Zhengrong y Hans-Josef Fell, porque nada de todo esto era inevitable.

5

¿Quién, de entre vosotros, se atreve a soñar con un futuro espectacularmente mejor?

Vivimos en una época pesimista. La derecha añora el regreso a un glorioso pasado que jamás existió, mientras la izquierda rara vez ve más allá de las injusticias de hoy en día.[64] Y sí, evidentemente hay mucho a lo que enfrentarse en un mundo que se calienta paulatinamente. Se puede llenar una biblioteca con las obras acerca de todos los peligros e inconvenientes de la tecnología: de los beneficios acumulados por temerarios multimillonarios al terrorífico potencial de la vigilancia digital o los incalculables riesgos asociados a las armas nucleares, la inteligencia artificial o los virus creados en laboratorio.

Lo último que necesitamos es un optimismo ciego con respecto a la tecnología. La historia abunda en innovaciones que no trajeron consigo prosperidad para todos. En cuanto la navegación y la ingeniería naval del siglo XVI mejoraron, a trancas y barrancas, se emplearon para trasladar a millones de personas esclavizadas de un lado al otro del Atlántico. A medida que la Inglaterra del siglo XIX se llenaba de fábricas, los obreros se veían obligados a trabajar cada vez más duro.

Tuvo que pasar casi un siglo antes de que los ingresos de los trabajadores normales comenzaran a subir.[65] Y tuvo todo que ver con el auge de los partidos políticos y de los sindicatos, que empujaron a la élite industrial a compartir la riqueza generada por toda esa nueva tecnología. Nada dice que el progreso tecnológico beneficie automáticamente a todos. Eso depende de las decisiones que tomemos como sociedad, y esas decisiones tienen aspectos morales que no podemos pasar por alto.

Lo que el mundo necesita es más pioneros innovadores. Personas que partan de los mayores problemas del mundo y busquen las soluciones más prometedoras, aprovechando toda la potencia de su imaginación para ello. Necesitamos inventores como Josephine Cochrane, políticos como Hans-Josef Fell, empresarios como Shi Zhengrong, filántropos como Katharine McCormick y grupos de presión como Viktor Zhdanov.

La tecnología no es una fuerza de la naturaleza: es obra de las personas.

VIII

Salva una vida. ¡Ahora, por solo 4.999 dólares!

Nadie recordaría al Buen Samaritano si solo tuviera buenas intenciones. También tenía dinero.

MARGARET THATCHER, primera ministra del Reino Unido (1925-2013)

I

Sea como activistas, presionando o como innovadores, los idealistas con inspiración pueden cambiar el mundo. Pero la pregunta sigue en pie: ¿a qué te enfrentas? ¿Qué priorizas?

A la hora de escoger una dirección, a menudo nos fiamos de nuestra intuición y de nuestra experiencia, así como de las de quienes nos rodean. En consecuencia, a la mayoría de nosotros nos preocupan más o menos los mismos temas. El periodista medio está obsesionado por lo que cuentan otras fuentes de noticias. El emprendedor promedio está preocupado por lo que está haciendo la competencia. El profesor universitario medio se obsesiona con qué piensan sus colegas: una medida habitual del éxito académico es comparar cuán a menudo los artículos revisados por sus pares son citados por esos pares.[1]

En este mundo de conformismo, cambiar el foco es un acto de resistencia. Un científico que plantee la pregunta que otros científicos nunca piensen en responder puede hacer los mayores descubrimientos. Un periodista que cubra lo que no aparece en las noticias puede marcar la diferencia. Un emprendedor que opere en un nuevo mercado sin competencia puede llenar ese nicho.

Cambiar el mundo es algo que a menudo comienza en lugares silenciosos, a los que los demás no acuden. Para demostrar lo que digo, veamos nuevamente a Rob Mather, el fundador de la Fundación Contra la Malaria. Su curva de aprendizaje fue la siguiente:

1. La carrera de Rob comenzó con su empatía por alguien, a quien vio en televisión, que había pasado por una experiencia terrible.
2. Rob era consciente de su talento y su privilegio y decidió usarlos para esa buena causa.
3. Pero el impacto que logró solo fue mayúsculo cuando centró sus esfuerzos en la malaria. No escogió la enfermedad porque la hubiera sufrido en persona o porque alguien que él conociera hubiera muerto por ella. Sencillamente, Rob quería ayudar al mayor número de personas posible. De modo que hizo los deberes y descubrió que luchar contra la malaria era su mejor opción.

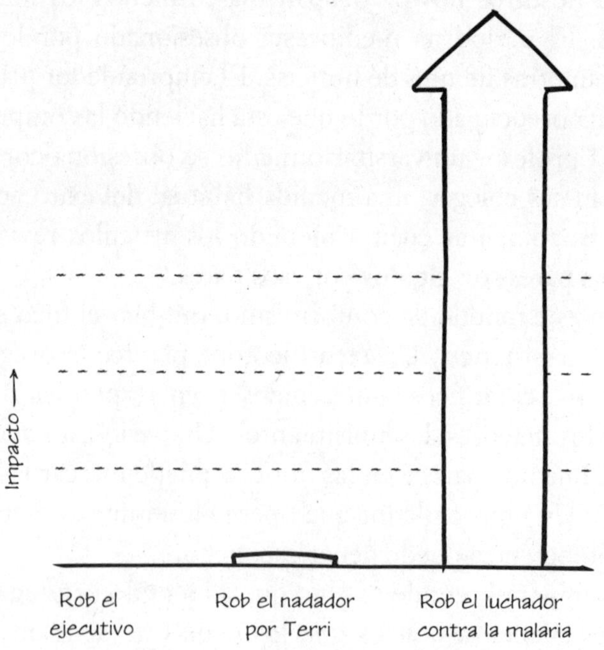

No consigo subrayar suficientemente la importancia de este tercer punto. En todas las fases de su carrera Rob tuvo el mismo talento, pero en cuanto dio un paso atrás y pensó cuidadosamente sus opciones, pudo marcar la mayor diferencia. Y de lejos. De modo que no comiences preguntándote «¿qué me apasiona?». En lugar de ello, pregúntate «¿cómo puedo ayudar al máximo?». Entonces escoge el papel que mejor te vaya.

No lo olvides: tus talentos no son sino un medio para un fin; tu ambición, energía pura. Lo que importa es lo que haces con ellos.

Eso vale también para algo más. Hasta ahora he hablado sobre todo del derroche de talento y ambición. Pero hay otro aspecto del privilegio que desperdiciamos a gran escala: el dinero. En este capítulo, retrocederé un poco en el tiempo y te hablaré de una joven secta que se vio superada por esa constatación. Es un movimiento que llevó al extremo la búsqueda del impacto. Un movimiento que siempre está a la caza de las mejores inversiones financieras con los mayores beneficios para el mayor número posible de personas y animales.

Su historia habla de lo mucho que se puede conseguir mediante una incansable priorización. Pero también es una historia de cómo la ambición moral puede descarrilar por completo.

2

Comenzamos en 1969, cuando un tal Peter Singer ingresó en la Facultad de Filosofía de la Universidad de Oxford.

Por aquella época, la filosofía era un asunto bastante esotérico. Mientras millones de personas se echaban a las calles para protestar contra la desigualdad, la contaminación y la guerra de Vietnam, el filósofo medio se sentaba en un cómodo sillón de orejas, pipa en mano, preguntándose por el significado preciso del lenguaje común. Los filósofos llenaban estanterías con sus ideas acerca de frases como «está lloviendo», «el gato se sentó sobre la alfombra» o el clásico «el actual rey de Francia es calvo».[2]

La mayoría de los filósofos creían que debían mantenerse moralmente neutrales, lo que venía con el agradable efecto colateral de que podían permanecer cómodamente sentados.[3] Pero ¿y los estudiantes de Oxford? Ya habían tenido suficiente de profesores aburridos. Cada semana había manifestaciones contra algo. Pocos años antes Malcolm X había visitado la universidad. Había dejado claro a los estudiantes que vivían «en una época de extremismos, en una época de revolución».[4]

También Peter Singer creía que la filosofía debería volver a enfrentarse a temas reales. Decidió dedicar su tesis a la desobediencia civil, empleando las protestas en Irlanda del Norte y contra la guerra de Vietnam como ejemplos. Y poco después de licenciarse, en noviembre de 1971, firmó su obra maestra. Era un artículo de no más de quince páginas, publicado al año siguiente en una revista casi desconocida. Se titulaba «Hambruna, riqueza y moralidad», y en él Singer introducía un experimento de pensamiento que daría la vuelta al mundo.

Imagina que ves cómo un niño pequeño lucha por mantenerse a flote en un estanque no muy profundo. Miras a tu alrededor y observas que nadie más se ha dado cuenta. El niño a duras penas consigue mantener la cabeza por encima del agua y sabes que no hay tiempo que perder. Solo hay un problema: vistes unos zapatos nuevos y no hay tiempo para quitártelos. Son una preciosidad, tus favoritos, y no son precisamente baratos. ¿Qué harás?

Casi todo el mundo dice: «¿Es una broma? ¡Saltas!». Tendrías que ser un monstruo para dudar y dejar que ese niño se ahogue, todo por tu amor a un par de zapatos. Pero ¿y si, como escribe el filósofo, millones de niños pequeños mueren cada año de malaria, sarampión o diarrea, enfermedades que podemos tratar o prevenir fácilmente? ¿Y si puedes hacer una donación relativamente pequeña a una organización de ayuda —por ejemplo, el precio de tu par de zapatos favorito— y salvar la vida de un niño, aunque nadie se esté ahogando en el estanque más cercano? ¿No es entonces tu deber donar? Y, ya que estamos, ¿no es tu deber seguir donando hasta que no puedas dar más?

Por aquella época Peter Singer solo tenía veinticinco años. Hoy en día, medio siglo después, es uno de los filósofos más influyentes del mundo, y el ensayo sigue siendo una lectura convincente. Su obra posterior también es interesante, pero tal vez Einstein acertaba cuando dijo que los genios hacen su mejor trabajo antes de los treinta años, cuando la gente aún se atreve a hacer lo que más tarde es demasiado sabia para intentar.

Mientras Singer trabajaba en su artículo se producía un desastre en Pakistán Oriental, el actual Bangladés. «Hay gente muriendo», rezaba Singer en la apertura de su artículo, «por falta de alimentos, cobijo y atención médica. El sufrimiento y la muerte que se están produciendo allí no son inevitables, no son ineludibles».

Una hambruna, una guerra civil y un ciclón habían trastornado la vida de 9 millones de personas, y no obstante los habitantes de los países ricos hacían poco por ayudar. ¿Cómo se podía justificar eso? La respuesta de Singer fue clara: no se podía. «Hay que cambiar toda nuestra manera de ver las cuestiones morales», escribió, «y con ella, el modo de vida que nuestra sociedad da por sentado».[5]

¿Cuándo dirías que eres una buena persona? La mayoría de la gente respondería que si no mientes ni robas; si cumples con tu trabajo y pagas tus impuestos; si eres un buen vecino, un amigo leal y un buen hermano, hermana, padre o cónyuge; si pones algo en el plato de la colecta, eres más generoso en Navidad, y si también haces algún trabajo voluntario. Entonces vas bien en el apartado de buena persona.

Pero ¿y si tuviéramos que apuntar más alto, mucho más alto? Singer pensaba que la mayoría de la gente es demasiado indulgente consigo misma. Cuando millones de personas padecen hambre y enfermedades, nunca hay suficiente. Deberías continuar donando hasta quedar casi tan pobre como un refugiado de Bangladés.

¿Te parece demasiado? Bueno, Singer deja abierta la opción de no llegar tan lejos. Pero incluso si decidimos que debemos seguir dando en tanto ello no nos cause ningún daño grave, las implicaciones prácticas de su razonamiento siguen siendo enormes. Al fin y al cabo, nuestras vidas son una larga sucesión de artículos de lujo. Las personas de los países acomodados compran montones de ropa, comida, juguetes, muebles, joyas, cosméticos y artículos electrónicos que no aportan mucha alegría y que, en su mayor parte, acaban en la basura.

Somos en gran parte ciegos a nuestra propia extravagancia. Es mucho más fácil señalar el consumismo desenfrenado de los demás. Esa persona con subsidios que tiene el último iPhone, seis gatos y una suscripción a Netflix. O tal vez un multimillonario como Steven Spielberg y su yate de 90 metros de eslora valorado en 200 millones de dólares, con piscina, jacuzzi, cine privado, pista de baile, gimnasio, spa, helipuerto y unos gastos de mantenimiento mensuales de un millón. Espera, he leído que Spielberg tiene ahora un yate nuevo; se ve que creyó que el viejo no era lo bastante grande.[6]

Pero si vives en un país rico y te miras al espejo, probablemente reconozcas que tu propia vida es también una serie de cosas desperdiciadas. La mayoría de las personas ricas no se consideran ricas, pero para que te hagas una idea, una sola persona con unos ingresos medios en mi país, Holanda, se encuentra entre, el 3 por ciento más rico de la población mundial.[7] Y sí, esa cifra se ha ajustado teniendo en cuenta que los precios en los países más pobres son considerablemente más bajos. La mitad de la población mundial vive con menos de 7 dólares al día, y más de 600 millones viven con un máximo de 2,15 dólares al día.

Tal vez te preguntes: ¿se puede vivir con tan poco? Y tienes razón. Las personas que viven en la pobreza extrema suelen morir de desnutrición. Consumen una media de 1.400 calorías al día, es decir, la mitad de lo recomendado si eres físicamente activo. Suelen saltarse comidas; tienen anemia y bajo peso; y mueren entre veinte y treinta años antes que los habitantes de países más ricos.

Así que si a veces tiras la comida, pides café para llevar o compras ropa que rara vez te pones, entonces, relativamente hablando, eres asquerosamente rico. Y si no te sientes una de las personas más ricas del planeta, piensa en las palabras del viejo escritor ruso Fiódor Dostoievski: «¡Miseria humana! A todo se acostumbra uno».[8]

Distribución mundial de ingresos

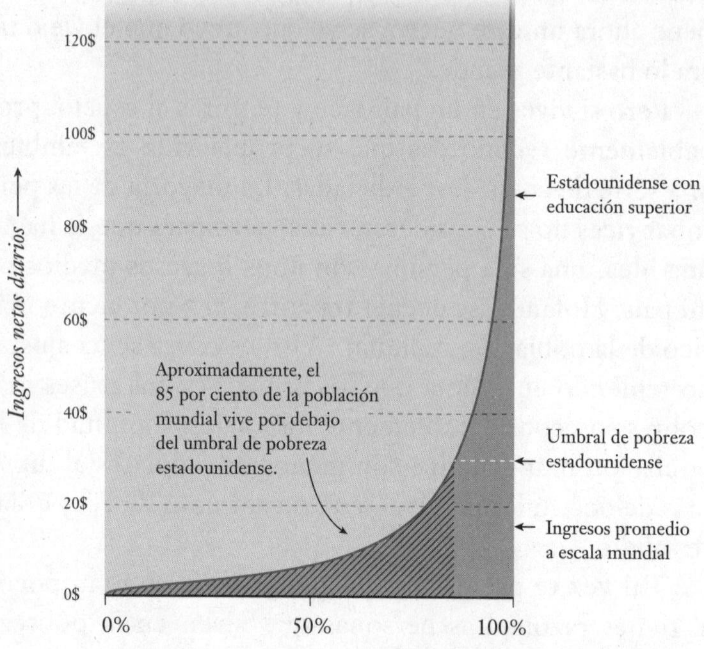

Fuente: Our World in Data

La distribución mundial de ingresos tiene apariencia de palo de hockey y sigue la forma de una ley potencial con un pico altísimo (un concepto y una forma que tal vez recuerdes del capítulo 2). Más de la mitad de los ingresos mundiales se depositan mensualmente en las cuentas bancarias de solo el 10 por ciento de los habitantes del planeta.[9] ¡Y pensar que muchos habitantes de los países ricos sueñan con una renta aún mayor! No nos damos cuenta de que ya estamos entre los que más ganan.

Entre tanto, hemos desarrollado todo tipo de excusas para no compartir la riqueza. Nos convencemos a nosotros mismos de que donar no funciona, cuando basta con buscar en Google «donar con eficacia» para encontrar GiveWell, que puede indicarnos la Fundación Contra la Malaria y otras organizaciones benéficas destacadas. Murmuramos acerca de la «superpoblación» cuando basta con leer un poco para darse cuenta de que la lucha contra la pobreza es el mejor remedio contra un mundo superpoblado (porque cuando disminuye la mortalidad infantil, también lo hacen las tasas de natalidad).[10]

«Pero los demás tampoco hacen gran cosa», espetamos, aunque, evidentemente, nadie lo diría si un niño se cayera en el estanque más cercano. Un momento, ¿es que ahora no tenemos que mover un dedo si los demás se quedan mirando? ¿Y si diez niños se están ahogando y nueve espectadores no hacen más que mirar sus bonitos zapatos? Entonces ¿solo deberías salvar a un niño —la parte que te corresponde— mientras dejas que los demás se hundan?

Solo hay una objeción convincente a la filosofía de Peter Singer: nos exige demasiado. Las personas no pueden estar constantemente preocupadas por toda la miseria del mundo. Sí, conseguimos preocuparnos por un niño pequeño que se ahoga en un estanque, o por una niña que sufrió terribles quemaduras y fue objeto de un apasionante documental. Pero los 47 millones de niños que, según la OMS, sufren desnutrición aguda en este mismo momento[11] no pueden conmovernos en lo más íntimo. Los seres humanos somos... bueno, humanos. No somos santos.

Los psicólogos sospechan que estas anteojeras son una forma de autopreservación. Nuestra empatía no aumenta a medida que vemos más víctimas; ni siquiera se estabiliza, al contrario: disminuye.[12] Como dijo Josef Stalin: «Una muerte es una tragedia; un millón, una estadística».[13]

A la hora de la verdad, ni siquiera los filósofos morales —los grandes expertos que reflexionan a diario sobre la naturaleza del bien— dan la talla. Un estudio de 200 profesores de filosofía moral demostró que el profesor medio de ética es más o menos tan moralmente recto como el historiador o el químico medio.[14] Los filósofos creen que deberían donar más dinero, pero en realidad no lo hacen.

«No es que lo intentemos pero fracasemos, o que tengamos una buena excusa», señala uno de los investigadores, también filósofo.[15] No, la mayoría de la gente simplemente se contenta con su propia mediocridad. Las personas tienden a ser indulgentes consigo mismas y a aspirar más o menos al mismo estatus moral que sus compañeros. No peor, pero desde luego no mejor. Esa es precisamente la complacencia de la que estaba harto Peter Singer.

3

Una filosofía sin implicaciones morales es una filosofía muerta, concluyó Singer. «¿De qué sirve relacionar la filosofía con los asuntos públicos y personales si no nos tomamos en serio nuestras conclusiones?», se pregunta.[16]

Singer y su esposa querían hacer lo correcto. Cuando eran estudiantes los Singer comenzaron donando el 10 por ciento de sus ingresos, una porción que desde entonces ha crecido hasta el 40 por ciento. Y aun así, Singer cree que podría hacer más. «Siempre hay una tensión», dice, «a menos que seas un absoluto santo y dones todo excepto lo mínimo imprescindible para poder vivir... Hasta que llegues a ese extremo, creo que debes sentir esa tensión».[17]

Los Singer estuvieron básicamente solos en esta lucha durante años. Seguramente Singer influyó en algunas personas, pero su comportamiento no era tremendamente contagioso. Todo cambió en 2009, cuando el joven filósofo Toby Ord decidió también pasar a la acción. Como Singer cuarenta años antes, estaba harto de la filosofía académica. «Al final se acaba hablando más de cosas polémicas que de cosas importantes.»[18] Y Ord había hecho cuentas. Como académico, podía esperar ganar alrededor de 1,5 millones de libras (unos 2 millones de dólares) a lo largo de su carrera. Pensó que necesitaría un tercio de esa cantidad para vivir cómodamente, por lo que le quedaría un millón de libras para donar.

Pero Toby Ord comprendía que su influencia sería aún mayor si convencía a otros de hacer lo mismo. Alguien le recomendó que se entrevistara con un ambicioso estudiante de filosofía llamado William MacAskill.[19] MacAskill también era un gran admirador de Singer y también estaba frustrado con todos esos filósofos que no hacían nada con sus grandes ideas altisonantes. Acababa de pasar el verano recaudando fondos para obras benéficas.

Los jóvenes se conocieron en un cementerio —esto no es ninguna broma— y acabaron hablando durante horas. Poco después fundaron su primera organización benéfica, basada en una nueva idea que bautizaron como altruismo eficaz, o AE.

Aquella primera organización fundada por Ord y MacAskill fue Giving What We Can (Dar lo que podemos), y animaba a las personas a donar al menos un 10 por ciento de sus sueldos.[20] Pero eso era solo el comienzo. Porque una vez uno decide donar, la siguiente pregunta es, por supuesto: ¿donar a qué? Hay millones de organizaciones benéficas en todo el mundo, y, como ya hemos visto, algunas son mucho más eficaces que otras. Si uno quiere hacer tanto bien como resulte posible, comprobaron los filósofos, es necesario ser implacables con las prioridades. Pongamos por caso que queremos ayudar a los ciegos. Podríamos recaudar 50.000 dólares, el precio de entrenar un perro lazarillo en EE. UU. O se podría optar por Sightsavers, una organización que puede emplear ese dinero para tratar a 500 personas con tracoma, una infección bacteriana prevalente en países pobres y que causa ceguera.[21]

¿Qué hacer, qué hacer? Evidentemente es bueno donar a organizaciones como Guide Dogs for the Blind (Perros guía para ciegos). Los canes lazarillo son un soporte fantástico para personas con deficiencias visuales, y les ayudan a tomar parte plenamente en la sociedad. Pero si puedes ayudar a 500 veces más personas por la misma cantidad de dinero, ¿no deberías escoger hacerlo?

La mayoría de las personas cree que las mejores organizaciones benéficas son, en el mejor de los casos, una vez y media mejores que la organización benéfica media.[22] Pero cuando Toby Ord se zambulló en un informe del Banco Mundial —un estudio que comparaba un centenar de intervenciones en sanidad pública— halló que el factor ronda más bien las 50 veces.[23] Es decir: las mejores organizaciones benéficas son cincuenta veces (¡nada menos!) más eficaces que la organización benéfica media, y unas increíbles diez mil veces más eficaces que las peores. Parece que la economía del altruismo está también sujeta a la ley potencial, con al menos el 80 por ciento de los resultados obtenidos por solo un 20 por ciento de lo que hacemos.[24]

Sí, es cierto que toda pequeña ayuda vale, pero la mayoría de pequeñas ayudas ayudan más bien poco. Si uno quiere hacer un bien, ¿por qué no intentar hacer tanto bien como resulte posible? O, si eso suena demasiado frío y calculado, intenta darle la vuelta a la pregunta: ¿preferirías centrarte en gente que necesita menos tu ayuda? ¿Y ayudar solo a algunos de ellos y ayudarlos menos?

Las implicaciones de estas leyes potenciales son enormes, concluía Ord en un artículo con el escalofriante título de «El imperativo moral del dilema coste-efecto».[25] Cuando uno se centra en los mayores problemas y halla las mejores soluciones, puede conseguir tanto como cincuenta personas ayudando a intervenciones «normales». En otras palabras, salvar tantas vidas con un trabajo de oficina y un salario medio como salvó Arnold Douwes durante la segunda guerra mundial.

Volvamos ahora con Rob Mather: al pasar de ayudar a Terri a luchar contra la malaria, su impacto sufrió un incremento drástico. Investigadores en GiveWell han calculado, desde entonces, el coste de salvar la vida de un niño donando a la Fundación Contra la Malaria. ¿La cifra, en frío metal? Unos 5.000 dólares.

A menudo estas cifras tan concretas incomodan a la gente, pero lo cierto es que vivimos en un mundo incómodo. Sí, 5.000 dólares es mucho dinero. Más del 90 por ciento de las personas del mundo nunca podrían deshacerse de esa cifra. Con un salario inicial estándar en un gran banco o bufete de abogados, no obstante, uno puede ganar diez veces eso en el primer año de trabajo. Y los estudiantes universitarios gastan esa cifra en restaurantes y comida para llevar cada año, sin pensárselo dos veces.[26]

Las mejores intervenciones son mucho más eficaces que las demás

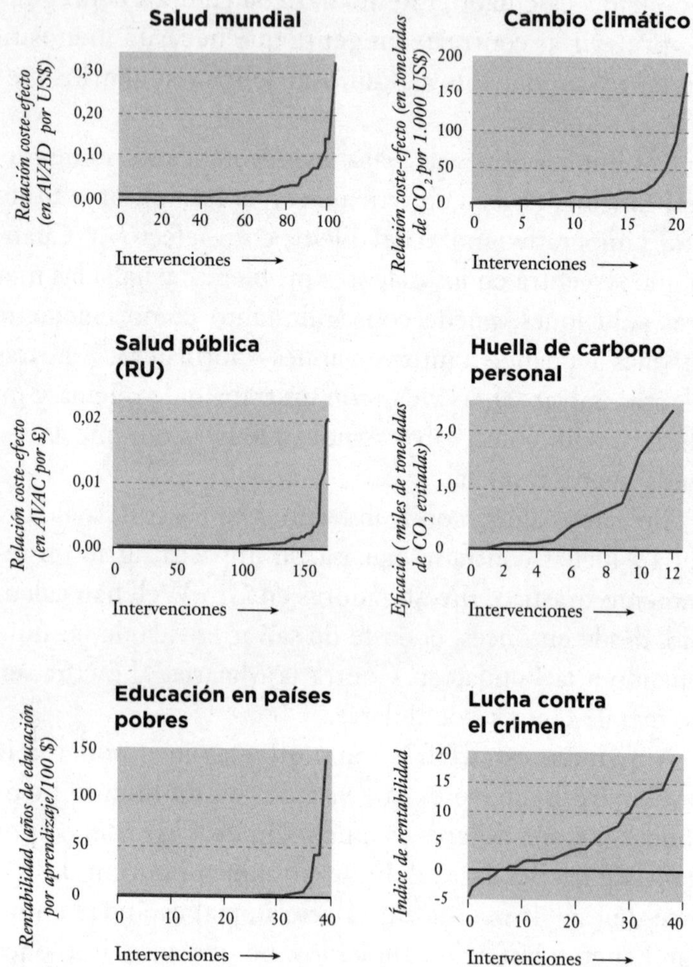

Fuente: Todd (2023)

Cuando se trata de salvar personas en nuestros propios países, por cierto, ya pagamos mucho más. Cuando en EE. UU. se construyen presas, por ejemplo, o cuando se refuerzan edificios para proteger a personas en áreas propensas a huracanes, el gobierno está dispuesto a gastar hasta 12,5 millones de dólares pagados por los contribuyentes por cada vida salvada.[27] Por esa cifra se podrían salvar las vidas de 2.500 niños en cualquier otro lugar.

Los médicos usan el término «triaje», procedente del francés *triage*, «escoger». Cuando hay una urgencia, uno debe decidir a quién puede ayudar y a quién no. En un mundo en el que cada día mueren 14.000 niños por causas evitables se puede decir que estamos en una emergencia continuada.[28]

Ahora bien: uno puede realizar sin cesar este tipo de cálculos y verse acosado por la culpa, pensando en todos los niños a los que no ayuda por haber propia comodidad era más importante. Y es cierto que una de las primeras altruistas eficaces, en su juventud, se sentía culpable incluso al comprar helado ocasionalmente. Cuando su padre expresó su preocupación por que su estilo de vida no la iba a hacer feliz, ella le respondió, con toda seriedad: «No se trata de mi felicidad».[29]

Pero Toby Ord y William MacAskill preferían contar otra historia para motivar a otros. Hablaban de oportunidades en lugar de obligaciones. Imagina por un momento que salvas a un niño de un edificio en llamas. ¿No sería uno de los mejores días de tu vida? Y si así fuera, ¿no sería fantástico que tú, una persona normal, pudiera salvar tantas vidas como James Bond en uno de sus mejores días?

Algunos altruistas eficaces, en efecto, comenzaron a sentirse como superhéroes. Uno de los estudiantes de Singer soñaba con convertirse en ingeniero y construir presas en África. No obstante, cuando comenzó a comprender las lecciones, cambió de prioridades y se convirtió en banquero corporativo en Londres. De ese modo tendría más dinero y podría donar más a organizaciones benéficas eficaces. O, como confió a un periodista, «decidí ser Superman».[30]

4

Así que al traste con mis impresiones iniciales acerca del altruismo eficaz.

Para ser sincero, yo había perdido el interés. ¿Quién quiere unirse a un movimiento que insiste en restregarte por la cara que nunca haces suficiente? Aquel experimento mental de Peter Singer —sobre niños que se ahogan— me parecía una forma de extorsión. Sí, a veces hay que hacer sacrificios por una buena causa. Pero si declaras que el helado es pecado, creo que te pierdes algo fundamental sobre el sentido de la vida.

Muchos altruistas eficaces me resultan un tanto robóticos, con su obsesiva búsqueda de la cuantificación y la eficacia.[31] ¿Qué pasa con todo aquello que no se puede medir? ¿Has oído hablar del economista al que una noche se le cayó la cartera? Empezó a buscarla cuando llegó a la siguiente farola, porque allí la luz era mejor. Me parecía que los altruistas eficaces cometían un error similar. Al fijarse en lo que podían medir, pasaban por alto un mundo de posibilidades.

Recordemos en Hans-Josef Fell, el alemán friki de la energía solar del capítulo anterior. En la década de 1990 no habría convencido a nadie de que los paneles solares eran «rentables». Pero invertir miles de millones en esa tecnología resultó ser una idea excelente. Lo mismo ocurrió con el desarrollo de la energía eólica y los coches eléctricos. O pensemos en la lucha contra el VIH/sida anunciada por el presidente George W. Bush en 2003. Más de un economista advirtió que el programa nunca sería «rentable» y que el dinero se invertiría mejor en otra cosa. Ahora sabemos que esos esfuerzos salvaron más de 25 millones de vidas, en parte porque hicieron que el precio de los medicamentos contra el VIH bajara drásticamente.[32]

Otra cosa que también me molestaba de esos altruistas eficaces era que algunos se dedicaban a las finanzas para poder donar tanto dinero como fuera posible («ganar para dar», lo llamaban). Esto sucedía justo después del crack de 2008, cuando se estaba rescatando a los bancos con cientos de miles de millones de dólares de los contribuyentes. En el punto álgido de las protestas de Occupy Wall Street en 2011, William MacAskill se las arregló para dar una charla en Oxford titulada «¿Quieres una carrera ética? Hazte banquero».

Vale, pensé, ¿entonces queréis robar a los pobres para dárselo a los más pobres? ¿Y creéis que después de unos años en Wall Street seguiréis queriendo lo mejor para el mundo?

En 2012, MacAskill dio una conferencia en el Instituto Tecnológico de Massachusetts (MIT). Allí oyó hablar de Sam Bankman-Fried, un estudiante del que se decía que era extremadamente inteligente, compañero de Peter Singer. Cuando se conocieron durante el almuerzo, Bankman-Fried expresó su interés por trabajar como activista por los derechos de los animales, pero MacAskill tenía una idea mejor.

¿Quizás el joven estaría dispuesto a aceptar un trabajo bien remunerado en el sector financiero?[33] Así podría ganar mucho más dinero y, con él, hacer mucho más bien.

Bankman-Fried no tardó en convertirse en el gran héroe del movimiento AE. Creó un fondo de inversión y una plataforma de comercio en línea de criptodivisas; se convirtió en el multimillonario más joven del mundo y prometió regalar su fortuna a las mejores organizaciones benéficas. Pero la fiesta no duró. En 2022, Bankman-Fried fue detenido en su ático de las Bahamas. Su bolsa de criptomonedas y su fondo de inversiones habían quebrado; miles de millones de dólares se habían esfumado y el empresario de treinta años no tardó en ser condenado por perpetrar uno de los mayores fraudes financieros de la historia de Estados Unidos.

Era un gran cliché: el gurú resultaba ser un estafador. Se había jugado el dinero de sus seguidores en dudosos planes de inversión. Bankman-Fried era un síntoma de un movimiento cargado de arrogancia, lleno de jóvenes idealistas que se creían inmunes a la corrupción moral, personas que se creían superhéroes.

En los meses posteriores a la quiebra se hicieron evidentes los descabellados planes que Bankman-Fried y su círculo íntimo habían ideado para gastar sus miles de millones. Pagar a Donald Trump para que no se presentara a las elecciones presidenciales, por ejemplo, o comprar un país entero (la nación insular de Nauru) para construir un «búnker/refugio» y garantizar «que la mayoría de los AE sobreviviera» tras una gran catástrofe, a fin de continuar con sus buenas obras.[34] Parece que aquella priorización implacable se les había subido a la cabeza.

Así que sí, es tentador tachar a esos altruistas eficaces (un término bastante pedante, para empezar) de charlatanes. En su avaricia moral olvidaron que quizá no sea tan agradable jugarse los ahorros de la gente corriente en una bolsa de criptomonedas. Adoraban a su gran héroe, el multimillonario Bankman-Fried, sin hacerse demasiadas preguntas acerca de cómo había «ganado» realmente su dinero.

Y había otra cuestión que me molestaba. Mientras estaban ocupados priorizando sin cesar, muchos AE parecían más que contentos con el actual sistema, extremadamente injusto.[35] Sin duda es admirable donar una parte considerable de tus ingresos a, por ejemplo, la Fundación Contra la Malaria. Al mismo tiempo, conviene seguir preguntándose por qué uno es tan rico, cuando otras personas son tan pobres que ni siquiera tienen unos pocos dólares para una mosquitera.

Veamos... ¿Tal vez tenga algo que ver con nuestro sistema de corruptos paraísos fiscales, injustos acuerdos comerciales y explotación neocolonial por parte de las multinacionales occidentales? La pregunta, entonces, es: ¿cómo nos deshacemos de ese sistema?

¿Por qué los AE no tenían un plan maestro para ello?

5

Aun así, la fiera ambición moral del movimiento seguía fascinándome.

Asistí a un par de conferencias de los AE y, pese a mis reservas, aquello me maravilló. Nunca había visto a tanta gente moralmente ambiciosa en un mismo lugar. La mayoría donaba una parte considerable de sus ingresos, y algunos incluso habían donado un riñón a un completo desconocido. Era difícil no sentirse impresionado.

A continuación, me presentaron GiveWell, la organización sin ánimo de lucro de Holden Karnofsky que se menciona el capítulo 5 (no mencioné allí que GiveWell es una organización de EA; en realidad fue una de las primeras). GiveWell ha animado a más de 125.000 donantes a aportar más de 2.000 millones de dólares a organizaciones benéficas eficaces, salvando más de 200.000 vidas.[36] Era difícil no entusiasmarse.

Entre tanto he descubierto que muchos altruistas eficaces están bastante abiertos a la crítica. En el sitio web de GiveWell hay una pestaña titulada «Nuestros errores», lo que me parece una buena práctica para cualquier organización. Los miembros del movimiento creen hoy en día que fue un error enviar a tantos jóvenes al sector financiero, y consideran que en sus primeros años estaban excesivamente entusiasmados con el enfoque puramente racional.[37]

Y he de admitir que muchos de los AE que asistieron a las conferencias parecían muy conscientes de lo desigual e injusto que era el sistema en el que trabajaban. Conocí a empollones radicales que han presionado para reformar el sistema de justicia penal. Hablé con AE que también eran activistas de Extinction Rebellion y que investigaban cómo hacer aún más eficaz al movimiento climático.[38] Como remate, fue aquí donde oí hablar de Charity Entrepreneurship, la escuela del capítulo 6, que también surgió del movimiento de AE.[39]

Por último, descubrí que hay otro multimillonario activo en el altruismo efectivo. Dustin Moskovitz fue uno de los cofundadores de Facebook y se convirtió, a instancias de sus amigos EA, en uno de los mayores financiadores de la investigación sobre vacunas, el activismo en favor de los animales y las medidas contra la malaria en todo el mundo.[40] Su fundación Open Philanthropy está continuamente a la búsqueda de problemas grandes, solventables y olvidados, a los que destina cientos de millones cada año.

Cuando en 2013 le preguntaron qué sentía al ser uno de los multimillonarios más jóvenes, Moskovitz respondió con una cita del cómico Louis C. K.: «Nunca vi el dinero como "mi dinero". Siempre lo vi como "el dinero". Es un recurso. Si se acumula a mi alrededor, hay que devolverlo al sistema».[41]

Hay que reconocer que el papel de este tipo de multimillonarios *generosos* sigue siendo incómodo. Estoy convencido de que sería mucho más agradable vivir en un planeta en el que pudiéramos contar con que pagasen muchos más impuestos, y en el que los gobiernos hicieran lo suficiente para luchar contra la pobreza, la mortalidad infantil, el cambio climático y cualquier otra cosa a la que nos enfrentemos. Debemos seguir luchando por ese mundo, pero mientras tanto, también tenemos que conformarnos con lo que tenemos.

Déjame decirlo claramente: la mayor parte de la filantropía de los ricos no llega muy lejos. Por lo general donan una mera fracción de su patrimonio neto, y cuando lo hacen, es sobre todo para proyectos que apelan a su vanidad, como pagar enormes sumas para poner su nombre en la pared de una universidad o un museo ya bien financiados. Les encantaría que se les recordara, pero con esas maneras de donar tan estereotipadas pronto caen en el olvido.

No obstante siempre hay un pequeño número de filántropos que no quiere seguir al rebaño y opta por hacer algo más significativo con sus fortunas. Por ejemplo, Katharine McCormick, que financió la píldora cuando nadie más se atrevía a extender ese cheque. O Bill Gates, que pagó el desarrollo de una vacuna contra la malaria cuando gobiernos y empresas no se mostraban interesados.

«En el pasado», dijo una vez Ralph Nader, «la gente rica donó un dinero esencial para los movimientos contra la esclavitud, por el derecho al voto de las mujeres y por los derechos civiles».[42] Los abolicionistas estadounidenses contaron con la generosa financiación de Gerrit Smith, en aquel momento el hombre más rico de Nueva York. Las sufragistas Susan B. Anthony y Elizabeth Cady Stanton hallaron un aliado en el empresario George Francis Train, que financió la producción de su periódico *The Revolution*. Y a principios del siglo XX, los activistas contra los linchamientos recibieron una pequeña fortuna de Madam C. J. Walker, hija de esclavos y, según el Libro Guinness de los Récords, la primera mujer millonaria hecha a sí misma de Estados Unidos.

Y tenemos también a Charles Garland, hijo de un rico corredor de bolsa. Su historia es demasiado buena para dejarla pasar. Imagínate a un joven alto y apuesto que, hace aproximadamente un siglo, asistió al prestigioso Eton College de Inglaterra y luego estudió en Harvard. Todo el mundo sabía que iba a heredar una gran fortuna. Pero en noviembre de 1920 hizo un anuncio sorprendente: se negaba a aceptar el dinero. El joven, de 21 años, creía que no había hecho nada para ganar ese millón de dólares. Y no creía en un sistema que «mata de hambre a miles de personas mientras cientos se forran».[43]

Naturalmente, la prensa no se cansaba de hablar de este excéntrico joven. Garland recibía sacas de correo llenas de ideas acerca de cómo gastar su fortuna, y grandes nombres de la época también opinaban. El influyente activista negro A. Philip Randolph acusó a Garland de «negligencia criminal», y el escritor Upton Sinclair le llamó loco. «¿Te das cuenta», escribió este último, «de que nunca, en la historia del movimiento radical, nadie ha tenido un millón de dólares, siquiera una décima parte de eso?».[44]

El joven resistió un año más, pero finalmente se le convenció para que depositara su dinero en un fondo fiduciario. Garland puso una condición: los fondos debían entregarse «lo antes posible» a causas «impopulares», como los presos y los grupos minoritarios.[45]

En cuanto se deshizo del dinero, el buen hombre se puso a trabajar como granjero en Massachusetts. Según su propio relato, puso en marcha un «experimento de ciencias sociales»; según el de los demás, fundó una comuna para polígamos.[46] La gente acudía de todas partes para ver esta «granja del amor» hasta que Garland fue detenido por adulterio.

Poco después de que Garland saliera de la cárcel, el sociólogo W. E. B. Du Bois escribió en *The Crisis*, publicación de la NAACP (Asociación Nacional para el Progreso de las Personas de Color) y principal revista del movimiento por los derechos civiles, que el Fondo Fiduciario Garland bien podría ser «uno de los principales organismos para la emancipación del negro estadounidense».[47] Y al cabo de pocos años, el Fondo concedió al movimiento su mayor subvención hasta la fecha. La NAACP pudo contratar a su primer abogado a tiempo completo, iniciando una lucha legal que en 1954 se convertiría en el histórico caso *Brown contra la Junta de Educación*.

Esa sentencia del Tribunal Supremo marcó un antes y un después en el movimiento por los derechos civiles. Aún quedaban muchas luchas por delante, pero la segregación racial ya estaba oficialmente prohibida en las escuelas públicas de todo el país. «Sin la financiación del Fondo Fiduciario Garland», escribe un historiador, «esta histórica decisión del derecho constitucional nunca se habría producido».[48] La herencia de Charles Garland marcó una diferencia histórica.

Lo cierto es que dinero y ambición moral se necesitan recíprocamente. La filantropía no tiene por qué quedarse atascada en vanidad y paternalismo. Puede llevar a cambios reales y sistémicos, siempre que uno sepa priorizar sabiamente y se mantenga alerta contra efectos colaterales dañinos. Es más: los individuos se encuentran en una posición única para apoyar causas impopulares, aquellas de las que gobiernos y empresas se mantienen alejados.

Lo cual nos lleva al tema del próximo capítulo: ¿qué causas impopulares deberíamos apoyar hoy en día?

IX

Amplía tu círculo moral

Recuerdo haber estado sentado en clase de Historia y pensar: «Si hubiera vivido en aquella época, habría...». Estás vivo ahora. Lo que sea que estés haciendo es lo que habrías hecho.

David Slack, guionista y productor televisivo (n. 1972)

1

Una de las anécdotas históricas más extrañas que jamás he leído procede de las memorias del capitán de navío inglés William Snelgrave. En 1734 publicó una narración de su vida como comerciante de esclavos. Escribió acerca de la vez en que el líder de Adra, un reino de la costa occidental de África, lo invitó a un banquete.[1]

Snelgrave no quería rechazar la invitación porque el rey era un gran proveedor de esclavos. Pero el capitán opinaba que los africanos eran «feroces y brutales caníbales», y como precaución se llevó consigo diez marineros armados con mosquetes y pistolas. El rey los esperaba «sentado en un taburete bajo la umbría de unos árboles». Mientras Snelgrave presentaba sus regalos, se dio cuenta de que sus hombres estaban rodeados por al menos cincuenta guerreros armados con afiladas lanzas y con arcos.

Por suerte el ambiente bajo los árboles era amistoso. Al rey le encantaron sus regalos y el banquete podía comenzar, pero de repente, por el rabillo del ojo, el capitán divisó a un niño pequeño. Era muy joven, no podía tener más de dieciocho meses de edad. Tenía una pierna atada a una estaca, y dos sacerdotes africanos estaban junto a él, de pie.

¿Por qué, preguntó el capitán, estaba ese niño atado de tal modo? El rey le respondió que el niño «iba a ser sacrificado esa noche a su dios, Egbo». Aquello enfureció a Snelgrave. Ordenó a sus marineros que liberaran al niño de inmediato, ante lo cual los guerreros del rey empuñaron sus armas, y europeos y africanos se enfrentaron.

El rey gritó a Snelgrave que no podía «robar al niño, que era de su propiedad». Snelgrave replicó que su fe «prohíbe expresamente algo tan terrible como matar a un pobre niño inocente». ¿Acaso nadie en Adra había oído hablar de la Regla de Oro, la «gran ley de la naturaleza humana»? ¿Acaso ignoraba su majestad que no había que hacer a otros lo que no se deseaba para uno mismo?

Al cabo el conflicto se solucionó con facilidad: el capitán Snelgrave compró al niño por unas pocas cuentas azules y todo el mundo reemprendió alegremente las festividades. Marineros y guerreros bebieron juntos, dando cuenta de litros de vino de palma. De regreso al barco, Snelgrave pidió a uno de sus hombres que buscara a una «mujer maternal» que cuidara del niño. Por supuesto, respondió el marinero. Justamente el día anterior habían comprado a una mujer «con mucha leche en sus pechos».

En cuanto abordaron su barco esclavista, una mujer negra corrió hacia el niño «con gran premura, y lo arrancó de los brazos del hombre blanco, que lo rodeaban». Era la mujer en la que había pensado el marinero. Resultó ser la madre del niño.

«Creo», escribió el capitán Snelgrave en sus memorias, «que no hubo nunca espectáculo más enternecedor que aquella ocasión entre aquella madre y su niñito».

No mucho después el capitán zarpó hacia el Caribe, donde vendió a madre e hijo, junto con otros 300 cautivos.

Resulta difícil de comprender hoy en día, pero a principios del siglo XVIII la esclavitud era algo completamente normal. A la mayoría de la gente le parecía lógico que unas personas compraran y vendieran a otras, del mismo modo en que se criaba y comerciaba con pollos o cerdos. Antes de 1800, unas tres cuartas partes de la población mundial la constituían siervos o esclavos.[2]

Los trabajos forzados y la esclavitud eran prácticas habituales en África, India, China y el mundo árabe. Estaban muy extendidos entre los pueblos de Norteamérica, desde los cheroquis hasta los chickasaw, y eran la norma en la Rusia zarista. Los antiguos griegos y romanos también consideraban perfectamente aceptable tener esclavos, al igual que los mayas, aztecas e incas.

Y desde 1492, el año en que Colón puso el pie en las Bahamas, los europeos empezaron a construir uno de los mayores imperios esclavistas de la historia. A lo largo de 350 años esclavizarían a unos 12 millones de africanos. Mientras amables filósofos escribían largos tratados acerca de «los derechos del hombre», mercaderes como William Snelgrave compraban grandes cantidades de personas en la costa africana y las enviaban al Nuevo Mundo.

Este era el mundo en el que despertaban cada día los abolicionistas del siglo XVIII como Thomas Clarkson: uno en el que los periódicos publicaban anuncios de personas esclavizadas. Uno en el que los herreros comercializaban candados «para negros o perros» o instrumentos como el *speculum oris*, empleado por igual para abrir la boca de un paciente con trismo o de un esclavo que se negaba a comer. Un mundo en el que no era raro que a un esclavo se lo rebautizara con el ridículo nombre de un emperador romano, un rey francés o un primer ministro británico.[3]

¿Cómo habría reaccionado la gente hace 300 años si te hubieras plantado en una esquina de Londres, Ámsterdam, Filadelfia o París, y hubieras exigido el fin de la esclavitud? Probablemente se habrían reído de ti o te habrían llamado loco. Un autor popular de la época, James Boswell, creía que abolir la esclavitud sería una «crueldad extrema hacia los salvajes africanos» porque ahora estaban «a salvo de la masacre o de una esclavitud intolerable en su propio país».[4] Un esclavista escribió que «nueve de cada diez se alegran de caer en nuestras manos», y otro dijo que el viaje de África a las Indias Occidentales era «uno de los periodos más felices de la vida de un negro».[5]

La historia está plagada de célebres filósofos, librepensadores e intelectuales que estaban de acuerdo con que hubiera gente esclavizada. Aristóteles había escrito siglos antes que algunas personas son esclavas por naturaleza. San Agustín, padre de la Iglesia, sostenía que la esclavitud era trágica pero inevitable. Y el filósofo Immanuel Kant escribió que los negros habían sido «creados» para las brutales condiciones de las plantaciones de azúcar del Caribe.[6]

¿Y qué decir de los padres fundadores de Estados Unidos, defensores de todo tipo de ideas revolucionarias pero poco dispuestos a cambiar nada sobre la esclavitud? George Washington ordenó sustituir nueve de sus dientes, podridos, por otros nueve extraídos de la boca de esclavos.[7] Thomas Jefferson afirmaba que «todos los hombres son creados iguales», pero poseía 600 esclavos, cuatro de ellos, hijos suyos.[8]

Ciertamente, algunos expresaron dudas sobre la esclavitud. Kant se convirtió más tarde en un abierto opositor al proyecto colonial; la conciencia seguía inquietando a Jefferson. Pero lo que hoy salta a la vista es la hipocresía de estos supuestos librepensadores. El filósofo británico John

Locke pensaba que la esclavitud era «tan vil y miserable» y tan «directamente opuesta al generoso temperamento y valor de nuestra nación» que le parecía inconcebible que «un inglés, y mucho menos un caballero, abogara por ella».[9] No obstante, invirtió una pequeña fortuna en el comercio de esclavos de la Real Compañía de África.[10]

Igual de hipócrita fue su homólogo francés Voltaire. Sobre el papel se oponía a la esclavitud, pero no disimuló su entusiasmo cuando en 1768 un barco esclavista recibió su nombre. Y no era el único francés que pensaba así. En 1789 estalló la Revolución Francesa bajo el lema *liberté*, *égalité*, *fraternité*. Los mercaderes franceses no tardaron en rebautizar sus barcos negreros con el nombre de *Liberté*, *Égalité*, *Fraternité*.[11]

A lo largo de la historia, las personas consideradas ilustradas o progresistas a menudo defendieron prácticas que ahora consideramos absolutamente aborrecibles. Uno se pregunta: ¿qué prácticas nuestras considerarán bárbaras las generaciones futuras?

¿Cuándo está uno en el lado correcto de la historia?

2

Se trata de una pregunta clave cuando uno decide recorrer la ruta de la ambición moral. Cualquier cosa que se haga ahora y que más tarde se considere horrible debería encabezar nuestra lista de prioridades. ¿Y si Thomas Clarkson estuviera vivo hoy? ¿Contra qué lucharía?

Es tentador creer que nosotros, la gente moderna, hemos alcanzado un cierto nivel de buen comportamiento. Que ya no necesitamos a gente como Clarkson. Después de todo, no sacrificamos niños pequeños ni vendemos personas esclavizadas. No quemamos brujas en la hoguera, y hace tiempo que no cogemos a un criminal y lo descuartizamos. Las mujeres tienen derecho a voto, el matrimonio homosexual está legalizado en más de treinta países y en mi país, Holanda, me enorgullece decir que incluso hay una ambulancia de guardia, día y noche, para animales. ¿Quién podría ser más civilizado que nosotros?

Lo notable aquí es que casi todas las civilizaciones, en casi todos los periodos de la historia del mundo, han tenido la misma alta opinión de sí mismas. Pongamos, por ejemplo, los antiguos romanos. Se consideraban muy evolucionados porque, a diferencia de las tribus bárbaras, no sacrificaban niños a los dioses. Pero... ¿matar niños no deseados? Eso estaba bien. ¿Dar de comer mujeres desnudas a leones hambrientos en el Coliseo? Tampoco era un problema: era sencillamente diversión para el descanso entre peleas de gladiadores.[12]

El pasado está lleno de prácticas que hoy consideramos viles. La tortura y el estrangulamiento de «sodomitas», u homosexuales, era antaño algo habitual. Hace menos de un siglo, los sureños blancos de Estados Unidos iban de picnic a ver el linchamiento de un negro. «Acudían familias enteras, madres y padres, llevando incluso a sus hijos más pequeños», escribió el *News & Observer* de Raleigh en 1930 sobre un linchamiento en Carolina del Norte.[13]

Si tanta gente estuvo ciega ante esas fechorías del pasado, ¿cómo nos mirarán los historiadores del futuro? ¿Podría ser que también nosotros —como el capitán Snelgrave, como el rey de Ardra— estemos ciegos ante nuestras propias maldades? Sería una extrema coincidencia que fuéramos la primera civilización que lo tiene todo claro. ¿No es mucho más probable que, de alguna manera, todavía estemos haciendo las cosas mal?

Cada año, el profesor de Derecho Robert P. George pregunta a sus alumnos de la Universidad de Princeton qué habrían pensado de la esclavitud si hubieran sido blancos y hubieran vivido en el sur de Estados Unidos hace 200 años. «Adivina», publica en Internet: «todos habrían sido abolicionistas. Todos se habrían pronunciado valientemente contra la esclavitud y habrían trabajado incansablemente contra ella».[14]

Tonterías, por supuesto. En realidad, solo una pequeña fracción de la población blanca era abolicionista, y pagó un alto precio por sus ideales. George siempre dice a sus alumnos que estaría encantado de creerles, siempre que puedan demostrar que defienden los derechos de las víctimas impopulares de la injusticia actual, incluso si eso perjudica su propia reputación, es perjudicial para su carrera o les cuesta amistades.

La gran pregunta es cómo darnos cuenta de qué seguimos haciendo hoy que en el futuro nos parecerá claramente erróneo. Nadie tiene una máquina del tiempo, y no hay modo de mirar en el corazón de las generaciones venideras. Pero creo que hay al menos seis señales de alarma que debemos tener en cuenta. Seis señales de alarma a las que hay que estar atento como pioneros moralmente ambiciosos.

La primera señal de alarma aparece cuando una práctica se considera errónea, pero ya hemos oído antes los argumentos en su contra. No es que un grupo de activistas de finales del siglo XVIII pensara de repente, por primera vez en la historia, «un momento, quizá la esclavitud sea algo malo». Esa opinión se había expresado durante siglos, pero nunca había llegado a convertirse en algo parecido a un movimiento.[15] Por eso, cuando oímos el runrún de las protestas, es bueno analizar seriamente el asunto, por extraño que suene al principio.

La segunda señal de alarma salta cuando la gente no defiende su práctica, sino que dice cosas como «siempre ha sido así», «es la naturaleza humana» o «no tenemos elección». La psicóloga social Melanie Joy habla de las tres «N»: normalizamos los actos ilícitos calificándolos de normales, naturales y necesarios.[16] La esclavitud había existido desde tiempos inmemoriales, decían: algunas personas eran esclavas «por naturaleza», y si se abolía la esclavitud, toda la economía se hundiría.

La tercera señal de alarma es que la gente evita hechos desagradables. Cuando encuentras una camiseta chula, no quieres pensar en los talleres clandestinos de Bangladés. Cuando compras flores para tu novia, no quieres pensar en los inmigrantes explotados que trabajan en los campos. Cuando intentas coger un avión, no quieres pensar en el aumento del nivel del mar, los incendios forestales o los millones de refugiados climáticos.

Los psicólogos remarcan que hay dos formas de no saber. Puedes no tener ni idea de lo que está pasando, pero también puedes tener una ignorancia deliberada.[17] En este último caso, sabes lo suficiente para saber que no quieres saber más. En este caso resulta terriblemente irritante que alguien te recuerde la incómoda verdad.

Esto nos lleva a la cuarta señal de alarma: la airada respuesta a la que se enfrentan los pioneros morales. Una y otra vez son odiados, insultados, acosados. Tomemos el ejemplo de Mary Wollstonecraft, considerada por muchos historiadores como la «madre del feminismo».[18] En 1792 publicó un revolucionario alegato a favor de la igualdad de derechos entre hombres y mujeres: *Vindicación de los derechos de la mujer*. Un destacado filósofo londinense escribió poco después una respuesta titulada *A Vindication of the Rights of Brutes* (Vindicación de los derechos de las bestias), en la que se preguntaba sarcásticamente si los perros, gatos o caballos no merecerían también los mismos derechos.

A Wollstonecraft la difamaron y ridiculizaron incluso en poemas, y la retrataron como a una «maníaca» y una «hiena con enaguas».[19] Pasaría un siglo antes de que se limpiara su nombre, y dos antes de que se erigiera una estatua en su honor.[20] Como escribió una vez un periodista estadounidense, «toda sociedad honra a sus conformistas vivos y a sus alborotadores muertos».[21]

La quinta señal de alarma salta a la vista cuando resulta difícil explicar una práctica concreta a los niños, que pueden ser extraordinariamente hábiles para detectar nuestra hipocresía. Les enseñamos a compartir, y luego no sabemos responder por qué tenemos más que suficiente, mientras que los niños de los países pobres pasan hambre. Solo cuando nos hacemos mayores aprendemos a vivir con estas contradicciones.

Hace un siglo, los padres del sur de Estados Unidos tenían que explicar a sus hijos por qué existía la segregación racial y por qué los niños blancos y los niños negros no siempre podían hacer cosas juntos. En sus memorias, el líder sindical Harry Mitchell habla sobre su infancia en Tennessee y sobre la vez que le preguntó a su madre si él y su amigo Johnny podían quedarse a dormir juntos. «Ninguno de los dos lo entendía», escribió Mitchell sobre el hecho de que a su amigo negro no se le permitiera pasar allí la noche. La madre de Harry le dijo a su hijo que no tenían sitio para un invitado, pero Harry no lo aceptó. «Tengo mucho sitio en mi cama», dijo.[22]

Y por último, merece la pena hacerse la pregunta: ¿cuál será, para las generaciones futuras, nuestro delito más grave? ¿Qué práctica nuestra les horrorizará más?

Cuando uno estudia los últimos siglos, ve surgir un notable patrón de progreso moral. Hace unos 250 años, en la época de la Revolución Americana (y de la Francesa), se luchaba por los derechos de los ciudadanos (aunque fueran varones) y surgieron los primeros abolicionistas. Siguieron el movimiento feminista y la lucha contra el trabajo infantil, al tiempo que crecían los sindicatos. Una vez asegurado el derecho al voto, se produjo una segunda oleada feminista, seguida de la lucha por la emancipación de los homosexuales. Cada paso parecía una prolongación lógica del anterior.

En 1981, el filósofo Peter Singer (del que hablamos en el capítulo 8) publicó un libro titulado *El círculo en expansión*. La humanidad, escribía, tuvo durante mucho tiempo un círculo moral estrecho. Pero con el tiempo, vemos que la Regla de Oro —tratar a los demás como te gustaría que te trataran a ti— se aplica cada vez más ampliamente. Y una vez que empiezas a ampliar tu círculo moral, la pregunta no tarda en surgir: ¿por qué no ir más allá? ¿Es una coincidencia que muchas de las primeras feministas fueran también abolicionistas? ¿Y que los primeros defensores de los derechos de los homosexuales también participaran en el movimiento feminista?

Toma los grandes hitos morales de los últimos cientos de años y conecta los puntos. Entonces podrás saber por qué nos juzgarán las generaciones futuras. ¿Y si crees que ya sabes la respuesta? Esa es la sexta señal de alarma.

Seis señales de que una práctica habitual puede ser errónea

1 ✓	Hace mucho que oímos que es errónea.
2 ✓	Solemos decir «así son las cosas».
3 ✓	Evitamos hechos incómodos acerca de esta práctica.
4 ✓	Ridiculizamos a sus oponentes.
5 ✓	Nos cuesta justificarla ante nuestros hijos.
6 ✓	Sospechamos que futuras generaciones la considerarán una barbaridad.

3

Con todas estas advertencias en mente, demos un vistazo más de cerca a nuestra época. ¿Qué prácticas contemporáneas podrían ser erróneas? ¿A qué debemos resistirnos, qué debemos combatir si queremos seguir los pasos de pioneros como Mary Wollstonecraft o Thomas Clarkson?

No es difícil escribir unas cuantas ideas:

- ¿Es justificable gastar miles de millones en artículos de lujo, cuando 47 millones de niños sufren desnutrición aguda?[23]
- ¿Es defendible hacer tan poco por luchar contra amenazas existenciales como las pandemias y el cambio climático, poniendo en peligro el futuro de la humanidad?

- ¿Es posible que algún día veamos el castigo a los criminales de forma muy diferente y consideremos bárbara la venganza?[24]
- ¿Está bien leer a los niños cuentos sobre animales de granja que retozan en libertad, cuando el occidental medio come cada año la mitad de su peso en animales criados en granjas industriales?[25]

Esta última cuestión —cómo tratamos a los animales— es tal vez el mejor ejemplo de una práctica en la que todas las señales de alarma están disparadas. Pasemos lista.

La primera señal de alarma es que los argumentos contra la explotación de los animales se vienen escuchando desde hace siglos. A lo largo de la historia, encontramos muchos vegetarianos, desde Pitágoras a Tolstoi, pasando por Mary Shelley y Leonardo da Vinci. También la resistencia a la ganadería industrial moderna existe desde hace años. El movimiento por los derechos de los animales comenzó en la década de 1970, cuando se generalizaron las granjas industriales y las jaulas en batería para gallinas ponedoras.

La escala de la explotación animal no ha dejado de crecer desde entonces. En la actualidad, más de 200 millones de animales terrestres son sacrificados cada día en todo el mundo. Es decir, 80.000 millones de animales al año. Para que nos hagamos una idea, se calcula que el número de personas que han existido es de 117.000 millones.[26]

Ciertamente hay granjeros que crían animales de forma tradicional, los cerdos en el barro y los terneros en la dehesa. Pero, por desgracia, son la excepción. La granja moderna es una fábrica de animales diseñada para producir vastas cantidades de carne barata. Se crían miles de millones de vacas, cerdos y pollos para que crezcan lo más rápido posible. Se los confina en pequeños establos y se los alimenta continuamente con antibióticos para mantenerlos vivos el tiempo suficiente.

No obstante, la ganadería industrial se defiende siempre —segunda señal de alarma— con las tres «N». Se considera «normal» porque la mayoría de la gente come carne, «natural» porque se dice que las personas siempre han sido omnívoras, y «necesaria» porque se cree que necesitamos las proteínas que obtenemos de la carne.

La tercera señal de alarma ya suena fuerte y clara, porque hay algunas cosas sobre las modernas granjas de animales que preferiríamos no saber. Es más: la mayoría de los consumidores desconocen incluso los datos más básicos sobre cómo se producen su carne y productos lácteos. En un estudio reciente, se mostró a los participantes una fotografía de un típico gallinero industrial y se les preguntó: ¿le gustaría comprar pollo de aquí? Más del 75 por ciento respondió que no.[27] Un estudio realizado en el Reino Unido demostró que la gran mayoría de la población desconocía que todos los pollitos machos (y que, por tanto, no pueden poner huevos) son gaseados o molidos vivos.[28] Un estudio holandés demostró que solo el 18 por ciento de las personas encuestadas sabía que los terneros son separados de sus madres poco después de nacer. Casi la mitad de los encuestados (el 44 por ciento) ignoraba que una vaca solo da leche después de parir un ternero, y que las vacas tienen que seguir pariendo terneros cada año para seguir produciendo leche.[29]

Nuestra tendencia a volver la mirada ante estos hechos también puede explicar algunos resultados inesperados en otros estudios. Un estudio de 2018, por ejemplo, mostró que casi la mitad de la población de Estados Unidos quiere prohibir los mataderos. Otros científicos no conseguían creer ese resultado, por lo que replicaron el estudio, añadiendo una pregunta de seguimiento: «¿Era usted consciente de que los mataderos son los lugares donde se mata al ganado y se transforma en carne, de tal manera que, sin ellos, usted no podría consumir carne?». Tres cuartas partes de los encuestados mantuvieron su respuesta.[30]

En mi país, Holanda, se observa la misma ambivalencia. Una encuesta reciente mostraba que más del 60 por ciento de la población apoya la prohibición de las granjas industriales, mientras que el 95 por ciento come carne.[31] «Yo solo compro carne en la carnicería», podríamos decir, pero la mayoría de la gente parece no darse cuenta —o no quiere darse cuenta— de que casi toda su carne, incluso la que venden las carnicerías y tiendas de comestibles de lujo de aquí, procede de granjas industriales.

Tal vez por eso los defensores de los animales son recibidos con tanta agresividad: esa es la cuarta señal de alarma. El célebre chef Anthony Bourdain escribió una vez que «los vegetarianos son enemigos de todo lo bueno y decente del espíritu humano» y calificó a los veganos de «facción disidente similar a Hezbolá».[32] Un estudio canadiense de 2015 indicó que solo los drogadictos suscitan más asociaciones negativas que los veganos.[33]

Sorprendentemente, muchos niños creen que su dieta es vegetariana. A menudo no se dan cuenta de que la carne de su plato procede de un animal sacrificado. Un estudio reciente demostró que muchos niños de cuatro a siete años creen que las salchichas y la panceta se componen de plantas. Cuatro de cada cinco «niños mayores» (en este estudio, de seis y siete años) indicaron que no está bien comer vacas o cerdos.[34] Los niños también conceden a los animales un estatus moral más alto que los adultos.[35]

Podrías objetar: «Sí, bueno, los niños aún tienen mucho que aprender». Pero ¿por qué a los padres les resulta tan difícil —y hasta alarmante— explicarles con sinceridad cómo obtenemos la carne? Los estudios indican que muchos adultos dan respuestas vagas cuando los niños les piden que les expliquen de dónde procede la carne.[36] Y cuando se dan cuenta de que la loncha de jamón que tienen en el plato procede de un cerdo sacrificado —no muy diferente de la alegre Peppa Pig de su *tablet*—, suelen quedarse estupefactos.[37]

Y, por último, merece la pena alejarnos y abrir la imagen para detectar la sexta señal de alarma. Tras el movimiento por los derechos civiles, los derechos de la mujer, los derechos de los homosexuales y los derechos de los niños, defender los derechos de los animales parece el siguiente paso lógico. Por algo muchos de los primeros que se opusieron a la esclavitud también estaban en contra de la explotación de los animales.

La revolución en nuestra concepción de los derechos

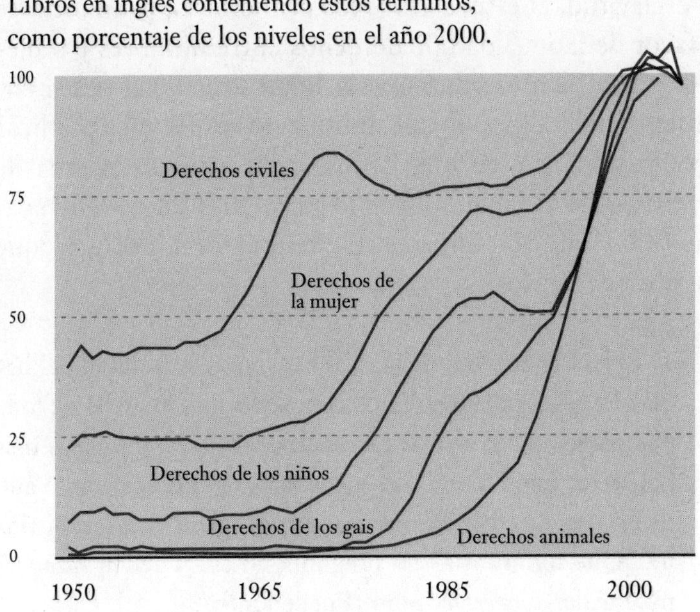

Fuente: Bookworm, Steven Pinker (2011)

Tomemos como ejemplo a los abolicionistas del capítulo 3. El cuáquero Benjamin Lay era esencialmente vegano, dos siglos antes de que tuviéramos siquiera una palabra para designar esto.[38] Cuando preguntaron al también cuáquero Anthony Benezet si quería un trozo de pollo, respondió: «¿Qué? ¿Quiere que me coma a mis vecinos?».[39] El abolicionista William Wilberforce, a su vez, cofundó la primera organización mundial de defensa de los derechos de los animales, y la abolicionista (y primera feminista) Elizabeth Heyrick (1769-1831) salvó una vez a un toro de una corrida escondiéndolo y esperando a que la turba enfurecida pasara de largo.[40]

A finales del siglo XVIII, ya había un filósofo —el británico Jeremy Bentham (1748-1832)— que se atrevía a razonar sobre las implicaciones de los derechos de las personas y los animales. Mientras los abolicionistas luchaban contra la esclavitud, él estuvo entre los primeros en pronunciarse a favor de la igualdad de derechos entre hombres y mujeres.[41] También escribió que la homosexualidad debía eliminarse del Código Penal, aunque no se atrevió a publicar esos pasajes.[42] Y en una famosa nota a pie de página de 1780, manifestó que «puede llegar el día» en que incluyamos a los animales en nuestro círculo moral. Porque, ¿qué justifica excluirlos?

> ¿Será la facultad de la razón o, quizá, la facultad del habla? Pero un caballo adulto o un perro son, más allá de toda comparación, seres más racionales, así como animales más hablantes que un niño de pocos días, de una semana, o aun de un mes de edad. Pero supongamos que el caso sea distinto. ¿Qué significaría? La pregunta no es: ¿Pueden *razonar*? ni ¿Pueden *conversar*? Sino ¿Pueden *sufrir*?[43]

Esta pregunta que plantea Bentham —¿dónde establecemos los límites?— es clave para la lucha por los derechos de los animales. ¿Cuánto ampliamos nuestro círculo moral? No conozco a nadie que se tome esta cuestión más en serio que Andrés Jiménez Zorrilla. Es un exbanquero financiero que trabajó para Morgan Stanley durante años, gestionando un porfolio inmobiliario de 2.000 millones de dólares. Después abandonó su empleo y se apuntó a una escuela para organizaciones benéficas de Londres (véase el capítulo 6). Jiménez no tenía ni idea de qué tipo de organización crear... hasta que oyó hablar del sufrimiento de... las gambas.

¿Cuál es el siguiente paso a la hora de ampliar tu círculo moral?

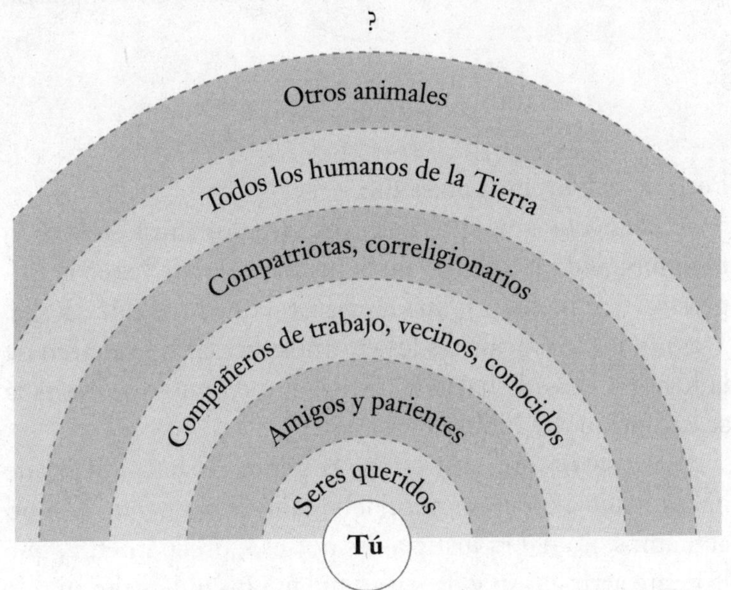

Hoy en día Jiménez luce un tatuaje de una gamba y es el CEO del Shrimp Welfare Project (Proyecto Bienestar de las Gambas). ¿Parece un tanto extraño? Por supuesto. Pero en los últimos años las pruebas científicas se han ido acumulando: incluso gambas diminutas pueden experimentar un gran sufrimiento. Al parecer, las gambas reaccionan a estímulos dañinos y a analgésicos, lo que indica que sufren de modos que antaño creíamos reservados a los grandes animales.[44] Si, después, dejamos que los números hablen —cada año se crían y matan entre 300.000 y 400.000 millones de gambas— uno puede llegar a la conclusión de que se trata de una maldad cometida a escala masiva.[45]

Es decir, tal vez un tipo raro como Andrés Jiménez Zorrilla pase a la historia como un auténtico cero, un moderno Benjamin Lay (uno de los primeros cuáqueros en oponerse a la esclavitud, véase capítulo 3). Como ya hemos visto, los *raritos* de hoy pueden ser los héroes de mañana.

4

Pero no celebremos nada aún.

Cuando uno ve que nuestros círculos morales se han ido ampliando a lo largo de la historia, puede tener la impresión de que hay alguna ley natural que hace que así sea. Y aunque a los idealistas les encanta afirmar que el arco de la historia «tiende hacia la justicia», me temo que esa es la sexta ilusión del Noble Perdedor.[46]

La historia no hace cosas; la gente las hace. Si ha de haber justicia en el mundo, debe salir de nosotros. Y si no actuamos, no habrá justicia. Es por eso, precisamente, que la gente arriesgó su vida para ayudar a los judíos durante la segunda guerra mundial. Porque si no lo hacían, ¿quién lo haría? Y si no se hacía entonces, ¿cuándo?[47]

Sí, la historia del capitán Snelgrave es profundamente

perturbadora. Se hace difícil comprender cómo podía apelar a la Regla de Oro (e incluso llamarla «la gran ley de la naturaleza humana») mientras trabajaba como comerciante de esclavos. Si alguien puede estar tan ciego a su propia maldad, ¿no crees que es muy probable que también nosotros estemos ciegos, por muy moralmente ambiciosos que seamos?

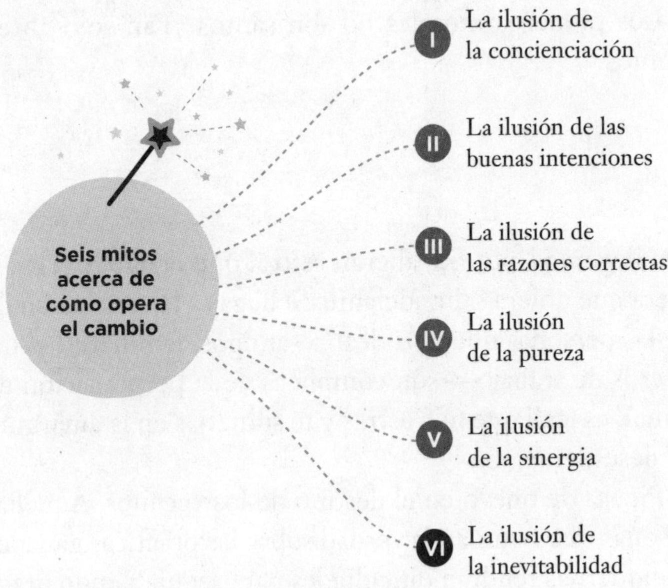

Es conveniente recordar que la valentía es siempre relativa. Hoy en día es fácil pronunciarse contra la esclavitud, pero en el siglo XVIII podía hacer que te mataran. Y sí, los pioneros morales a menudo están abriendo camino de varias maneras, pero también tienen sus propios puntos ciegos.

Pongamos como ejemplo al abolicionista William Wilberforce, quien luchó contra el comercio de esclavos con todas sus fuerzas, pero al que la idea de los derechos de las mujeres le parecía una estupidez. ¿Y qué decir de Elizabeth Cady Stanton, la locomotora feminista que luchó toda su vida por el derecho de voto de la mujer, pero sentía menos urgencia por conseguir el voto para hombres y mujeres negros? Y Martin Luther King, Jr., uno de los más grandes líderes por los derechos civiles de la historia, una vez aconsejó a un joven homosexual que buscara un buen psicólogo para librarse de su «problema».[48]

Los pioneros morales no son santos. Tan solo abren caminos.

5

Y así llegamos, por fin, al gran reto al que se enfrenta cualquiera que quiera salir adelante. Si llegas a la conclusión de que las personas que te rodean —amigos, familiares, compañeros de trabajo— son cómplices de la perpetuación de un mal, es fácil que te frustres y te sumerjas en la amargura y la desesperación.

Piensa de nuevo en el destino de los veganos. Aquellas personas que asimilan la verdad sobre las prácticas ganaderas modernas tendrán dificultades para seguir siendo pragmáticas. A quienes amplíen su círculo moral para incluir a los animales, considerando el inmenso sufrimiento al que están sometidos, les resultará difícil trabajar con los «perpetradores» de la ganadería industrial. Sin embargo, eso es exactamente lo que necesitamos. «A veces solo queremos gritar contra la injusticia», escribió el psicólogo Herbert Simon, «pero todo revolucionario serio debe privarse a menudo del placer de la expresión propia. Debe juzgar sus acciones por sus efectos finales».[49]

Esto significa que no basta con seguir gritando «¡Hazte

vegano!». Los defensores de los animales llevan haciéndolo más de cincuenta años, pero el número de vegetarianos y veganos en las últimas décadas solo ha aumentado marginalmente.[50] Para desencadenar una revolución, debemos replantear la cuestión (véase el capítulo 4) y hallar nuevos argumentos contra la industria cárnica y a favor de una transición proteica. Por ejemplo: las granjas industriales no solo son horribles para los animales; también son uno de los principales productores de gases de efecto invernadero.[51] Además de replantear las cosas, si realmente queremos avanzar tendremos que crear coaliciones con los ávidos consumidores de carne... e incluso con los productores.[52]

Alguien que entiende mejor que nadie la importancia del pragmatismo y la colaboración es la activista Leah Garcés. Su vida es un ejemplo de ambición moral, así que permíteme concluir este capítulo con su historia.

En Florida, de adolescente, Leah Garcés buscaba una misión. «Tenía hambre de lucha», escribiría más tarde, «me sentía plana sin ella».[53] Un día vio un documental acerca del abuso contra los animales y lo supo: esta es la señal.

Garcés se sacó una licenciatura en zoología, y en las décadas siguientes viajó por el mundo, defendiendo a los toros en España, a los perros en Tailandia, a los caballos en Colombia, a los delfines en Fiyi, a los osos en Corea del Sur y a las ballenas en Noruega. A los treinta años había sido testigo de todo tipo de abusos contra animales, pero uno se erigía como el peor: la producción ganadera industrial a gran escala, responsable del silenciado sufrimiento de miles de millones de vacas, cerdos y pollos.

En la primavera de 2009, Garcés decidió regresar a EE. UU. Estaba aún rebosante de ambición, pero una vez más: la ambición es solo energía. La cuestión es qué hacer con ella.

De modo que ¿qué hizo Garcés?

Se hizo amiga de ganaderos a escala industrial.

Sí, lo has leído bien. Verás, Garcés había llegado a la revelación de que muchos ganaderos de EE. UU. tampoco soportan la industria ganadera y láctea. Había conocido a un granjero de pollos que poseía 25.000 aves en tres gigantescos edificios oscuros en Carolina del Norte. Craig Watts se había comprometido con Perdue, una de las mayores compañías avícolas del país, cuando solo tenía veintiséis años. Había pedido un enorme préstamo para construir los edificios en tierras que su familia había arado durante más de un siglo.

En teoría era una buena idea. Watts era bueno con los números, y creía saber dónde se metía. Pero la realidad era otra más oscura. Recibía, a intervalos regulares, cargamentos de pollitos de un día de vida que debía engordar, y Perdue los recogía posteriormente para llevarlos al matadero. Pero Watts no tardó en ver que había algo malo en los pollos. Las aves crecían tan rápido que sus huesos se rompían y sus órganos reventaban. Resulta que no es algo inusual en los broilers industriales, pollos criados para carne. Científicos calcularon en 2013, para la publicación *Poultry Science*, que si un recién nacido humano creciera tan rápido como un broiler, los niños pesarían 300 kilos a los dos meses de edad.[54]

Cada mañana, Watts retiraba pollos muertos del suelo lleno de excrementos de los grandes cobertizos, entre penetrantes vapores de amoniaco. Mientras tanto, sus finanzas se resentían: no era rival para los astutos contables de Perdue, que continuamente encontraban nuevas cláusulas en la letra pequeña del contrato. Watts se dio cuenta de que no podía escapar. Como muchos otros granjeros, se había convertido en un moderno siervo, obligado a seguir trabajando la tierra para el beneficio de otros. (En la actualidad, la mayoría de los criadores de pollos de Estados Unidos viven por debajo del umbral de pobreza y están muy endeudados. No pueden librarse sin vender sus tierras de labranza, que a veces han pertenecido a la familia durante generaciones.)[55]

Garcés había visto a los agricultores como Watts como el enemigo durante toda su vida. Pero cuando lo conoció en el verano de 2014, sintió vergüenza. Solo ahora entendía su versión de la historia. «Nunca había pensado: "Se siente tan atrapado como las gallinas".»[56]

De modo que decidió cambiar de rumbo. Así como Thomas Clarkson defendió la situación de los marineros en los barcos esclavistas, Leah Garcés defendió a los criadores de pollos. Watts nunca había conocido a una activista por los animales (los llamaba ecoterroristas, medio en broma), pero se llevó bien con Garcés.[57] Al menos ella escuchó su historia. Y al igual que Garcés, Watts también se indignó cuando vio un vídeo promocional de Perdue en el que aparecían pollos felices y sanos, establos limpios y un directivo que proclamaba que las aves se criaban de forma «humanitaria».

Watts dejó que Garcés filmara el interior de sus graneros. Su cámara rodaba mientras él caminaba por los largos edificios sin ventanas, entre pollos muertos y lisiados y pájaros jadeando. Luego envió las imágenes al *New York Times*. Durante las semanas siguientes, tanto Watts como Garcés estuvieron muy nerviosos. Él sabía que podía perderlo todo: su casa, su tierra, sus amigos. Ella trabajaba como una loca para preparar la publicación... y lo que vendría después.

El vídeo se hizo viral. En veinticuatro horas tenía un millón de visitas. «Si torturas a un pollo, corres el riesgo de que te detengan», escribió un periodista del *New York Times*. «Pero ¿escaldar a cientos de miles de pollos vivos cada año? Eso es un modelo de negocio.»[58] Perdue quedaba al descubierto, y ahora todo el mundo podía ver por sí mismo lo que ocurría en sus granjas avícolas. Y no, no se trataba de un incidente aislado. Era la norma.

Garcés, mientras tanto, había aprendido una lección crucial. Si quería marcar la diferencia, tenía que aceptar su propia incomodidad. Pronto tendría otra oportunidad de hacerlo cuando en febrero de 2016 se puso en contacto con ella nada menos que Jim Perdue, el villano de su vídeo con Watts. Parecía que Perdue estaba dispuesto a rehacer su empresa y pedía ayuda a Garcés.

«Fue un recorrido increíble para mí», escribiría más tarde.[59] Era una empresa a la que había denunciado por engañar, y esa misma empresa había decidido ahora mejorar las condiciones en sus granjas. Perdue incluso quería invertir en el desarrollo de alternativas vegetales al pollo.

En la actualidad, Garcés ayuda a docenas de criadores de pollos a encontrar nuevas formas de ganarse la vida. Esos graneros oscuros también sirven para cultivar setas, por ejemplo. No, Garcés no cree que el movimiento por los derechos de los animales deba hacer las paces con el mayor número posible de granjeros. También es admiradora de otros activistas con sus campañas contundentes, cruciales para aumentar la presión sobre las empresas.[60]

En su opinión, se trata de combinar tácticas. Se trata de crear coaliciones. Se trata de lo que funciona. Sabe que queda mucho camino por recorrer antes de que se prohíba la cría industrial. Sabe que podrían pasar cien años y que quizá no viva para verlo, como muchos abolicionistas que nunca vieron el fin de la esclavitud. Es consciente de que forma parte de una historia mucho mayor y de que algún día pasará la antorcha a una nueva generación de pioneros morales.

X

Haz que los historiadores del futuro se sientan orgullosos

Tu legado nunca es una sola cosa. Tu legado es cada vida que has cambiado, cada persona cuya vida haya sido conmovida o no. Es todas las personas a las que has hecho daño o ayudado. Ese es tu legado.

Maya Angelou, escritora (1928-2014)

I

Y por último hay algo más hacia donde dirigir nuestra ambición moral. Tal vez sea la ampliación definitiva de nuestro círculo moral.

Más allá de la lucha por los derechos de todos los que viven hoy en día, podemos también luchar por el mundo de mañana: por el futuro de la humanidad, y por toda la vida en la Tierra. Para hacernos una idea de cuán importantes pueden ser nuestras acciones algún día en el futuro, podemos hacernos una sencilla pregunta. ¿Qué es lo más importante que ha sucedido en la historia de la humanidad?

Aparecen varios candidatos a ese título. ¿Tal vez la invención de la rueda? ¿La pólvora? ¿La imprenta? ¿O deberíamos pensar en el nacimiento de figuras religiosas como Buda, Jesús o Mahoma? ¿Quizás en el auge y caída de alguna de las grandes civilizaciones mundiales, como los egipcios, los romanos, los vikingos o los aztecas?

Como es lógico, se pueden defender todos estos hitos. Todos ellos poseen una gran importancia histórica. Pero ¿el más importante de todos? Es difícil decirlo. Hasta se podría argumentar que el ejercicio entero es una tontería, que la historia, en palabras de un historiador británico, es «solo una maldita cosa después de otra».[1]

¿Qué es lo más importante que ha sucedido en la historia de la humanidad?

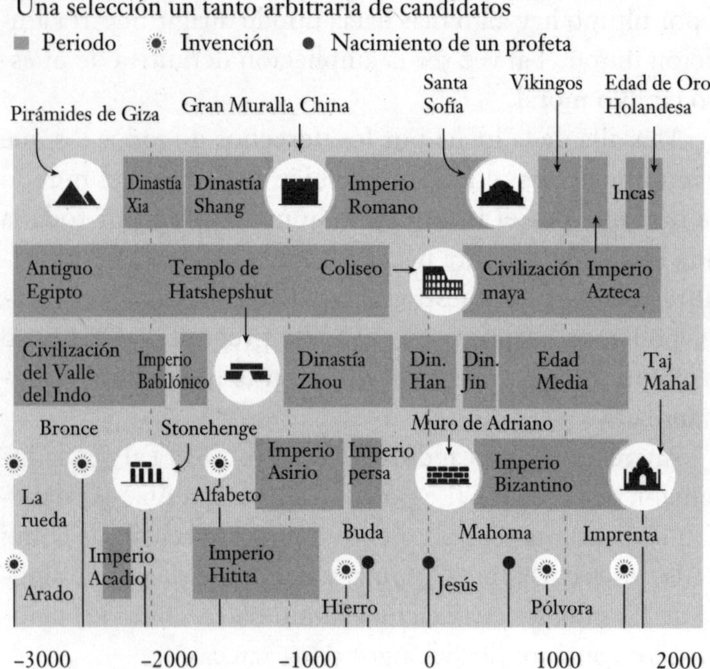

Pero supongamos que buscamos una perspectiva cuantitativa del pasado. ¿A qué se parece entonces la historia? Si uno rastrea el crecimiento demográfico, por ejemplo, ¿es posible hallar algún patrón en los últimos 5.000 años?

La humanidad despega

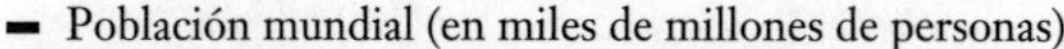
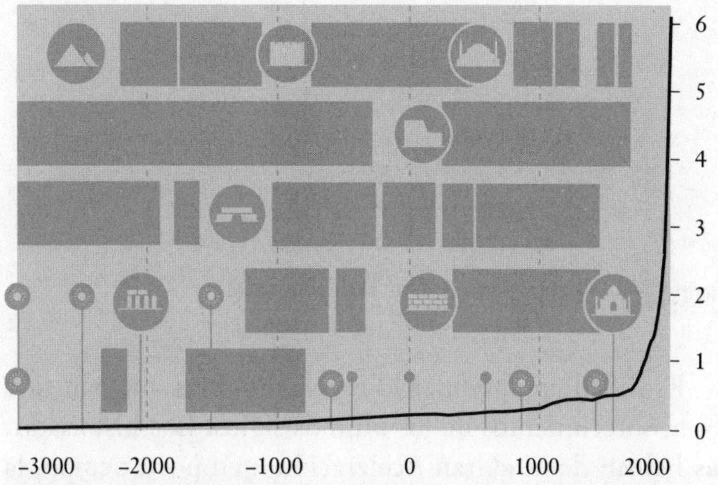

Fuente: Our World in Data

...¡Y *voilà*! De repente tenemos un claro candidato a la cosa más importante de la historia. Durante miles de años la población mundial apenas cambió. De repente... una explosión. Hacia 1750 la humanidad despegó. E incluso hoy en día nos encontramos en un cohete que asciende casi en vertical. ¿Qué pasó en 1750 que sigue teniendo consecuencias a largo plazo para todos nosotros? Exacto: el inicio de la Revolución Industrial. Las artes y herramientas tradicionales dieron paso a las modernas máquinas y fábricas.

Veamos el siguiente gráfico para ver qué ha sucedido desde entonces.

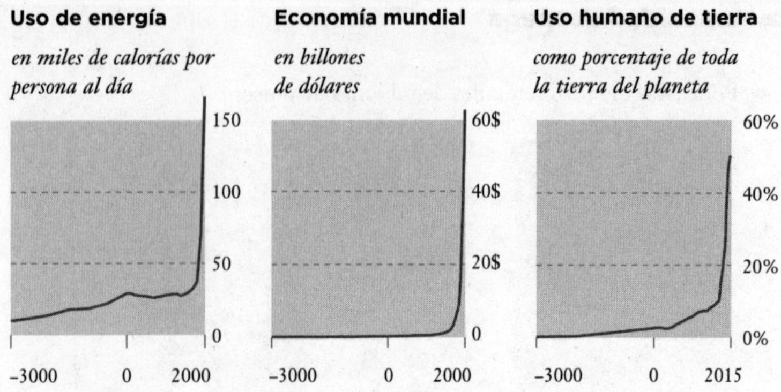

Fuente: Muehlhauser (2018), Our World in Data

Es difícil comprender lo revolucionarios que han sido los acontecimientos de los últimos siglos. Los historiadores hablan de la «Gran Aceleración»: en poco tiempo, la humanidad ha llegado a dominar el planeta. De repente ostentamos poderes casi divinos. Un solo tractor ara hoy en día 450 veces más rápido que una yunta de bueyes en 1800.[2] Una sola fundición produce 170 veces más que toda Inglaterra en 1720.[3] Un solo portacontenedores transporta el triple de mercancías que toda la flota británica hace 400 años.[4]

Y podría ser solo el principio. Echa otro vistazo al gráfico anterior, a esas líneas que se disparan hacia arriba, y pregúntate: ¿dónde acabará esta explosión? ¿Hacia dónde nos lleva este cohete? Este siglo, tal vez incluso en las próximas dos décadas, debería quedar claro si esta salvaje ascensión continuará, si estabilizaremos nuestra velocidad o nos estrellaremos y arderemos. Si tomáramos la historia de la especie humana y la convirtiéramos en una película, nos encontraríamos en el momento en que la música va creciendo hasta llegar al clímax.

Hasta hace poco, la mayoría de las culturas y religiones presumían que estábamos viviendo el final de los tiempos, que el viaje de la humanidad se dirigía a la recta final. Pero ¿y si estuviéramos al borde de algo mucho más grande? ¿Y si la Gran Aceleración no es más que el repunte inicial de un gráfico que se dispara hacia arriba, hacia el futuro? ¿Y si seguimos siendo los Antiguos para todos los que están por venir?

Eso significaría que tenemos una colosal responsabilidad para con las generaciones futuras. Dado que nos encontramos en medio de un cambio masivo, nosotros —las personas que vivimos en el siglo XXI— tenemos un enorme poder para moldear el futuro. Un pequeño cambio de dirección hoy puede implicar un destino completamente distinto dentro de unos años. Nuestras decisiones se dejarán sentir durante siglos.

He de admitir que durante mucho tiempo no fui un gran seguidor de este tipo de análisis. Soy historiador por formación, y los historiadores hablan con desdén del cronocentrismo, la ingenua idea de que los tiempos en los que uno vive son especialmente importantes. No obstante, ahora estoy convencido de que nuestra época es realmente única y de vital importancia, y que tal vez determine todo lo que está por venir. De los 117.000 millones de personas que han existido, formamos parte del 1 por ciento que puede marcar la diferencia en este siglo. No hemos hecho nada para merecer ese papel y no hemos elegido estar aquí, pero afrontémoslo: estamos en una encrucijada histórica. El futuro depende de lo que hagamos a continuación.

Así que... ¿qué va a ser?

Echemos un vistazo al último gráfico:

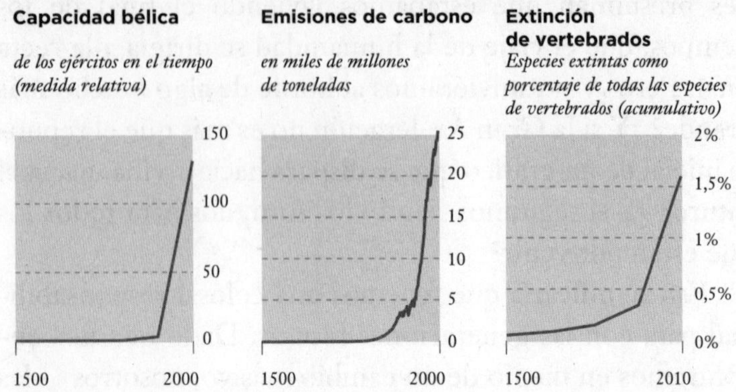

Fuente: Ian Morris (2013), Our World in Data, Ceballos, et al. (2015)

A lo largo de los últimos 300 años no solo hemos progresado de un modo increíble; también hemos dejado detrás un rastro de destrucción. Cada día arrojamos más de 100 millones de toneladas de carbono a la atmósfera;[5] vertemos más de 2.500 toneladas de plástico en los océanos y talamos más de 12.140 hectáreas de bosque, la mayoría en los trópicos.[6] Estamos empleando la mitad de toda la tierra habitable para la agricultura, y tres cuartas partes se destinan a la producción de carne y lácteos.[7]

La magnitud de nuestro dominio sobre el reino animal resulta sobrecogedora. Si tomamos todos los mamíferos salvajes (de tigres a jirafas, de delfines a ballenas) y los pesamos, y hacemos lo mismo con todos los mamíferos que criamos como ganado (principalmente vacas y cerdos), ¿qué hallamos? El ganado pesa más de quince veces más que los animales salvajes.[8] Si haces lo mismo con todas las aves salvajes frente a todas nuestras aves de corral, estas últimas pesarán más del doble. Algunos arqueólogos incluso predicen que los huesos de pollos de engorde llegarán a definir nuestra era geológica en el registro, de tantos que hay.[9]

¿Qué significa todo esto para nuestra búsqueda y ambición moral? Tenemos que afrontar el hecho de que nuestro ingenio tecnológico tiene un lado oscuro. En el capítulo 7 vimos que la tecnología puede ayudarnos a resolver algunos de los mayores problemas del mundo, pero ahora debemos enfrentarnos a la otra cara de la moneda. Nuestro poder ha llegado a ser tan grande, tan omnímodo, que está amenazando nuestra propia existencia y la de todas las generaciones futuras.

No hay más que ver el ritmo al que se calienta el planeta. Gracias a un ejército de activistas, el cambio climático ha dejado de ser un fenómeno ignorado, por mucho que la industria de los combustibles fósiles haya intentado enterrarlo. Y sí, gracias a pioneros como Hans-Josef Fell (capítulo 7), disponemos de alternativas baratas y sostenibles para generar energía.

Pero aún no hemos llegado a ese punto. El movimiento climático es una gigantesca feria del empleo, con trabajo para millones de personas moralmente ambiciosas. Hay que ponerse manos a la obra, porque de cara a las próximas décadas tenemos una misión que cumplir sin precedentes. Para 2050, las emisiones de gases de efecto invernadero en todo el mundo deben reducirse a cero. Debemos dejar atrás los combustibles fósiles y abandonar el hábito de comer animales —ahora, en un plazo demencialmente corto— al tiempo que ideamos y ampliamos innumerables nuevas tecnologías ecológicas.

Tal vez quieras ir un paso más allá. Merece la pena hacerse esta pregunta: ¿cuál fue el mejor momento para ser activista climático? El mejor momento fue hace por lo menos treinta años, cuando el movimiento estaba despegando y el cambio climático era un tema del que se hablaba poco. Y luego la siguiente pregunta: ¿qué problemas están hoy en día en el punto en que estaba entonces el calentamiento global?

¿A qué tienes aún tiempo de enfrentarte?

2

La incómoda verdad es que nos enfrentamos a una serie de amenazas a la existencia de la humanidad y a la vida en la Tierra. Al menos tres peligros se ciernen, a los que se presta menos atención que al cambio climático, y que requieren con urgencia, por eso mismo, gente con ambición moral.

La primera amenaza es conocida: mientras escribo esto, más de 3.000 armas nucleares reposan, listas para ser disparadas en pocos minutos.[10] Solo se necesita un centenar para causar un invierno nuclear, el apocalíptico escenario en el que hay tanto polvo en la atmósfera que bloquea la luz solar, las temperaturas en el planeta caen en picado, las cosechas se pierden y miles de millones de personas mueren de hambre.[11]

Los expertos calculan el riesgo de que se use un arma nuclear en un 1 por ciento cada año.[12] Puede parecer tranquilizador, pero 1 por ciento al año es un 63 por ciento cada siglo.[13]

Más importante aún: hemos estado al borde de un conflicto nuclear en varias ocasiones. El 27 de octubre de 1962, por ejemplo, «el momento más peligroso en toda la historia de la humanidad»,[14] cuando el capitán de un submarino ruso perdió contacto por radio con Moscú, creyó que la tercera guerra mundial había comenzado y quiso lanzar un torpedo con cabeza nuclear a la flota estadounidense, por encima de él. «¡Ahora vamos a reventarlos!»[15]

El protocolo ruso exigía una decisión unánime para

disparar, tomada en conjunción con los otros dos oficiales de a bordo. Uno se mostró de acuerdo con el capitán. El otro expresó su veto. Su nombre era Vasili Alexándrovich Arjípov, y debería haber una estatua suya en cada plaza mayor de cada capital mundial.

Y hubo otros momentos críticos en la historia de la bomba nuclear. Según el ejército de EE. UU., ha habido treinta y dos incidentes, desde 1950, en los que accidentalmente se dejaron caer, se perdieron o se dañaron armas nucleares. Aún hay seis bombas estadounidenses en paradero desconocido, y es más que probable que los rusos hayan perdido muchas más.[16]

¿Por qué empezamos a fabricar estas armas demenciales? ¿Por qué Estados Unidos siguió adelante con el Proyecto Manhattan (el nombre en clave del desarrollo de la bomba atómica) cuando ya estaba claro que los Aliados ganarían la segunda guerra mundial?[17] En 1954, el físico J. Robert Oppenheimer, el «padre de la bomba atómica», reveló una de las razones más importantes: porque podíamos. «Cuando ves algo que es técnicamente genial, sigues adelante, lo haces y solo te preguntas qué hacer con ello tras haber tenido éxito técnico. Así ocurrió con la bomba atómica.»[18]

Hoy en día se está desarrollando otra tecnología cuyo poder temen muchos expertos: la inteligencia artificial (IA). El pionero de la informática, descifrador de códigos y héroe de guerra Alan Turing ya advirtió en 1950 de los peligros de una máquina que superara nuestra propia capacidad de pensamiento.[19] La inteligencia artificial puede emplearse para la propaganda, la censura y la vigilancia, así como facilitar la construcción de un arma de destrucción masiva. ¿El peor escenario posible? La IA se nos escapa y perdemos el control.

Ciertamente es solo una especulación, y puede que estemos muy lejos de ese peligro. Pero tal vez no. El desarrollo de la bomba atómica también fue mucho más rápido de lo esperado. El pionero de la física atómica Ernest Rutherford afirmó el 11 de septiembre de 1933 que era imposible generar energía útil dividiendo átomos. Un antiguo alumno de Albert Einstein, el físico Leó Szilárd, de 35 años, dio con la idea de una reacción nuclear en cadena al día siguiente.

¿Qué diferencia hay entre el desarrollo de la bomba atómica y el de la inteligencia artificial? Bueno, no hay un único Proyecto Manhattan, sino una serie de laboratorios comerciales que compiten por desarrollar la inteligencia artificial más potente posible. El premio Nobel de Informática Geoffrey Hinton, considerado uno de los padrinos de la IA, ya expresó en 2015 su preocupación por que la innovación se utilizara contra la gente.

—Entonces ¿por qué investigan?— le preguntó alguien.

—Podría darle los argumentos de siempre —respondió él— , pero la verdad es que la idea del descubrimiento es irresistible.[20]

Y luego hay una tercera amenaza existencial para la humanidad: agentes patógenos que escapan de un laboratorio. Los avances tecnológicos de los laboratorios biológicos pueden convertirse en armas, y eso es muy preocupante. Una bomba atómica sigue siendo bastante cara, pero el coste de un virus hecho a medida viene bajando desde hace años. La secuencia genética de la viruela puede descargarse gratuitamente y, aunque todavía se necesitan los conocimientos adecuados y equipos especializados, cada año es más fácil manipular el ADN de los agentes patógenos.[21]

En 2016, investigadores canadienses sintetizaron la viruela equina, un virus extinto relacionado con la viruela, con material genético que habían pedido por Internet. «Erradicar la viruela», escribía la revista *Science*, «costó a la humanidad décadas y miles de millones de dólares. Traer de vuelta el azote probablemente costaría, a un pequeño equipo científico con pocos conocimientos especializados, medio año y unos 100.000 dólares».[22]

Y los nuevos patógenos pueden ser mucho más peligrosos. Imaginemos un virus tan virulento como el ébola y tan contagioso como el sarampión. «No podemos ni imaginarnos la devastación», señalan dos especialistas en enfermedades infecciosas: «posiblemente se trate de una amenaza para la civilización misma».[23]

Sería de esperar que la investigación de patógenos peligrosos estuviera estrictamente regulada. Pero nos equivocaríamos. Más del 90 por ciento de los países no cuenta con políticas que aborden esto.[24] No es sorprendente, pues, que la historia de la biotecnología esté llena de accidentes. Entre 1976 y 2016, hubo setenta y un incidentes en los que se escaparon patógenos altamente contagiosos y peligrosos, como el ántrax o el ébola.[25] Y esos son solo los casos declarados.

Entre tanto, los agentes del mal pueden hacerse con biotecnología cada vez más barata. Y no, eso no ocurre tan solo en las películas de James Bond; también sucede en el mundo real. En la década de 1990, los miembros de la secta apocalíptica japonesa Aum Shinrikyo estaban convencidos de que el fin estaba cerca. Pensaban que los no creyentes irían al infierno, pero que podían salvarse si los mataba un verdadero creyente.

Aum Shinrikyo ejercía un enorme atractivo entre los estudiantes de las mejores universidades de Japón. La secta compró un terreno rico en uranio en Australia e intentó también desarrollar un arma biológica. Uno de sus miembros había sido estudiante de posgrado en virología en la Universidad de Kioto.[26] Dirigió los trabajos de la secta en su infructuosa busca del virus del Ébola en África.[27] Hoy en día, no obstante, podrían pedir la secuencia de ADN necesaria por Internet.[28]

«Ningún individuo puede fabricar una bomba nuclear», señala un prominente biólogo del MIT. «Pero ¿un virus? Es muy factible, lamentablemente.»[29]

En aquella época Aum Shinrikyo construyó unas instalaciones de 30 millones de dólares a los pies del monte Fuji. En su laboratorio secreto empezó a producir sarín, un gas nervioso descubierto en 1938 por los nazis.[30] Su laboratorio podía manejar enormes volúmenes del producto, «no a la pequeña escala del terrorista, sino en cantidades casi de campo de batalla: miles de kilogramos al año».[31]

Un lunes por la mañana de marzo de 1995, durante la hora punta de Tokio, cinco miembros de la secta llevaron al metro bolsas de plástico llenas de sarín líquido. Subieron a cinco trenes y agujerearon el plástico con la punta de un paraguas, liberando el agente nervioso. Cientos de pasajeros no tardaron en asfixiarse, en una estación tras otra. El personal de emergencia se encontró con escenas espeluznantes, con pasajeros vomitando y convulsionando en el suelo, mientras otros se tambaleaban, echando espuma por la boca.

Es una suerte que el sarín sea un agente químico, y no un virus que pueda propagarse de una persona a otra. Ese día «solo» murieron doce personas.[32] Es terrible pensar lo que una secta como esta podría hacer hoy utilizando un arma biológica.

3

Teniendo todo esto en cuenta, es difícil exagerar con respecto a lo extraño que es el mundo en el que vivimos.[33] Pensemos en estas cuatro oraciones, todas ellas verdaderas:

Cuando uno se da cuenta de los riesgos a los que nos enfrentamos, se sorprende de lo poco —de lo ridículamente poco— que estamos haciendo para protegernos a nosotros y a las generaciones futuras. El cohete de la humanidad ha despegado, pero ni siquiera nos hemos puesto el cinturón de seguridad.

El mundo está en una forma horrible. El sufrimiento es indecible para miles de millones de personas y animales.

El mundo está mucho mejor que hace tres siglos. Somos más saludables y ricos que nunca antes.

El mundo podría ser un lugar mejor. Solo hay que ver cuánto dinero y talento malgastamos.

El mundo nunca ha estado más cerca de su final.

Así como no gastamos casi nada contra los coronavirus antes de 2020, en todo el mundo apenas se gastan mil millones de dólares anuales en investigación sobre enfermedades infecciosas emergentes como los virus del Ébola, del Zika o de Marburgo.[34] En comparación, es el dinero que se gastan al año los estadounidenses en blanquearse la dentadura.[35]

O pongamos como ejemplo el penoso estado de la Convención sobre Armas Biológicas, el tratado que prohíbe las armas biológicas, firmado en 1972 por 185 naciones. La organización que hay tras este histórico acuerdo tiene exactamente cuatro empleados. ¡Cuatro! Su presupuesto es menor que el de una franquicia promedio de McDonald's, y la reunión anual de 2018 tuvo que recortarse ante la falta de financiación.[36]

O pensemos en la escasa atención que se presta al riesgo de guerra nuclear. Hubo protestas masivas contra las armas nucleares durante la Guerra Fría, pero poco queda de ese movimiento hoy en día. Por primera vez en muchos años, el número de armas nucleares está aumentando nuevamente, mientras que los filántropos solo donan unas pocas decenas de millones al año a los grupos de presión contra las armas nucleares: una miseria en comparación con lo que donan a universidades y museos acaudalados.[37]

Fijémonos en el limitado número de investigadores que trabajan en un uso seguro de la inteligencia artificial. Con el bombo y platillo que se ha dado a la IA, cabría esperar que fueran decenas de miles, pero en 2023 se contaban como mucho unos centenares en todo el mundo. Y por cada investigador sobre seguridad, hay 300 programadores trabajando para construir sistemas más potentes.[38]

Lo que necesitamos es una nueva generación de Incursores de Nader para nuestro tiempo: gente moralmente ambiciosa, ansiosa por ser lo que Nader llama «buenos ancestros».[39] Hay incontables empleos con un colosal VORP («valor sobre el jugador de reemplazo», véase el capítulo 6) en el gobierno, en el sector privado o en entidades benéficas.

¿Tienes formación como biólogo o ingeniero? Puedes marcar la diferencia en la lucha contra la próxima pandemia. ¿Estudiaste matemáticas o informática? Puedes contribuir al desarrollo seguro de la inteligencia artificial. ¿Trabajas como artista o en mercadotecnia? Puedes movilizar al mayor número posible de personas, llamando la atención sobre cosas que aún pasan desapercibidas. ¿Tienes experiencia como funcionario o político? Puedes trabajar por una normativa más estricta, por ejemplo en relación con la venta en línea de material genético peligroso.

Y hay muchos más papeles que desempeñar: como empresario, inventor, abogado, diplomático... Las naciones pequeñas —como mi país, los Países Bajos, pero también Irlanda, Austria, Costa Rica...— pueden marcar una gran diferencia, como ya hicieran en el pasado. La Organización para la Prohibición de las Armas Químicas, por ejemplo, tiene su sede en La Haya, mientras que Irlanda, Costa Rica y Austria han desempeñado durante años un importante papel en la campaña por el desarme nuclear.[40]

¿Todo esto suena demasiado abstracto? Puedo darte unos cuantos ejemplos concretos de pioneros moralmente ambiciosos que intentan evitarle a la humanidad los peores riesgos. En 2006, la abogada sueca Beatrice Fihn obtuvo una beca en una fundación por la paz de Ginebra, en Suiza. Al principio la idea le encantó. Pero luego oyó en qué consistiría mayormente el trabajo: armas nucleares. «Pensé que sería aburridísimo, pasado de moda, irrelevante.»[41]

Once años más tarde Fihn aceptaba el premio Nobel de la Paz como directora de ICAN, la Campaña Internacional por la Abolición de Armas Nucleares. Bajo su liderazgo, el grupo se ha convertido en una coalición de 652 organizaciones asociadas en 110 países. Uno de sus mayores éxitos hasta la fecha ha sido conseguir que Nigeria acuerde no desarrollar armamento nuclear. «Nigeria es el país con el mayor crecimiento del mundo», dijo Fihn. «Es colosal que prometan no tener nunca armas nucleares.»[42]

O pongamos por ejemplo el de un tipo llamado Andy Weber, quien vio a más de un amigo encaminarse a Wall Street en la década de 1980. Pero eso a Weber le resultaba —cita textual— «aburrido».[43] Weber decidió que trabajaría como diplomático. Durante un largo viaje leyó un artículo en el *Wall Street Journal* con el titular «Kazajistán está hecho para diplomáticos que se aburren en París».[44]

La Unión Soviética acababa de derrumbarse, y la nueva nación de Kazajistán estaba en crisis. «Suena como el lugar perfecto para mí», pensó. Pidió al Departamento de Estado de EE. UU. que lo destinaran allí; tomó apresuradas clases de ruso; voló hasta la entonces capital y llevaba unos meses en su puesto en Almaty cuando el mecánico de su coche lo puso en contacto con un coronel local que le pasó esta nota:

> U-235
> 90%
> 600 kg

Resultaba que en un almacén del nordeste de Kazajistán, casi sin custodia, había más de 600 kilogramos de uranio altamente enriquecido, suficiente para cincuenta bombas atómicas.[45] Weber sabía que agentes secretos de Irán, Libia y Corea del Norte estarían encantados de intercambiar bolsas de dinero por ese material, de modo que tuvo un papel crucial en el Proyecto Zafiro, una misión encubierta para meter material fisible en barriles de 200 litros (448 barriles) y sacarlos sanos y salvos del país. Y sí, ya están haciendo una película de Hollywood al respecto.[46]

Weber acabó dedicando toda su carrera diplomática a la caza de armas nucleares, químicas y biológicas. Tras el Proyecto Zafiro lideró un equipo de cinco personas (con la bendición de las autoridades kazajas) hacia un complejo abandonado en Stepnogorsk, una ciudad secreta de la antigua Unión Soviética. No figuraba en ningún mapa, pero era allí donde estaba situada, durante la Guerra Fría, la mayor fábrica mundial de armas biológicas. Los soviéticos poseían una enorme —y totalmente ilegal— empresa llamada Biopreparat, que producía todo tipo de armas biológicas, incluida una forma de peste más letal que la cepa natural.

«La planta parecía sacada de los años treinta», recuerda Weber. «No había alta tecnología allí.»[47] Sin embargo, podía producir ántrax más que suficiente para eliminar a toda la población mundial.[48]

Weber y sus colegas consiguieron trabar amistad con los rusos que quedaban en el lugar. Bebieron vodka y comieron pescado en salazón con ellos, y el diplomático estadounidense tocó canciones de folk a la guitarra. Poco después firmó un contrato con el antiguo personal de la planta. Los contrató para desmantelar su propia fábrica. Y de un modo seguro.

¿El resultado? Donde antes se erigía una de las fábricas

más peligrosas del mundo, hoy en día hay un campo de altas hierbas.

¿Se da a la gente como Andy Weber suficiente crédito por sus esfuerzos? Los funcionarios como él suelen dar una de estas dos respuestas a la pregunta:

1. Nadie obtiene crédito por un desastre que nunca ocurrió.
2. El trabajo gubernamental es siempre trabajo de equipo.

Eso no implica que la gente como Weber carezca de ambición: lejos de ello. Hasta el día de hoy Weber reconoce que su secta es aún demasiado pequeña. Pide un gran movimiento contra el cambio climático y contra las demás amenazas existenciales a las que nos enfrentamos.

Cuando el presidente Barack Obama designó a Weber como asesor principal del secretario de Defensa en esos temas, en 2009, Weber ya sabía qué hacer: pedir a otros que se unieran a él. Fue por eso por lo que creó la Iniciativa Líderes Emergentes en Bioseguridad, un programa para médicos, abogados, emprendedores, investigadores, funcionarios, ingenieros y periodistas moralmente ambiciosos procedentes de todo el mundo.

Se podrían escribir libros enteros con las historias de los ahora 200 alumnos y exalumnos del programa de Webber. Déjame que te presente a uno de ellos, una joven médica llamada Jassi Pannu. Con veintipocos años, en Toronto, Pannu parecía la típica estudiante de premedicina.* Era

* *Pre-med* es un grado existente en EE. UU. para estudiantes no universitarios, previo a cursar Medicina. *(N. del t.)*

seria, trabajaba duro y soñaba con convertirse, algún día, en especialista en un gran hospital. Tenía buenas notas, y en 2014 fue aceptada en la facultad de Medicina de la prestigiosa Universidad Stanford de California.

Pero en cuanto ingresó comenzaron sus dudas. ¿Estaba ascendiendo por la escala adecuada? «Un camino muy habitual, en Medicina», me cuenta, «es escoger una enfermedad rara y convertirte en autoridad en ese nicho, en lugar de pensar en los problemas más importantes y en cómo prevenirlos».

Pannu veía doctores a su alrededor que eran increíblemente brillantes y hábiles, los mejores en sus campos. Pero ¿en qué empleaban su talento? Pannu quería ayudar a los necesitados, pero la gente más pobre del mundo no tiene acceso a nada remotamente parecido al elitista hospital de Silicon Valley en el que ella hacía sus prácticas.

De modo que decidió trabajar también para Médicos Sin Fronteras. Entonces se dio cuenta de que podría ser más eficaz centrarse en la medicina preventiva. Acto seguido halló el campo de la bioseguridad, y ahora lo combina todo: su trabajo como médica en California, un servicio anual en Uganda con pacientes de VIH y, como exalumna del programa de Andy Weber, un papel crucial en la lucha contra la próxima pandemia.

Y ¿qué implica ese último? La doctora Pannu forma parte de una nueva generación que lucha contra la enfermedad; una generación con una ambición sobrecogedora. Cree en un mundo en el que no tengamos que temer que se escapen virus de un laboratorio o se extiendan sin control. Con una atrevida mezcla de política e innovación, cree que tenemos la posibilidad de (¿preparados?) convertir las pandemias en algo del pasado. Todo en nuestro propio tiempo.[49]

En la primavera de 2020, mientras trataba pacientes de COVID-19 seis días a la semana, Pannu empleaba sus tardes y sus domingos en ayudar a crear el Programa de Biodefensa Apollo. Se trata de un plan demencialmente ambicioso, con ideas de más de cincuenta expertos para acabar de una vez por todas con la era de las pandemias.[50] Se trata de un paquete de propuestas para las próximas décadas, reunidas a petición de políticos de todo el espectro estadounidense, y que exigirán los esfuerzos de médicos y funcionarios, grupos de presión y activistas, científicos y emprendedores.

Como la histórica misión a la Luna de la que saca el nombre, exigirá grandes cantidades de dinero, talento y experiencia. Y como entonces, cuando no sabíamos si conseguiríamos poner hombres en la Luna, el éxito, hoy en día, no está garantizado.

Pero... ¿su potencial? Colosal.

Pannu, entusiasmada, me habla del programa. En primer lugar, debemos hallar modos más rápidos de detectar nuevos patógenos. La buena noticia es que los avances en este campo son rápidos, vertiginosos. Hoy en día los investigadores pueden analizar una muestra de agua o mucosidad para detectar todo tipo de microorganismos, incluidos virus, bacterias y hongos. Esto significa que podemos crear una red mundial que vigile la aparición de nuevos patógenos, por ejemplo, en hospitales o en aguas residuales.[51] Incluso sería posible fabricar un dispositivo en el que soplar cada mañana para saber en el acto si se está contrayendo algo.[52]

En segundo lugar, hay que desarrollar todo tipo de medicamentos nuevos. Imagina un tratamiento antivírico que funcione tan bien con los virus como los antibióticos funcionan con las bacterias. Imagina la producción superrápida de nuevas vacunas. Antes se tardaba años en desarrollar una vacuna; ahora es cuestión de semanas. Incluso se está trabajando en vacunas universales que protejan contra clases enteras de virus, como la familia de virus de la gripe. Y podríamos facilitar la autoadministración de una vacuna, por ejemplo, mediante un parche o un spray nasal que se enviase por correo.

En tercer lugar, dice Pannu, es hora de un gigantesco programa de limpieza. Ya se hace todo tipo de cosas para purificar nuestros alimentos y el agua, y se ha logrado que enfermedades como el cólera no existan en muchos países. La higiene básica ha contribuido más a la salud mundial que todos los medicamentos y procedimientos médicos más costosos juntos.[53] Porque aunque nuestra agua potable esté purificada, seguimos respirando aire contaminado, lo que favorece los agentes patógenos. Además de alcantarillas para canalizar de forma segura las aguas residuales, necesitamos algo que elimine el aire sucio. Dicho de otro modo: necesitamos urgentemente una nueva generación de empollones radicales que luchen por un aire bueno y limpio.[54]

La lucha por la calidad del aire empieza por el aire en el exterior, subraya Pannu. No en vano, hace cincuenta años, los Incursores de Nader presionaron a favor de la Ley de Aire Limpio, que, según *National Geographic*, se convirtió en «una de las leyes más importantes de la América moderna».[55]

Pero aún nos queda mucho camino por recorrer. La contaminación atmosférica está relacionada con la muerte prematura de unos 10 millones de personas al año y con enfermedades como el cáncer, el párkinson, el alzhéimer y la ELA. El aire contaminado se cobra más víctimas en todo el mundo que el fuego, el calor, el tráfico, los homicidios, la guerra, las drogas, el alcohol, los ahogamientos, los desastres naturales, la malaria y la tuberculosis juntos: ¡otra buena razón para acabar con los combustibles fósiles![56]

A continuación, tenemos que darnos cuenta de que respiramos la mayor parte del aire en interiores, no en el exterior, ya que las personas de las sociedades modernas pasan el 90 por ciento de su tiempo en interiores. Eso es más de lo que algunas especies de ballenas pasan bajo el agua.[57] Y las enfermedades contagiosas se propagan más fácilmente en interiores, así que ¿por qué no exigir normas claras sobre la calidad del aire en interiores? ¿Cómo es que la mayoría de los países no tienen una Ley de Aire Limpio en Interiores?

Legislar no sería tan mala idea. Durante décadas, los edificios han tenido que cumplir todo tipo de normas de seguridad contra incendios, lo que ha salvado decenas de miles de vidas. El agua potable no contiene plomo, o solo lo contiene en pequeñas cantidades, por lo que en muchos países hay leyes que la regulan. Como resultado, los cerebros de los niños se desarrollan mejor y los índices de delincuencia incluso han descendido (porque, según demuestran las investigaciones, menos plomo significa menos daño cerebral y menos delincuencia).[58]

Según Pannu y sus colegas, es hora de acordar normas más estrictas para el aire en interiores. Podemos empezar ya filtrando y ventilando el aire de los espacios públicos y, en un futuro próximo, tal vez instalar lámparas especiales que desinfecten el aire en segundos. Este tipo de luz ultravioleta, Far-UVC, parece, según los primeros estudios, segura para el ser humano. Una vez baje su coste, podría instalarse en millones de bombillas LED.[59] La Far-UVC parece estar en la fase en la que se hallaban los paneles solares en la década de 1950: muy prometedora, pero aún queda mucho trabajo por hacer.

Si se unen todas estas iniciativas, decidió Pannu, lo imposible puede convertirse en realidad. Los patógenos han asolado a la humanidad desde hace miles de años. Entre 1347 y 1352, al menos un tercio de los europeos sucumbieron a la peste negra. En 1918 la gripe española se cobró más vidas que toda la primera guerra mundial. Y en su último siglo, la viruela envió a la tumba a 500 millones de víctimas antes de que Viktor Zhdanov abriera el camino a su erradicación (véase el capítulo 7).[60]

Si jugamos bien nuestras cartas, podemos protegernos de las veintiséis familias de virus que nos amenazan hoy en día. Ya no temeríamos otra pandemia y la gripe sería cosa del pasado: ni siquiera nos resfriaríamos. Y no, no se trata de un escenario descabellado. Según expertos como Jassi Pannu y Andy Weber, podemos conseguirlo en unas pocas décadas.

Pero nada de esto es automático. Como ocurrió con la vacuna contra la malaria y con el auge de la energía solar, no hay ninguna ley natural que garantice que todo salga bien.

Depende de nosotros.

Es posible que leer sobre las amenazas existenciales a las que nos enfrentamos, nosotros y las generaciones futuras, te ponga los pelos de punta. Tal vez te parezca atrevido creer que tú, como individuo, puedes hacer algo ante estos tremendos riesgos. Y tal vez te parezca un poco frío centrarte en posibles conflictos nucleares o posibles brotes víricos en lugar de aliviar algunos de los sufrimientos concretos que se están dando aquí y ahora.

Pero mientras Jassi Pannu lucha por su sueño de un mundo sin pandemias, no pierde de vista a sus pacientes. Su trabajo en el hospital la mantiene con los pies en la tierra, muy consciente de que detrás de las enormes cifras hay personas de carne y hueso. La pandemia de COVID-19 mató a más de 20 millones de personas en todo el mundo, pero también se podría decir que murió una persona 20 millones de veces.[61] Son 20 millones de veces que un padre o una madre, un hermano o una hermana, un amigo o un amante perdió a alguien querido.

Y cuando se trata de enfermedades, el COVID fue relativamente leve. Una futura pandemia podría ser peor, mucho peor.

No hay tiempo que perder. Pannu siente intensamente la presión, lo que explica su ambición. Me cuenta que ella y sus colegas del Programa de Biodefensa Apollo se inspiran en aquel famoso discurso de John F. Kennedy. En una clara mañana de septiembre de 1962, Kennedy se dirigió a una multitud de 40.000 personas bajo el ardiente sol de Texas, en un estadio de fútbol universitario de Houston.

Kennedy abrió su discurso con una mirada al pasado. Imagínense los últimos 50.000 años, dijo, condensados en solo medio siglo. Hace cinco años inventamos la rueda. La imprenta vio la luz a principios de año, y el mes pasado dimos la bienvenida a la bombilla eléctrica, el teléfono, el automóvil y el avión. La semana pasada nos llegaron los antibióticos, la televisión y la energía nuclear.

«Es un ritmo que nos deja sin aliento», dijo Kennedy, «y que no puede por menos que crear nuevos males a la vez que disipa los antiguos».

A continuación habló de un audaz plan para poner un hombre en la Luna en 1970: el Proyecto Apollo. Un plan que muchos consideraban imposible, ya que requería tecnologías que ni siquiera existían todavía. «Elegimos ir a la Luna en esta década, y también afrontar los otros desafíos», dijo Kennedy en el pasaje más conocido de su discurso, «no porque sean fáciles, sino porque son difíciles, porque esta meta servirá para organizar y medir lo mejor de nuestras energías y aptitudes...».

El propio Kennedy no viviría para verlo porque fue asesinado un año después de aquel discurso. Pero antes de que acabara la década su predicción se hizo realidad: en julio de 1969, un hombre pisó la Luna.

Actualmente estamos unos días más avanzados en la cronología condensada de Kennedy de la historia de la humanidad, y necesitamos más viajes a la Luna. ¿Qué tal un programa Apollo para acabar con la pobreza, otro para detener el tráfico de personas; un programa Apollo para erradicar la malaria y otro para acabar con el envenenamiento por plomo; un programa Apollo para poner fin al calentamiento global y otro para acabar con los patógenos más mortíferos del planeta?

«Nos hacemos a la mar en este nuevo océano», dijo Kennedy, «porque existen nuevos conocimientos que obtener y nuevos derechos que ganar». Pero el presidente también advirtió de que la tecnología es tan solo una herramienta; no tiene conciencia propia. «Que se convierta en una fuerza de bien o de mal», añadió, «depende del hombre».[62]

4

Cuánto nos jugamos queda incluso más claro cuando abrimos más la perspectiva. El 14 de febrero de 1990 la sonda espacial no tripulada *Voyager 1* llevaba viajando por el espacio más de diez años. Estaba ya a 6.000 millones de kilómetros del Sol, a punto de abandonar el Sistema Solar. Nunca antes nada fabricado por personas había viajado tan lejos de nuestro hogar planetario.

Aquel día, la *Voyager* recibió instrucciones para enfocar sus cámaras hacia la Tierra por última vez. Tomó una foto y la almacenó en su grabadora, para luego enviarla por radio a la Tierra. La señal tardó más de cinco horas, a la velocidad de la luz, en ser recogida por una de las antenas de radio de setenta metros instaladas en el planeta del que había salido la sonda.

Esa última foto de la *Voyager* se hizo famosa. En la imagen, con mucho grano, la tierra no posee sino la décima parte de un píxel: un punto de color azul claro en un océano de oscuridad. «Echemos otro vistazo a ese puntito», escribió el astrónomo Carl Sagan. «Ahí está. Es nuestro hogar. Somos nosotros. Sobre él ha transcurrido y transcurre la vida de todas las personas a las que queremos, la gente que conocemos o de la que hemos oído hablar y, en definitiva, de todo aquel que ha existido.»[63]

En ese minúsculo punto una cosa maravillosa sucedió. Un milagro que, hasta donde sabemos, no ha sucedido en ningún otro lugar del universo. La vida. Nuestro planeta vivo es una pequeña luz que brilla en un cosmos vasto y vacío de vida. Obsérvanos desde esta distancia y verás cuán vulnerables somos. Te harás una idea de cuán grande es nuestra responsabilidad de proteger y mantener este mundo, esta chispa de consciencia. Esta, nuestra única Tierra.

Epílogo
¿Cómo sabes que estás haciendo suficiente?

> No creía que una Causa que defendía un ideal tan bello [...] debiera exigir la negación de la vida y la alegría.
>
> Emma Goldman, activista (1869-1940)

1

Y ahora, una pregunta que ha sobrevolado este libro durante diez capítulos.

¿Cuándo se ha hecho lo suficiente por conseguir un mundo mejor? ¿Cuándo se te permite desmontar del caballo y descansar a un lado del camino?

Para responder a esta pregunta, retrocedamos en el tiempo hasta el 12 de junio de 1840. Ese día se inauguró en el gran Exeter Hall de Londres la primera convención internacional contra la esclavitud. Tras casi cincuenta años de lucha, por fin se había alcanzado el éxito: la esclavitud quedaba abolida en todo el Imperio Británico.

Acudieron 5.000 personas de Canadá, Francia, España, Estados Unidos, Haití y Sierra Leona. ¿Y el orador principal? Nada menos que Thomas Clarkson, entonces con ochenta años de edad. De los doce hombres que fundaron la Sociedad para la Abolición del Tráfico de Esclavos, era el único que seguía vivo. Se pidió al público que no aplaudiera, por si resultase demasiado para el anciano. Clarkson subió al escenario del brazo de un amigo cuáquero y permaneció un momento en silencio. Después habló con «dignidad, claridad y sentimiento», según escribió más tarde su nuera. «Creo que le corrieron lágrimas por las mejillas, como a la mayoría de los presentes.»[1]

El padre del movimiento expuso su visión de un mundo sin esclavitud. «Ánimo», dijo. «Seguid adelante, perseverad hasta el final.» Cuando terminó de hablar, un sonoro «¡Amén, amén!» se alzó entre la multitud. Sin poder contenerse, el público se puso en pie y aplaudió a rabiar. «Las mujeres lloraban, los hombres se sacudían las lágrimas», recuerda uno de los asistentes. «Pasaron muchos minutos antes de que me recuperase.»[2]

Pero en cuanto el anciano abandonó el escenario, comenzaron las disputas.

Muchas abolicionistas asistieron a la conferencia, ya que habían sido las mujeres las que habían tomado la iniciativa durante los últimos años del movimiento. En 1826, la sociedad femenina de Sheffield (Inglaterra) fue la primera en pedir la abolición total de la esclavitud, «sin reservas, sin limitaciones, sin demora».[3] Mientras los hombres seguían hablando de una abolición «gradual», las mujeres eran mucho más radicales. Porque a veces hay que apuntar más alto si se quiere dar en el blanco.

«Los hombres pueden proponer abolir solo gradualmente los peores crímenes», escribió una mujer en Wiltshire, «y mitigar tan solo la esclavitud más cruel, pero [...] no podemos hablar de abolir gradualmente el asesinato, el libertinaje, la crueldad, la tiranía, mantener a hombres secuestrados, separar maridos y esposas, etcétera. Confío en que nunca una Asociación de Señoras pronuncie tales palabras».[4]

El estirado político William Wilberforce había refunfuñado todo el tiempo que las mujeres no debían participar en política, ya que eso era «inadecuado para el carácter femenino, tal y como está delineado en las Escrituras».[5] Pero otros hombres del movimiento reconocían a las claras quién hacía qué. «Las asociaciones de mujeres lo hacían todo», reconoció uno más tarde. «En pocas palabras, constituían el cemento de todo el edificio antiesclavista; sin su ayuda nunca nos habríamos mantenido en pie.»[6]

¿Qué ocurrió aquel día de junio de 1840? Tras el discurso de Clarkson, se planteó la cuestión de qué papel debían desempeñar las mujeres en la conferencia. Tras considerar el asunto, los delegados masculinos decidieron que las mujeres eran más que bienvenidas.

A observar. Desde el palco.

Dos mujeres que habían viajado desde América para asistir, Lucretia Mott (cuáquera) y Elizabeth Cady Stanton, volvieron a casa furiosas. Ocho años más tarde organizarían en Seneca Falls (Nueva York) un acontecimiento famoso por impulsar el movimiento por los derechos de la mujer en Estados Unidos.

Lo cierto es que, al respecto, nunca es suficiente. Siempre hay una nueva colina que escalar, una nueva misión que completar, una nueva montaña que mover. Siempre habrá niños en estanques que necesiten que los salven. No hay límites a lo que uno puede hacer por ayudar. Pero ese es también el peligro. La ambición moral puede acabar ocupando tu vida.

Piensa nuevamente en aquellos héroes de la resistencia holandesa del capítulo 2. Unos cuantos de ellos recordaban la guerra con cierto grado de satisfacción. Bert Bochove y su mujer Annie proporcionaron un escondite seguro a treinta y seis judíos, en la buhardilla de su farmacia de Huizen. «En cierto modo», rememoraba Bert, «la guerra fue la mejor época de mi vida».[7]

Otros se debatían con las elecciones que habían hecho, y muchos años más tarde aún se preguntaban si habían hecho lo suficiente. La guerra se cobró un peaje en su salud física y mental, y algunos sufrieron trastorno por estrés postraumático.[8] «Acabó siendo demasiado para él: la tensión y los horrores de aquellos años», escribió Max Léons, tras la guerra, de su colega Arnold Douwes.[9] Y también Léons tenía problemas con su pasado. «A los cincuenta años de edad todo regresó. Tuve una crisis total», confesó. «Conseguí recuperarme, pero en realidad nunca vuelves a ser el mismo tras todo eso.»[10]

También puedes caer en la lucha. En agosto de 1793, tras siete años de campaña a favor del cambio —siete años de protestas, movilizaciones, debates, coordinación, organización, desafíos e inspiración (y muchísimos viajes a caballo)—, el joven Thomas Clarkson estaba agotado. Aunque solo tenía treinta y tres años, parecía un anciano. Si tenía que hablar, se ponía a sudar. Cuando subía las escaleras, tropezaba con los escalones. Aún había tanto que deseaba hacer, pero su frágil cuerpo se lo impedía.

Tal vez Clarkson habría logrado más de no haberse «quemado». Si uno carga con el peso del mundo sobre sus hombros, tarde o temprano acaba quebrándose. Y eso no le resulta útil a nadie.

Además hay otra razón, más esencial, para poner rienda a tu ambición moral. Cuando lo único que se ve es terribles injusticias y niños ahogándose, es difícil justificar el «perder» tiempo con arte o música, con amor o amistades. Y entonces el bien que uno hace no es nunca suficiente.

Pero las personas somos algo más que herramientas para lograr cosas. Tenemos un valor por derecho propio. En uno de sus aclamados ensayos, George Orwell escribió sobre la vida de Mahatma Gandhi, un hombre recordado hasta hoy como un santo. «Nunca he podido sentir mucha simpatía por Gandhi», escribió Orwell.[11] Había algo exasperante, incluso insoportable, en el célebre luchador por la libertad de la India.

¿Que no bebiera ni fumara? Vale, de acuerdo. Pero el *mahatma* también evitaba las hierbas y las especias para no obtener ningún placer de la comida. Consideraba el sexo como un mero medio para crear más gente e hizo voto de *brahmacharya*, renunciando al deseo erótico.[12] Además renunció a toda forma de afecto personal o amistad. Creía que la lealtad era algo peligroso y no deseaba amar a nadie en particular. Gandhi simplemente amaba al mundo.

La mayoría de nosotros, escribió Orwell, tiene una palabra para ese estilo de vida: inhumano. En un memorable párrafo de su ensayo, el escritor británico señala:

> La esencia de ser humano es que uno no busca la perfección, que uno a veces está dispuesto a cometer pecados por lealtad, que uno no lleva el ascetismo hasta el punto en el que vuelve imposible la convivencia amistosa, y que uno está preparado para ser finalmente derrotado y despedazado por la vida, lo cual es el precio inevitable de depositar su amor en otros seres humanos.[13]

Gandhi, creía Orwell, no había entendido de qué iba la vida. La mayoría de la gente no quiere ser santa, y con razón. Estamos en esta tierra para maravillarnos y vagabundear, para buscar y pecar. Estamos aquí para vivir la vida. Y parece que los santos, en su amor omnímodo por la humanidad, no acaban de comprender qué es ser humano.

Hablando de lo cual, me gustaría volver a aquel monje budista del prólogo del libro. En octubre de 2015, invitaron a Matthieu Ricard a la Universidad de Princeton, a un diálogo con Peter Singer. El filósofo preguntó al monje si no se podría haber dado un uso mejor a esas 60.000 horas de meditación.[14]

Ricard respondió con sinceridad. Respondió que, con toda seguridad, no culpamos a un músico como Yo-Yo Ma por dedicar tanto tiempo al violoncelo. Hay más cosas en la vida que la moralidad y la culpa. ¿Qué pasa con la belleza, la felicidad, la sabiduría, la verdad?[15]

Aun así, Ricard tuvo que admitir que tenía problemas con ese mismo tema. En los años noventa alguien le había preguntado si se arrepentía de algo, y había respondido: «No haber convertido la compasión en acción».[16]

Por suerte nunca es tarde para la ambición moral. A los cincuenta y cuatro años Ricard fundó una organización benéfica que realiza labor humanitaria en el Tíbet, Nepal e India. Desde entonces ha donado las ganancias de sus conferencias y libros a la organización.

Thomas Clarkson, por su parte, se tomó once años sabáticos tras su crisis nerviosa. Compró tierras en el norte de Inglaterra y construyó una casa. Se hizo pastor, cultivó trigo y cebada y escribió tres gruesos tomos sobre la historia de los cuáqueros. Y, por primera vez en su vida, se enamoró. Se casó con la hija de un hilandero y, diez meses después, se convirtió en el orgulloso padre de un niño.[17]

En resumen: hay límites. La moralidad desempeña un papel importante en una vida rica y plena, pero no lo es todo. Y si tu fuego interior arde con fuerza, no hace falta avivarlo más. En cualquier caso, no te dejes alimentar por un sentimiento de culpa o vergüenza, sino por el entusiasmo y las ganas de vivir. Sé ambicioso, no perfecto. Llega un momento en que estás bien tal y como eres.

¿Por qué escribo esto ahora y no al principio del libro? Sencillo: porque la mayoría de nosotros aún no hemos llegado a ese punto. A la mayoría de la gente aún le queda mucho camino por recorrer y ni siquiera se ha acercado a los límites de su ambición moral. De modo que el mensaje es claro: deja de desperdiciar tu talento y empieza a marcar la diferencia.

2

Una cosa más que quiero subrayar: este libro está escrito para ti, para nadie más. No lo uses como un arma, sino para motivarte y ponerte en acción. Ve el bien en los demás; pídete más a ti mismo.

Sí, hay mucho que criticar de los libros de autoayuda y de su foco en el individuo. Siempre es irritante que gurús con unos salarios exorbitantes hablen de «abrazar la responsabilidad individual» mientras se muestran insensibles a la pobreza, la desigualdad o su propia suerte. Llámalo la excusa de la derecha: cada vez que en una conversación surge la injusticia estructural comienzan a aullar acerca de construirse uno mismo y de que el éxito es una elección.

Estupideces, evidentemente. «Si la riqueza fuera el resultado inevitable del trabajo duro y la iniciativa», escribe el periodista George Monbiot, «toda mujer en África sería millonaria».[18]

Pero a veces me pregunto si no sucede también lo opuesto. ¿Existe algo así como la excusa de la izquierda? Hablo de esas personas privilegiadas que cada vez que en una conversación surge la responsabilidad personal comienzan a chillar acerca de cambiar «el sistema». Que primero necesitamos un análisis en profundidad que obviamente demostrará que todo es culpa de las compañías y el gobierno, de la publicidad y los algoritmos, del capitalismo y los ladrones... lo que sea con tal de no mirarse en el espejo.

«Una de las cosas más difíciles» dijo Nelson Mandela tras dimitir como presidente de Sudáfrica, «no es cambiar la sociedad, sino cambiar uno mismo».[19]

Pero si consigues hacerlo, y escoges caminar por la senda de la ambición moral, la reacción en cadena puede ser enorme. Tu conducta es contagiosa, de modo que, en efecto, un mundo mejor comienza por ti. En realidad, la falacia de que un solo individuo no puede marcar la diferencia se apoya en una visión ultraindividualista de la humanidad. Los humanos somos criaturas completamente sociales, y eso significa que tus elecciones, a su vez, pueden influir en las de docenas, centenares o incluso millones de personas.

En este libro he compartido historias de gigantescas figuras del pasado y de hoy en día. Es fácil creer que son esencialmente diferentes de nosotros, de ti y de mí, y que jamás podríamos seguir sus huellas. Pero piénsalo otra vez. También son personas, con sus defectos y manías. Además, la ambición moral no es un rasgo, es un estado mental. Y es contagioso. Espero que leer este libro te haya inoculado el virus.

Al comienzo de su carrera, una tarde de verano de 1787, Thomas Clarkson cabalgaba en solitario, acercándose a la ciudad de Bristol. Era un día de neblina y distinguía apenas el puerto esclavista a la distancia cuando el sonido de campanas de una iglesia atravesó la niebla. «Por primera vez comencé a temblar», recordaría más tarde

Clarkson en sus memorias.[20] Miró hacia la ciudad en la que no conocía a nadie y sintió lo colosal de la tarea que tenía por delante.

Espoleó a su caballo y volvió a avanzar. «Al volver al camino me calmé y me recompuse. Mi ánimo empezó a volver.»[21]

No quedaba nada excepto comenzar.

The School FOR MORAL AMBITION

Ahora es el momento de pasar a la acción.

Este libro no constituye la última palabra: es más bien un punto de partida. Si quieres mover montañas has de ponerte en movimiento, y es más fácil hacerlo acompañado. Es por eso por lo que empecé a buscar emprendedores idealistas con los que construir la Escuela de Ambición Moral. Uno de ellos —no es casual— es un exalumno de la mágica escuela del capítulo 6.

En nuestra página web encontrarás más historias inspiradoras y aprenderás cómo dar comienzo a tu propio círculo de ambición moral. Es decir, un grupo de cinco personas que se ayudan recíprocamente en búsqueda de un impacto positivo. ¿Tal vez puedas marcar la diferencia en tu actual trabajo? O tal vez sea hora ya de un cambio.

Descubrid cómo también vosotros podéis recorrer la senda de la ambición moral, apoyándoos unos a otros en vuestros primeros pasos. Como organización sin ánimo de lucro, en nuestra página web, moralambition.org, ponemos libremente a vuestra disposición las herramientas que necesitaréis.

moralambition.org

Los siete principios fundacionales de la Escuela de Ambición Moral

La Escuela se basa en siete principios. Estos guían nuestras decisiones y expresan nuestro compromiso de hacer del mundo un lugar radicalmente mejor.

1. Acción: creemos que la concienciación está sobrevalorada

Reconocemos que estamos entre las personas más privilegiadas de la historia de la humanidad. Esto significa que tenemos una enorme oportunidad para marcar la diferencia. Creemos que la concienciación está sobrevalorada y no creemos en señalar a nadie. Somos ambiciosos pero tenemos nuestra propia definición de éxito: queremos hacer tanto bien en el mundo como podamos.

2. Impacto: queremos marcar una gran diferencia

No buscamos solamente el cambio, sino un impacto genuinamente transformador. Sabemos que debemos priorizar y escogemos centrarnos en los problemas más importantes, más olvidados y más resolubles. Al mismo tiempo reconocemos el sesgo de mensurabilidad porque no todo lo que cuenta es contable. Es los casos que no son cuantificables, hacemos lo posible por construir una robusta teoría del cambio.

3. Compasión radical: trabajamos por ampliar nuestro círculo moral

Consideramos a todos los seres sintientes como miembros de nuestro círculo moral. Todos son valiosos de un modo único y gozan del derecho inherente a existir y florecer. Queremos ampliar nuestra compasión y ayudar a tanta gente y animales como sea posible. Como los abolicionistas y sufragistas antes que nosotros, intentamos mover las fronteras del círculo moral de la humanidad. Nos preocupan las futuras generaciones y queremos ser buenos ancestros.

4. Mente abierta: cultivamos la curiosidad

Nos esforzamos por ver el mundo tal y como es, y no como nos gustaría verlo. Somos epistémicamente humildes: el mundo es complicado, y hay muchas cosas que ignoramos o de las que no estamos seguros. Cultivamos una mente inquisitiva y curiosa, y no sentimos vergüenza por cambiar de opinión. Animamos a la gente a reconocer sus errores y admitir sus fallos. No nos da miedo ser diferentes, incluso cuando nuestras prioridades y soluciones puedan parecer extravagantes a los demás. Nuestra verdad evoluciona con las pruebas, no con el ego.

5. Amabilidad: creemos en el bien que hay en la gente

Para nosotros la ambición no tiene que ver con la envidia y el resentimiento: trata sobre inspiración y ánimo. Intentamos sacar lo mejor de los demás, y sabemos que se necesita un equipo para marcar la diferencia. No tratamos a la gente como un medio para un fin, sino como fines en sí mismos. Celebramos tanto a los héroes a plena vista como a los que trabajan incansables tras bambalinas. Creemos que todo el mundo tiene talento, y animamos a todo el mundo a vivir una vida moralmente ambiciosa.

6. Sed de vida: queremos vivir vidas plenas, ricas y completas

No nos impulsan sentimientos de culpa, sino el mero entusiasmo. Nos motiva hacer del mundo un lugar mejor y dejar un legado de importancia. Al mismo tiempo, sabemos que hay más, en la vida, que el trabajo y la ambición. Tenemos seres queridos, tenemos aficiones y otros intereses. Queremos vivir vidas ricas, plenas y completas, tanto para mantener nuestra ambición como por ellas mismas como fin.

7. Perseverancia: estamos decididos a no rendirnos

Comprendemos que este viaje es un maratón, no un *sprint*. Sabemos que nuestra misión puede durar años, décadas o incluso nuestra vida entera. De las sesenta y ocho mujeres que se reunieron en Seneca Falls en la primera convención por los derechos de la mujer, en 1848, solo una vivió para ver el derecho al voto femenino concedido. Sabemos que nos esperan momentos duros, momentos en los que todos nuestros esfuerzos parecerán en vano. En esos momentos de duda nos recordaremos a nosotros mismos que no somos sino una pequeña parte de un movimiento mucho mayor. Y un día pasaremos la antorcha a una nueva generación de pioneros morales.

Agradecimientos

Este libro está dedicado a mi madre, Peta Bregman-Veldhuis. Desde que yo era muy pequeño, me enseñó que es más importante defender lo correcto que hacer que los demás se sientan a gusto. Mi padre dice que eso es cosa de los Veldhuis, y mi madre lo heredó de mi abuelo.

Cuando hojeo el libro, veo ideas, consejos y sugerencias de otros por todas partes. Me gustaría dar las gracias a Harminke Medendorp por ser una fenomenal editora holandesa. Gracias a Bobby Vos por su inestimable ayuda en la investigación. Gracias también a mis lectores de prueba, que detectaron innumerables errores: Jurriën Hamer, Sigrid Bregman, Matthias van Klaveren, Jesse Frederik, Rob Wijnberg, Tamar Stelling, Simon van Teutem, Jelmer Mommers, Michiel de Hoog, Riffy Bol, Vera Schölmerich, Martijn Klop, Joshua Monrad, Vidur Kapur, Pepijn Vloemans, Bram Schaper, Marieke de Visscher y James Herbert.

También quiero dar las gracias a mis correctores holandeses, Anna Vossers, Jelena Barišić, Roos van Tongerloo y Hans Pieter van Stein Callenfels por su certera mirada y sus útiles sugerencias. Siempre estoy agradecido al equipo estelar de mi editor holandés, y en particular a Milou Klein Lankhorst, Andreas Jonkers, Channa van Dijk,

Anne Strunk y Anna de Roest. Gracias a Leon de Korte por la infografía y a Harald Dunnink y Martijn van Dam por la increíble portada.

En cuanto a la edición en inglés, debo un agradecimiento especial a mi traductora, Erica Moore, cuya experiencia y dominio del oficio no tienen rival. Es la mejor. Ha sido también una maravilla trabajar con mi editora británica, Alexis Kirschbaum, y con mis editores estadounidenses Alexander Littlefield y Ben George, quienes creyeron en este libro desde el primer momento.

Mientras escribía me di cuenta de que esto tenía que ser algo más que un libro. Un agradecimiento especial a Kellie Liket, un auténtico cero (véase el capítulo 2), que me animó a llevar mi propia ambición aún más alto. Gracias también a mis cofundadores de la Escuela de Ambición Moral —Harald Dunnink, Jan-Willem van Putten, Julia van Boven y Ruben Timmerman— por acompañarme en esta aventura. Gracias a los miembros de nuestra junta, Edmond Hilhorst, Heleen Dura-van Oord, Salmaan Sana, Saskia Bruysten y Mustapha Abdellati por compartir sus conocimientos, su dedicación y su entusiasmo. Todos los beneficios del libro se destinarán a la organización benéfica.

Por último, gracias a Maartje, el amor de mi vida y mi roca desde hace quince años. Mientras escribía este libro, nació nuestra pequeña Kaat. Se podrían llenar bibliotecas con todo lo que se ha escrito sobre cómo educar a los hijos para que sean buenas personas. Pero trabajar en este libro me hizo ver que realmente sería mejor empezar por nosotros mismos. Al fin y al cabo, hacer el bien es contagioso. Así que lo haremos lo mejor que podamos, dulce Kaat. Y por cierto, probablemente ya hayas visto las palabras de ese cartelito que te regaló una de tus tías cuando eras bebé: «Las mujeres apocadas rara vez hacen historia».

Notas

1. Epígrafes

Prólogo: Rosten, Leo (1978), *Passions & Prejudices*, McGraw-Hill Book Company, p. 4.

Capítulo 1: Allen Raine, citado en «As You Climb the Ladder of Success, Be Sure It's Leaning Against the Right Building», *Quote Investigator* (17 de agosto de 2017).

Capítulo 2: Cowen, Tyler (2018), «The high-return activity of raising others' aspirations», *Marginal Revolution* (21 de octubre).

Capítulo 3: Pankhurst, Emmeline, «Speech from the Dock» (Discurso desde el muelle), en el Tribunal de Bow Street, Londres, 21 de octubre de 1908.

Capítulo 4: Joe Biden, citado en Martin, Justin (2002), *Nader: Crusader, Spoiler, Icon*, Perseus Publishing, p. 268.

Capítulo 5: Keller, Helen (1957), *The Open Door*, Doubleday, p. 34 [hay trad. cast.: (2015), *La puerta abierta*, Barcelona, Plataforma Editorial, S. L., trad.: Francisco García Lorenzana].

Capítulo 6: Coco Chanel, citada en Haedrich, Marcel (1972), *Coco Chanel: Her Life, Her Secrets*, trad. al inglés de Charles Lam Markmann, Little, Brown and Company, p. 255 [hay trad. cast.: (1973), *Coco*

Chanel, íntima, Barcelona, Dopesa, trad.: María Luz Rovira Grau].

Capítulo 7: Thomas Edison, citado en Sullivan, George (2001), *Thomas Edison*, Scholastic, p. 5.

Capítulo 8: Thatcher, Margaret (1980), «TV Interview for London Weekend Television Weekend World», Margaret Thatcher Foundation (6 de enero).

Capítulo 9: David Slack, @slack2thefuture, Twitter (28 de enero de 2017).

Capítulo 10: Maya Angelou, cita de una entrevista con Oprah Winfrey, quien habló de ella en una entrevista en 2013 con Chris Witherspoon.

Epílogo: Goldman, Emma (1982), *Living My Life: An Autobiography of Emma Goldman*, Gibbs M. Smith, p. 56. Publicado originalmente en 1931 [hay trad. cast.: (1995), *Viviendo mi vida: autobiografía de Emma Goldman*, Madrid, Fundación Anselmo Lorenzo].

Fotos

- Foto, p. 39: Scherl/Süddeutsche Zeitung Photo
- Foto, p. 40: Eckler family photo
- Foto, p. 61: © John G. Zimmerman Archive
- Foto, p. 67: © Robyn Twomey
- Pintura, p. 69: Encuentro cuáquero, por Egbert van Heemskerck II (con permiso de Y Lanfa Powysland Museum)
- Pintura, p. 98: Retrato de Olaudah Equiano, artista desconocido (1789). Wikimedia Commons, publicado por Project Gutenberg
- Fotos, p.111: Scherl/Süddeutsche Zeitung Photo (izquierda), foto de la familia Wegert (derecha)
- Foto, p. 243: Blue Marble (La canica azul), 7 de diciembre de 1972, NASA
- Foto, p. 257: Un Punto Azul Pálido, NASA/JPL

Prólogo

1. Mattmiller, Brian (27 de abril de 2001), «Dalai Lama Coming to UW to Probe Science of Emotions», University of Wisconsin-Madison. El líder del estudio, Richard Davidson, habla en el capítulo 9 de este libro acerca del entusiasmo en el laboratorio al ver por primera vez el mapa cerebral de Matthieu Ricard. Véase Davidson, Richard J., y Sharon Begley (2012), *The Emotional Life of the Brain*, Hudson Street Press [hay trad. cast.: *El perfil emocional de tu cerebro: claves para modificar nuestras actitudes y reacciones*, Barcelona, Destino].

2. El alto nivel de ondas gamma se registró mediante electroencefalografía (EEG), un método que mide la actividad eléctrica del cerebro. Véase Davidson, Richard J., y Sharon Begley (2012), *The Emotional Life of the Brain*, capítulo 10. Véase también el estudio resultante, Lutz, Antoine, et al. (2004), «Long-term Meditators Self-Induce High-Amplitude Gamma Synchrony During Mental Practice», *PNAS*, vol. 101, n.º 46. Hoy en día los neurólogos ponen en duda el modelo derecha-izquierda de Davidson. Véase Gainotti, Guido (2019), «Emotions and the Right Hemisphere: Can New Data Clarify Old Models?», *Neuroscientist*, vol. 25, n.º 3.

3. Barnes, Anthony (21 de enero de 2007), «The Happiest Man in the World?», *The Independent*.

1. No, no estás bien como estás

1. *Poverty and Shared Prosperity 2022: Correcting Course*, World Bank (2022), p. xiii.

2. Sánchez-Páramo, Carolina, et al. (2021), «COVID-19 Leaves a Legacy of Rising Poverty and Widening Inequality», World Bank Blogs (7 de octubre); (2022) «UN Report: Global Hunger Numbers Rose to as Many as 828 Million in 2021», World Health Organization (6 de julio).

3. Herre, Bastian (2022), «The World Has Recently Become Less Democratic», *Our World in Data* (6 de septiembre). Véase también: «UNHCR: Ukraine, Other Conflicts Push Forcibly Displaced Total over 100 Million for First Time», UN Refugee Agency (23 de mayo de 2022).

4. Eso dice el famoso economista Nicholas Stern, por ejemplo. Véase: «Net Zero Will Require the Biggest Economic Transformation Ever Seen in Peacetime, Says Nicholas Stern», Grantham Research Institute on Climate Change and the Environment, London School of Economics and Political Science (26 de octubre de 2021). El panel de la ONU sobre cambio climático habla de «cambios rápidos y de gran alcance sin precedentes en todos los aspectos de la sociedad»: «Summary for Policymakers of ipcc Special Report on Global Warming of 1.5 °C Approved by Governments», Intergovernmental Panel on Climate Change / Grupo Intergubernamental de Expertos sobre el Cambio Climático (8 de octubre de 2018).

5. Si los trabajos «inútiles» le hacen pensar en los funcionarios gubernamentales, mejor que se lo replantee. El mismo estudio halló que la gente que considera sus trabajos como inútiles para la sociedad trabaja en el sector privado en una proporción de tres a uno: Dur, Robert, y Max van Lent (2019), «Socially Useless Jobs», *Industrial Relations: A Journal of Economy and Society*, vol. 58, n.º 1.

6. Graeber, David (2013), «On the Phenomenon of Bullshit Jobs. A Work Rant», *strike!*, n.º 3 (agosto). [Hay una edición en castellano del posterior libro de Graeber: (2018), *Trabajos de mierda: una teoría*, Barcelona, Ariel, trad.: Iván Barbeitos.]

7. Jeff Hammerbacher, citado en: Vance Ashlee (2011), «This Tech Bubble Is Different», *Bloomberg Businessweek* (14 de abril).

8. Schneider, Florian H., Fanny Brun y Roberto A. Weber (2020), *Sorting and Wage Premiums in Immoral Work*, Working Paper n.º 353, Departamento de Economía, Universidad de Zúrich. Véase también: Novak, Jiri, y Pawel Bilinski (2016), «The

Wages of Sin – Social Stigma Premium in Executive Compensation», *SSRN* (11 de enero).

9. Entre los títulos más populares están *Padre rico, padre pobre*, de Robert T. Kiyosaki (1997) y *La semana laboral de 4 horas: olvídate de fichar, vive donde quieras y únete al club de los ricos*, de Timothy Ferriss (2007). Luego tenemos el movimiento FIRE (por las siglas en inglés de Independencia Financiera, Retiro Temprano) en el que la gente se pasa consejos de ahorro y sobre modos de ganar dinero lo más rápido posible para retirarse cuanto antes.

10. Guillaume, Kristine E., y Jamie D. Halper, «After Harvard», en Nenya A. Edjah, et al. (eds.), *The Graduating Class of 2020, By the Numbers*, *The Harvard Crimson* (24 de mayo de 2020).

11. «Wat maakt management consultancy zo populair onder (top)studenten?», <Consultancy.nl> (24 de julio de 2017).

12. Lockwood me lo confió en una entrevista personal. Véase también: Waikar, Sachin (2016), «Higher Taxes Can Make Altruistic Jobs More Attractive», *Kellogg Insight* (2 de noviembre).

13. Lockwood, Benjamin B., Charles G. Nathanson y E. Glen Weyl (2017), «Taxation and the Allocation of Talent», *Journal of Political Economy*, vol. 125, n.º 5.

14. Pensemos en la crisis financiera de 2008, cuando se gastaron cientos de millones de dólares de los contribuyentes en rescatar los bancos. O en las extendidas prácticas para eludir pagar impuestos, facilitadas por ejércitos de contables, abogados y asesores financieros. Véase Todd, Benjamin (2017), «Which Professions Are Paid Too Much Given Their Value to Society?», *80,000 Hours Blog* (27 de junio). También: Lawlor, Eilis, Helen Kersley y Susan Steed (2009), «A Bit Rich: Calculating the real value to society of different professions», *New Economics Foundation* (diciembre). Los banqueros consideran que su trabajo es inútil con una frecuencia superior a la media. Véase la «información de apoyo» (*Supporting Information*) en el estudio de Dur y Van Lent, «Socially Useless Jobs».

15. Por poner solo unos ejemplos: por cada dólar que gana un profesor, se crean dos dólares más en algún otro sector de la economía. Muchos investigadores crean más riqueza de la que perciben. Un investigador biomédico promedio, por ejemplo, crea cerca de 1 millón de dólares anuales en beneficios a la sociedad. Es decir, la educación y la investigación resultan más baratas que si fueran gratuitas. Véase Todd, «Which Professions Are Paid Too Much?»; Lawlor, Kersley, y Steed, «A Bit Rich».

16. Gross, Anna (2020), «Millennial Management Consultants Yearn for Meaning at Work», *Financial Times* (29 de enero).

17. Grimshaw, Jeremy M., et al. (2020), «De-implementing Wisely. Developing the Evidence Base to Reduce Low-value Care», *BMJ Quality & Safety*, vol. 29, n.º 5, p. 409.

18. Lightyear (coche solar eléctrico, lamentablemente en bancarrota), Meatable (carne cultivada), y Leyden Labs (pulverizador nasal antivírico).

19. «25 onder de 25 van 2021», *MT/Sprout*.

20. Willemsen, Marit (2017), «De nieuwe start-up verkoopt matrassen», *nrc Handelsblad* (28 de abril).

21. Roser, Max (2021), «Child Mortality: An Everyday Tragedy of Enormous Scale That We Can Make Progress Against», Our World in Data (21 de julio).

22. Parker, Kim, Nikki Graf y Ruth Igielnik (2019), «Generation Z Looks a Lot Like Millennials on Key Social and Political Issues», Pew Research Center (17 de enero). Véase también: Ferguson, Niall, y Eyck Freymann (2019), «The Coming Generation War», *The Atlantic* (6 de mayo); De Weck, Joseph, y Niall Ferguson (2019), «European Millennials Are Not Like Their American Counterparts», *The Atlantic* (30 de septiembre).

23. «Gen z Wants to Work Less», *Newsweek* (25 de mayo de 2023). Véase también: Latif, Leila (2024), «The Soft Life: Why Millennials are Quitting the Rat Race», *The Guardian* (2 de abril).

24. Greer, Tanner (2015), «Honor, Dignity, and Victimhood: A Tour Through Three Centuries of American Political

Culture», *The Scholar's Stage* (16 de septiembre). Véase también: Beckerman, Gal (2022) *The Quiet Before: On the Unexpected Origins of Radical Ideas*, Crown [hay trad. cast.: (2023), *Antes de la tormenta. Los orígenes de las ideas radicales*, Barcelona, Crítica, trad.: Iván Barbeitos García].

25. Citado en Solomon, Akiba, y Kenrya Rankin (2019), *How We Fight White Supremacy: A Field Guide to Black Resistance*, Bold Type Books, p. 3.

26. Según cálculos de la ONU, el total mundial de animales de cría comprende unos 26.000 millones de pollos: «Crops and Livestock Products», FAOSTAT, Organización de las Naciones Unidas para la Alimentación y la Agricultura (24 de marzo de 2023). La cifra exacta de los criados en granjas industriales es difícil de precisar, pero un cálculo del Sentience Institute pone la cifra en el 74 por ciento: Anthis, Kelly, y Jacy Reese Anthis (2019), «Global Farmed & Factory Farmed Animals Estimates», Sentience Institute (21 de febrero).

27. Clarkson, Thomas (1808), *The History of the Rise, Progress and Accomplishment of the Abolition of the African Slave-Trade by the British Parliament: Volume I*, R. Taylor & Co., p. 214.

28. *Ibid.*, p. 209.

29. Clarkson, Thomas (1876), *An Essay on the Slavery and Commerce of the Human Species, Particularly the African, Translated from a Latin Dissertation, which was Honoured with the First Prize in the University of Cambridge, for the Year 1785, with Additions*, J. Phillips, p. 256.

30. Clarkson, *The History of the Rise: Volume I*, p. 210.

31. Hochschild, Adam (2005), *Bury the Chains: The British Struggle to Abolish Slavery*, Houghton Mifflin, p. 89 [hay trad. cast.: (2006), *Enterrad las cadenas: profetas y rebeldes en la lucha por la liberación de los esclavos de un imperio*, Barcelona, Península, trad.: José Luis Gil Aristu]. Véase también: Wiblin, Robert (2023), «Christopher Brown on Why Slavery Abolition Wasn't Inevitable», 80000hours.org (11 de febrero). En esta entrevista se pregunta al historiador Christopher Leslie Brown (uno de los

máximos expertos en abolicionismo británico) quién fue el individuo más consecuente del movimiento antiesclavista británico. Brown respondió que al principio de su carrera decidió no prestar mucha atención a héroes individuales, y centrarse más en las causas estructurales del abolicionismo. Pero cuanto más tiempo pasaba en los archivos, más se daba cuenta de que algunos individuos tenían, en efecto, una enorme influencia, Thomas Clarkson en especial. Brown: «Por cuanto respecta al movimiento, creo que Thomas Clarkson es sencillamente esencial para lo que acaba sucediendo».

32. Una de cada diez travesías transatlánticas experimentaba una rebelión a bordo. Brown, Christopher Leslie (2011), «Abolition of the Atlantic Slave Trade», Gad Heuman y Trevor Burnard (eds.), *The Routledge History of Slavery*, Routledge, p. 283.

33. Clarkson, *The History of the Rise: Volume I*, pp. 210-211.

34. Eran principalmente cuáqueros, pero Clarkson también conoció al abogado Granville Sharp, quien luchó contra la esclavitud más de veinte años; al religioso James Ramsey, que acababa de escribir una terrible narración acerca de las condiciones en el Caribe, y al escritor y Olaudah Equiano (véase capítulo 4).

35. Clarkson, *The History of the Rise: Volume I*, p. 225.

36. Brown, Christopher Leslie (2006), *Moral Capital: Foundations of British Abolitionism*, University of North Carolina Press, p. 442.

37. *Ibid.*, p. 441.

38. Se trataba de Samuel Taylor Coleridge, citado en Wilson, Ellen Gibson (1990), *Thomas Clarkson*, Palgrave Macmillan, p. x.

39. Citado en Hochschild, *Bury the Chains*, p. 237.

40. Clarkson, Thomas (1808), *The History of the Rise, Progress and Accomplishment of the Abolition of the African Slave-Trade by the British Parliament: Volume II*, R. Taylor & Co., p. 471.

41. Appiah, Kwame Anthony (2010), *The Honor Code: How Moral Revolutions Happen*, W.W. Norton, p. 16.

2. Rebaja tu umbral para actuar

1. Eckler, Irene (1998), *A Family Torn Apart by 'Rassenschande': Political Persecution in the Third Reich*, Horneburg Verlag.

2. Wilkerson, Isabel (2020), *Caste: The Origins of Our Discontents*, Random House, p. xv.

3. Taleb, Nassim Nicholas (2016), «The Most Intolerant Wins: The Dictatorship of the Small Minority», *Medium* (14 de agosto).

4. Houwink ten Cate, Johannes y Bob Moore (eds., 2018), *Het geheime dagboek van Arnold Douwes, Jodenredder*, Boom, p. 61.

5. La cita es la tesis principal de mi libro (2020) *Humankind*, Bloomsbury, p. 2 [hay trad. al catalán: (2021), *La humanitat. Una historia d'esperança*, Barcelona, Ed. Empúries, trad.: Maria Rosich Andreu].

6. Por ejemplo, en 1945 el primer ministro holandés Willem Schermerhorn dijo: «Nuestra resistencia nacional será recordada como la más notable toma de posición de nuestro pueblo en esta época de la historia». Cita original en neerlandés en *Het Parool*, 1 de septiembre de 1945. Véase también Van Ginkel, Rob (2011), *Rondom de stilte: Herdenkingscultuur in Nederland*, Bert Bakker, p. 730.

7. Van der Boom, Bart (2012), *«Wij weten niets van hun lot»: Gewone Nederlanders en de Holocaust*, Boom, pp. 139-140.

8. *Ibid.*, p. 179.

9. La obra estándar al respecto, que alcanza una conclusión matizada, es *'Wij weten niets van hun lot': Gewone Nederlanders en de Holocaust*, del historiador holandés Bart van der Boom. Demuestra que la gente corriente de Países Bajos sabía que sus compatriotas judíos estaban en grave peligro, si bien no que los gaseaban a su llegada a Auschwitz y otros campos de concentración. La mayoría de los holandeses no eran indiferentes a la persecución contra los judíos, pero creían que no podían hacer nada o tenían demasiado miedo de los riesgos que implicaba resistir.

10. Fogelman, Eva (1995), *Conscience and Courage: Rescuers of Jews During the Holocaust*, Anchor Books, p. 60.

11. *Ibid.*, p. 47.

12. Oliner, Samuel P., y Pearl M. Oliner (1988), *The Altruistic Personality: Rescuers of Jews in Nazi Europe*, Free Press, p. 123.

13. Fogelman, *Conscience and Courage*, p. 68.

14. Léons, Max, y Arnold Douwes (2000), *Mitswa en christenplicht: Bescheiden helden uit de illegaliteit*, BZZTÔH publishers, p. 111.

15. Actual Universidad Estatal Politécnica de California, Humboldt.

16. Fogelman, *Conscience and Courage*, p. 253.

17. *Ibid.*, p. 254. Véase también Jones, Stephanie Fagin (2019), «Prosocialization: Lessons Learned from the Upbringing of Holocaust Heroes», *Heroism Science*, vol. 4, n.º 2 (29 de mayo).

18. Citado en Oliner, Pearl (2004), *Saving the Forsaken: Religious Culture and the Rescue of the Jews in Nazi Europe*, Yale University Press, p. 55.

19. Fogelman, *Conscience and Courage*, p. 59.

20. Ya durante la Huelga de Febrero de 1941 los comunistas habían liderado la resistencia holandesa a la ocupación alemana. Cálculos conservadores arrojan que más de un 20 por ciento de los miembros del Partido Comunista Holandés se unieron a la resistencia. En comparación, solo un 1 por ciento de la población general de los Países Bajos tomó parte. Unos 2.000 miembros del CPN, el Communistische Partij Nederland, estuvieron activos en la resistencia. Antes de la guerra, el CPN contaba con unos 9.000 miembros. Se calcula que la resistencia holandesa contó con unos 45.000 efectivos durante la segunda guerra mundial, mientras que la población adulta del país, en aquella época, era de unos 5,5 millones de personas. (Fuente: correspondencia del autor con Rense Havinga, curador del Museo de la Libertad de los Países Bajos.) Muchos de los comunistas, por cierto, te-

nían experiencia en trabajo con la resistencia gracias a su voluntariado durante la Guerra Civil Española, en la que ya habían luchado contra los fascistas. Miembros de la Iglesia Ortodoxa Reformada (*de gereformeerden*) tuvieron también un papel prominente en la resistencia. Solo representaban un 8 por ciento de la población del país, pero se calcula que salvaron a un 25 por ciento de los judíos rescatados. Véase Oliner y Oliner, *The Altruistic Personality*, p. 38. En el este del país, comunidades enteras se movilizaron gracias a los religiosos protestantes locales; Ten Cate, Johannes Houwink, y Bob Moore, «De Jodenvervolging door de Nazi's in de jaren 1940–1945», Ten Cate y Moore, *Het geheime dagboek van Arnold Douwes*, p. 42.

21. Ten Cate y Moore, *Het geheime dagboek van Arnold Douwes*, p. 42.

22. Varese, Federico y Meir Yaish (2000), «The Importance of Being Asked», *Rationality and Society*, vol. 12, n.º 3 , p. 328.

23. Oliner y Oliner, *The Altruistic Personality*, p. 115.

24. *Ibid.*, p. 319

25. *Ibid.*, p. 327.

26. Varese y Yaish, «The Importance of Being Asked», p. 320.

27. Sunstein, Cass R. (2019), *How Change Happens*, MIT Press.

28. Eso es lo que asegura el *Morning Chronicle* el 14 de febrero de 1788, citado en Brown, Christopher Leslie (2006), *Moral Capital: Foundations of British Abolitionism*, University of North Carolina Press, p. 449.

29. Lo cuenta en el cortometraje documental *The Courage to Care* (1985), dirigido por Robert H. Gardner.

30. Howes, Anton (2017), «The Relevance of Skills to Innovation During the British Industrial Revolution, 1547–1851», Universidad de Brown, manuscrito inédito, p. 16.

31. Howes, Anton (2016), «How Innovation Accelerated in Britain 1651–1851», Capitalism's Cradle, blog en tumblr (21 de abril). Véase también Bell, Alex, et al. (2019), «Who Becomes an

Inventor in America? The Importance of Exposure to Innovation», *The Quarterly Journal of Economics*, vol. 134, n.º 2.

32. Veamos también el modo en que ceros como Arnold Douwes reclutaba gente para la resistencia. Obviamente no podían pedir a cualquiera que albergara y ocultara a judíos: era demasiado peligroso. Debió de haber algún tipo de mecanismo de selección, por el cual potenciales candidatos (consciente o inconscientemente) daban señales de que se podía confiar en ellos. Tal vez en algún momento se habían negado a hacer el saludo nazi. O tal vez, como Douwes con su «siga recto», habían dado indicaciones erróneas a un soldado alemán. En ese sentido, los pequeños actos de resistencia se podían convertir en algo más grande, porque una vez habías hecho algo pequeño ya se te podía pedir que hicieras más. Véase también Varese y Yaish, op. cit., p. 324.

33. Fogelman, *Conscience and Courage*, p. 65.

34. Oliner y Oliner, *The Altruistic Personality*, p. 50.

35. Citado en Levison, Stanley D. (1970), entrevista con James Mosby, Ralph J. Bunche Oral History Collection, Moorland-Spingarn Research Center, Universidad de Howard (14 de febrero).

36. Applebaum, Anne (2020), «History Will Judge the Complicit», *The Atlantic* (julio-agosto).

3. Únete a una secta (o crea la tuya propia)

1. Los fanáticos del Derecho sabrán a qué me refiero aquí: a la legendaria Sentencia de la Escotilla de la Bodega (*kelderluik*), un histórico caso legal holandés que establecía los criterios para determinar negligencia y responsabilidad en derecho civil. Este precedente, de importancia crítica de cara al histórico pleito climático de 2015 «Urgenda vs. El Estado de los Países Bajos», dio forma a la argumentación de que el gobierno holandés se mostró negligente a la hora de tomar precauciones suficientes contra los graves y previsibles riesgos del cambio climático. El caso generó

titulares por todo el mundo al tratarse del primer litigio climático con éxito contra un gobierno nacional. Inspiró casos similares en otros países como Alemania, Irlanda y Francia.

2. Green, Mark (2016), *Bright, Infinite Future: A Generational Memoir on the Progressive Rise*, St Martin's Press, p. 45.

3. Sabin, Paul (2021), *Public Citizens: The Attack on Big Government and the Remaking of American Liberalism*, W.W. Norton, p. 25.

4. Green, Mark (2015), «How Ralph Nader Changed America», *The Nation* (1 de diciembre). Véase también Nader, Ralph (2015), «On Harvard Law School and Systems of Justice in America», YouTube (14 de septiembre), a partir del minuto 6' 35".

5. Véase «FORTUNE 500: 1965 FULL LIST», CNN Money.

6. Nader, Ralph (1965), *Unsafe at Any Speed: The Designed-In Dangers of the American Automobile*, Grossman [hay trad. cast.: (1967), *Peligroso a cualquier velocidad*, Bs.As., Editorial Jorge Álvarez, trad.: Rodolfo Arrigorriaga].

7. Sabin, *Public Citizens*, p. 31.

8. «On 50th Anniversary of Ralph Nader's *Unsafe at Any Speed*, Safety Group Reports Declining Death Rates Have Saved 3,5 Million Lives», Center for Auto Safety (1 de diciembre de 2015).

9. Thiel, Peter, y Blake Masters (2014), *Zero to One: Notes on Startups, or How to Build the Future*, Currency , p. 124 [hay trad. cast.: (2015), *De cero a uno: cómo inventar el futuro*, Barcelona, Gestión 2000, trad.: María Maestro Cuadrado].

10. Luscombe, Belinda (2021), «Who's Afraid of Peter Thiel? A New Biography Suggests We All Should Be», *time* (21 de septiembre).

11. Pink Dandelion, Ben (2008), *The Quakers: A Very Short Introduction*, Oxford University Press, p. 89.

12. Gill, Catie (2005), *Women in the Seventeenth-Century Quaker Community: A Literary Study of Political Identities, 1650–1700*, Routledge.

13. Crawford, Patricia (1985), «Women's Published Writings 1600–1700», en Prior, Mary (ed.), *Women in English Society 1500–1800*, Routledge.

14. Mount, Harry (1993), «Egbert van Heemskerck's Quaker Meetings Revisited», *Journal of the Warburg and Courtauld Institutes*, vol. 56, pp. 209-228.

15. Rediker, Marcus (2017), *The Fearless Benjamin Lay: The Quaker Dwarf Who Became the First Revolutionary Abolitionist*, Beacon Press, p. 149.

16. Cit. en Brown, Christopher Leslie (2006), *Moral Capital: Foundations of British Abolitionism*, University of North Carolina Press, p. 399.

17. Jackson, Maurice (2009), *Let This Voice Be Heard: Anthony Benezet, Father of Atlantic Abolitionism*, University of Pennsylvania Press, p. 154.

18. En 1775 el círculo abolicionista en Inglaterra era minúsculo. Pero Clarkson y compañía no tardaron en reclutar al carismático político William Wilberforce como portavoz en el Parlamento. Wilberforce era una figura un tanto sectaria, que vivía en una comuna en el pueblo de Clapham con un puñado de otros abolicionistas (incluido el brillante abogado James Stephen). Poseían un jardín comunitario y se daban recíprocamente la bienvenida unos a otros en sus casas. Hubo muchos matrimonios entre familias. En su época los llamaban «los Santos», y posteriormente, la «Secta de Clapham».

19. Hochschild, Adam (2005), *Bury the Chains: The British Struggle to Abolish Slavery*, Houghton Mifflin, p. 97 [hay trad. cast.: (2006), *Enterrad las cadenas: profetas y rebeldes en la lucha por la liberación de los esclavos de un imperio*, Barcelona, Península, trad.: José Luis Gil Aristu].

20. Kaufmann, Chaim D., y Robert A. Pape (1999), «Explaining Costly International Moral Action: Britain's Sixty-Year Campaign against the Atlantic Slave Trade», *International Organization* (otoño), pp. 631 y 634. Véase también: Brown, Christopher Leslie (2011), «Abolition of the Atlantic Slave Trade»,

en Heuman, Gad y Trevor Burnard (eds.), *The Routledge History of Slavery*, Routledge, p. 292.

21. Sí, un líder sectario como Elon Musk causó una revolución en la industria automovilística y aeroespacial (es decir, antes de hacerse con Twitter/X, diseminar teorías conspirativas y aliarse con Donald Trump). Pero Peter Thiel adquirió su fortuna gracias a la publicidad en línea, el espionaje digital y la elusión de impuestos.

22. Véase Luscombe, Belinda (2021), «Who's afraid of Peter Thiel? A New Biography Suggests We All Should Be», *TIME* (21 de septiembre). Y Thiel ha financiado la carrera política de J. D. Vance. Véase (2024), «What J. D. Vance really believes: The dark worldview of Trump's choice for vice president, explained», *Vox* (julio).

23. Clarkson, Thomas (1808), *The History of the Rise, Progress and Accomplishment of the Abolition of the African Slave-Trade by the British Parliament: Volume I*, R. Taylor & Co., p. 571.

24. En palabras del *New York Times*, en Anderson, Patrick (1967), «Ralph Nader, Crusader: Or, the Rise of a Self-Appointed Lobbyist», *New York Times Magazine* (29 de octubre).

25. Para estas cinco lecciones de Nader y las citas, véase Martin, Justin (2002), *Nader: Crusader, Spoiler, Icon, Perseus Publishing*, pp. 67-68, 92, 124 y 133.

26. *Ibid.* p. 70.

27. Sabin, *Public Citizens*, p. 11.

28. *Ibid.*, p. 74.

29. *Ibid.*, p. 75.

30. *Ibid.*, p. 11.

31. La revista *Christian Science Monitor* escribió esto aquel mismo mes (Sabin, *Public Citizens*, p. 40).

32. Doyle, Jack (2013), «Nader's Raiders, 1968-1974», *The Pop History Dig* (31 de marzo).

33. Greider, William (1968), «Law Students, FTC Tangle over Apathy», *Washington Post* (13 de noviembre).

34. Sabin, *Public Citizens*, p. 87.

35. (1970), «Agencies: Up Against the Wall, FDA!», *Time* (20 de abril).

36. Newfield, Jack (1969), «Nader's Raiders: The Lone Ranger Gets a Posse», *Life* (3 de octubre).

37. Véase (1991) «Conscientious Objector to Fashion», *Telegraph* (20 de agosto), p. 25. Sus calcetines y zapatos eran legendarios. En 1959 Nader compró doce pares de zapatos idénticos y cuatro docenas de resistentes calcetines de algodón del Ejército. Todavía los usaba en los años ochenta.

38. Shenon, Philip (1989), «Nader, After 8 Years, Is Back on the Inside», *New York Times* (10 de mayo).

39. Duscha, Julius (1971), «Nader's Raiders is Their Name, and Whistle-blowing is Their Game…», *New York Times* (21 de marzo).

40. Sabin, *Public Citizens*, p. 88.

41. Stewart, Thomas A., y Darienne L. Dennis (1989), «The Resurrection of Ralph Nader», *CNN Money* (22 de mayo).

42. Citado en (1976) *TIME*, vol. 108, n.º 19, p. 41.

43. Martin, *Nader: Crusader*, p. 203. Véase también Lemann, Nicholas (2021), «The Last Battle Over Big Business», *New Yorker* (31 de mayo).

44. Greenstone, Michael (2015), «The Connection Between Cleaner Air and Longer Lives», *New York Times* (24 de septiembre).

45. Lo dijo en el documental *An Unreasonable Man* (2006), dirigido por Henriette Mantel y Steve Krokan (aproximadamente en el minuto 41' 50"). El vídeo está disponible íntegramente en YouTube (en inglés).

46. Sabin, *Public Citizens*, p. 115.

47. Aptakin, Karen (1980), «Good Works: A Guide to Social Change Careers», Center for Study of Responsive Law. Véase también Yenckel, James T. (1980) «CAREERS: Guide to Good Works», *Washington Post* (20 de mayo).

48. Sabin, *Public Citizens*, p. 163.

49. Nader (2015), «On Harvard Law School and Systems of Justice in America», YouTube (14 de septiembre), desde el minuto 17' 20".

50. «An Open Letter To Ralph Nader», <https://web.archive.org/web/20010415013029/> <http://www.nadersraiderforgore.com/printversion.htm>. La carta es accesible a través de Wayback Machine.

51. Chamberlain, Lisa (2004), «The Dark Side of Ralph Nader», *Salon* (1 de julio).

4. Considera ganar como tu imperativo moral

1. Esa fue, también, mi sugerencia —demasiado simplista, me temo— en el capítulo final de un libro mío anterior. Véase Bregman, Rutger (2017), *Utopia for Realists*, Bloomsbury [hay trad. cast.: (2017), *Utopía para realistas: a favor de la renta básica universal, la semana laboral de 15 horas y un mundo sin fronteras*, Barcelona, Salamandra, trad.: Javier Guerrero].

2. Citado en Williams, Juan (2002), *Eyes on the Prize: America's Civil Rights Years, 1954–1965*, Penguin Books, p. 66.

3. Theoharis, Jeanne (2013), *The Rebellious Life of Mrs. Rosa Parks*, Beacon Press, p. 37.

4. Hendrickson, Paul (2005), «The Ladies Before Rosa: Let Us Now Praise Unfamous Women», *Rhetoric and Public Affairs*, vol. 8, n.º 2.

5. Burrow Jr., Rufus (2014), *Extremist for Love: Martin Luther King Jr., Man of Ideas and Nonviolent Social Action*, Fortress Press, p. 179.

6. Robinson, Jo Ann (1987), *The Montgomery Bus Boycott and the Women Who Started It: The Memoir of Jo Ann Gibson Robinson*, University of Tennessee Press.

7. Theoharis, *The Rebellious Life*, pp. 83-84.

8. La Ley de Derechos Civiles de 1957, la Ley de Derechos Civiles de 1960, la Ley de Derechos Civiles de 1964, la Ley de

Derecho de Voto de 1965 y la Ley de Derechos Civiles de 1968 (también llamada Ley de Vivienda Justa).

9. Eckler, Irene (1998), *A Family Torn Apart by 'Rassenschande': Political Persecution in the Third Reich*, Horneburg Verlag, p. 41.

10. En cuanto a volar, hay una clara relación entre conciencia climática y la decisión de volar menos. No obstante, «no hallamos una conexión directa entre conciencia climática y el número real de vuelos que se toma», concluyeron dos investigadores holandeses en 2023. Véase Zijlstra, Toon (2023), y Gabrielle Uitbeijerse, «Klimaatbesef en minder vliegen?», Kennisinstituut voor Mobiliteitsbeleid (julio). Con respecto a la caridad como prescripción de la mayoría de religiones, véase el Libro de Malaquías en la Biblia (capítulo 3, versículo 10); el Libro de Deuteronomio en la Torá (capítulo 26, versículo 12) o en el Volumen 3, Libro 8, Hadiz 1790 de la Sunna. La Sunna es la colección de lecciones del profeta islámico Mahoma. Es sagrado para los musulmanes, y un texto compañero del Corán.

11. Hersh, Eitan (2020), *Politics Is for Power: How to Move Beyond Political Hobbyism, Take Action, and Make Real Change*, Scribner.

12. McCarthy, Justin (2022), «Same-Sex Marriage Support Inches Up to New High of 71%», Gallup (1 de junio).

13. (2024), «Fact sheet: Public Opinion on Abortion», Pew Research Center, (13 de mayo).

14. Kirkpatrick, David D. (2023), «The Next Targets for the Group That Overturned Roe», *New Yorker* (2 de octubre).

15. Hesketh-Rowe, Larissa (2015), «How Effective is Fair Trade?», *Giving What We Can*, 9 de abril. Véase también Nunn, Nathan (2019) «The Economics of Fair Trade», *Reporter*, n.º 2 (junio). Este estudio en profundidad acerca del café de comercio justo de Costa Rica halló que el sector mayoritario y más pobre del sector —los trabajadores menos cualificados— obtenía literalmente ningún beneficio del comercio justo.

16. McDonald, Sally, et al. (2019), «Medical Donations Are Not Always Free: An Assessment of Compliance of Medicine

and Medical Device Donations with World Health Organization Guidelines (2009-2017)», *International Health*, vol. 11, n.º 5.

17. Stechemesser, Annika, et al. (2024), «Climate Policies That Achieved Major Emission Reductions: Global Evidence from Two Decades», *Science* (22 de agosto).

18. Anderson, David (2008), «Proven Programs are the Exception, Not the Rule», The GiveWell Blog (18 de diciembre). Véase también <evidencebasedprograms.org>.

19. Aizenman, Nurith (2019), «Why This Charity Isn't Afraid to Say It Failed», *NPR* (7 de enero).

20. Feinberg, Matthew, y Robb Willer (2019), «Moral Reframing: A Technique for Effective and Persuasive Communication Across Political Divides», *Social and Personality Psychology Compass*, vol. 13, n.º 12.

21. Rediker, Marcus (2007), *The Slave Ship: A Human History*, Viking, p. 244 [hay trad. cast.: (2021), *Barco de esclavos: la trata a través del Atlántico*, Madrid, Capitán Swing, trad.: Esther Pérez y Álex Borucki].

22. Brown, Christopher Leslie (2008), «Little Ships of Horror», *Nation* (17 de enero).

23. Bugg, John (2006), «The Other Interesting Narrative: Olaudah Equiano's Public Book Tour», *Publications of the Modern Language Association*, octubre, p. 1.424.

24. Bugg, «The Other Interesting Narrative», p. 1.436.

25. Equiano, Olaudah (2003), *The Interesting Narrative and Other Writings*, Penguin Classics, p. 147 [hay trad. cast.: (1999), *Narración de la vida de Olaudah Equiano «El Africano» escrita por él mismo: autobiografía de un esclavo liberto del siglo XVIII*, Madrid, Miraguano Ediciones, trad.: Celia Montolío Nicholson]. Publicado originalmente en 1789.

26. Equiano, *The Interesting Narrative*, p. 68.

27. Carretta, Vincent (2005), *Equiano, the African: Biography of a Self-Made Man*, University of Georgia Press, p. xviii.

28. Anya, Ike (2003), «Fireworks fly at Equiano Conference», <Nigeriaworld.com> (28 de marzo).

29. Podría ser, sin ir más lejos, que Equiano no se hubiera atrevido a decir su auténtico lugar de nacimiento durante el rito de bautismo. Para un excelente resumen de los muchos argumentos a favor y en contra, véase Carey, Brycchan, «Where Was Olaudah Equiano Born? (And Why Does It Matter?)», <brycchancarey.com>.

30. Citado en Janse, Maartje (2015), «"Holland as a Little England?" British Anti-Slavery Missionaries and Continental Abolitionist Movements in the Mid Nineteenth Century», *Past & Present*, vol. 229, n.º 1, p. 140.

31. La penosa verdad es que nunca hubo un gran movimiento antiesclavista en Holanda. En 1842, los abolicionistas elevaron tres peticiones separadas: una de los calvinistas, otra de los liberales y una de un grupo de mujeres de Rotterdam. Esta última fue la que más firmas recogió y solo constaba de 128. Compárese con la petición de 1853 del movimiento Abril Holandés contra los católicos, con 200.000 firmas.

32. Citado en Kuitenbrouwer, Maarten (1978), «Nederlandse afschaffing van de slavernij in vergelijkend perspectief», *Bijdragen en Mededelingen betreffende de Geschiedenis der Nederlanden*, vol. 93, n.º1 , p. 86.

33. Wilberforce, William (2011), *A Practical View of Christianity*, Hendrickson, Apéndice I. Publicado originalmente en 1797.

34. Lewis, Helen (2020), *Difficult Women: A History of Feminism in 11 Fights*, Jonathan Cape, p. 67.

35. Y no, pese a su éxito, no todas las sufragistas se convirtieron en amigas. Al contrario. La periodista Helen Lewis escribe: «Incluso las sufragistas vieron el recuerdo de su gran éxito agriado por choques personales». Véase Lewis, *Difficult Women*, p. 67.

36. Burrow, *Extremist for Love*, p. 182.

37. Véase Grim, Ryan (2022), «Elephant in the Zoom», *Intercept* (14 de junio).

38. Hirschman, Albert O. (1991), *The Rhetoric of Reaction: Perversity, Futility, Jeopardy*, Belknap Press, p. 151 [hay trad.

cast.: (2020), *La retórica reaccionaria*, Madrid, Clave Intelectual, trad.: Joaquín Estefanía].

39. La activista climática Naomi Klein sostiene la necesidad de «una visión holística para una transformación social y económica». Véase Klein, Naomi (2019), *On Fire: The (Burning) Case for a Green New Deal*, Simon & Schuster [hay trad. al catalán: (2021), *En flames: La defensa (encesa) del Green New Deal*, Barcelona, Ed. Empúries, trad.: Jordi Boixadós].

40. King Jr., Martin Luther (2012), «Transformed Nonconformist», en *A Gift of Love: Sermons From 'Strength to Love' and Other Preachings*, Beacon Press, p. 18.

41. Stuart, Charles (1836), *A Memoir of Granville Sharp*, The American Antislavery Society, pp. 59-60.

42. *Ibid.*, p. 56.

43. Clarkson (1808), *The History of the Rise: Volume I*, p. 236. El razonamiento en frío era el siguiente: las *ratios* de muerte en el Caribe se elevaban, de modo que las colonias dependían de un continuo suministro de personas esclavizadas. Si ese suministro se detenía, dos cosas podían suceder. O bien la esclavitud directamente se extinguía, o los esclavistas deberían tratar mejor a sus esclavos. La última opción, razonaban los abolicionistas, sentaría las bases para abolir plenamente la esclavitud.

44. Alinsky, Saul D. (1989), *Rules for Radicals: A Pragmatic Primer for Realistic Radicals*, Vintage Books, p. xviii. Publicado originalmente en 1971.

45. Ortiz, Isabel, Sara Burke, Mohamed Berrada y Hernán Saenz Cortés (2022), *World Protests: A Study of Key Protest Issues in the 21st Century*, Palgrave Macmillan, pp. 13-15.

46. Bevins, Vincent (2023), *If We Burn: The Mass Protest Decade and the Missing Revolution*, PublicAffairs.

47. Buchanan, Larry (2020), Quoctrung Bui y Jugal K. Patel, «Black Lives Matter May Be the Largest Movement in U.S. History», *New York Times* (3 de julio).

48. Tufekci, Zeynep (2022), «I Was Wrong About Why Protests Work», *New York Times* (21 de julio).

49. Tufekci, Zeynep (2014), «Online Social Change: Easy to Organize, Hard to Win», TEDGlobal.

50. Blake, John (2012), «What Did MLK Think about Gay People?», *cnn* (16 de enero). Artículo accesible a través de Wayback Machine.

51. Bond, Julian, «Planning the March on Washington», entrevista con John Lewis en la serie «Explorations in Black Leadership» en <blackleadership.virginia.edu>.

52. Tufekci, Zeynep (2020), «Do Protests Even Work?», *The Atlantic* (24 de junio).

53. Blazina, Carrie, y Drew DeSilver (2021), «A Record Number of Women are Serving in the 117th Congress», Pew Research Center (15 de enero).

54. North, Anna (2020), «The Women's Marches are Shrinking. Their Influence Isn't», <vox.com> (17 de enero).

55. Tufekci, «I Was Wrong».

56. Véase <wegert-familie.de>.

57. King, «Transformed Nonconformist», p. 17.

5. Aprende a llorar por hojas de cálculo

1. Citado en Thompson, Derek (2015), «The Greatest Good», *The Atlantic* (15 de junio).

2. *Being Terri* (2003), de Ron Trickett.

3. «Terri's touched the world», *Ipswich Star* (26 de febrero de 2005).

4. Weitz, Katy (2003), «"Every Day My Terri Inspires Me. I'm Lucky to Have Her": Amazing Bravery of the Baby Burned Alive», *People* (25 de mayo).

5. Pearce, Dulcie (2012), «I gave my baby 90 per cent burns... years on she has forgiven me», *Sun* (13 de junio).

6. Saleem, Armena (2001), «Salute Our Bravest Kids: We Bring You the Amazing Stories of How Britain's Little Heroes Triumphed Over Tragedy», *People* (9 de diciembre).

7. Thompson, «The Greatest Good».

8. «Little Girl Suffered 90% burns. Charity Swim? Email Help?», <mumsnet.com> (4 de julio de 2003).

9. «Swimming for Terri», *Richmond and Twickenham Times* (21 de noviembre de 2003).

10. «Total Raised» (total recaudado), <swimforterri.org.>

11. Frederick, Denver (2021), «The Against Malaria Foundation: Lessons from a Perennial Top-Rated Charity», <dever-frederick.com> (31 de mayo). Véase también: 'History', <againstmalaria.com>.

12. Véase Lewis, Gwyneth (2008), «Maternal Mortality in the Developing World: Why Do Mothers Really Die?», *Obstetric Medicine*, vol. 1, n.º 1, p. 4; Bryce, Jennifer, et al. (2005), «WHO estimates of the causes of death in children», *Lancet*, vol. 365, n.º 9465, pp. 1150-1151; (2004) «Malaria: A Major Cause of Child Death and Poverty in Africa», UNICEF (octubre), p. 1.

13. «World Malaria Report 2008», OMS-World Health Organization (2008), p. 18.

14. «World Malaria Report 2005», OMS-World Health Organization (18 de noviembre de 2005).

15. Frederick, «The Against Malaria Foundation».

16. Cita a Rob Mather, fundador y director ejecutivo de la Against Malaria Foundation, Effective Altruism Forum (22 de enero de 2020).

17. Citado en Frean, Alexandra (2005), «Bold Stroke in Malaria Battle», *The Times* (20 de junio).

18. El Fondo Mundial, que lucha contra al VIH/sida, la tuberculosis y la malaria.

19. Mather, Rob (2019), «Against Malaria Foundation: What We Do | Rob Mather | EA Global: London 2018», YouTube (4 de febrero), desde el minuto 6' 30". Véase también Mather, Rob, «Against Malaria Foundation: What We Do, How We Do It, and the Challenges», <effectivealtruism.org>.

20. Frean, «Bold Stroke in Malaria Battle».

21. Mather, «Against Malaria Foundation: What We Do», YouTube desde el minuto 39' 35".

22. La organización es ahora una entidad benéfica registrada oficialmente en diecisiete países, pero sin cuartel general. Hasta hoy en día Rob trabaja desde su casa de Londres. Menos del 1 por ciento se destina a gastos generales —los salarios de trece empleados y algunos gastos de viaje— y todo lo demás se puede emplear en la compra de mosquiteras, que distribuyen socios locales.

23. «Holden Karnofsky's 2013 Speech» (discurso de 2013 de Holden Karnofsky), Harvard, clase de 2013 (2013).

24. Strom, Stephanie (2007), «2 Young Hedge-Fund Veterans Stir Up the World of Philanthropy», *New York Times* (20 de diciembre).

25. El cálculo procede de 2020, cuando la AMF había recaudado unos 250 millones de dólares. Como hemos señalado arriba, llevan ya recaudado el doble de eso.

26. «Long-lasting Insecticidal Nets: Market and Supply Update», UNICEF, División de Suministros (octubre de 2022), p. 1.

27. De acuerdo, como con casi todas las citas históricas famosas, parece que Bertrand Russell dijo algo un poco diferente... ¡aunque el sentido permanece invariable! Véase «It Is the Mark of a Truly Intelligent Person to Be Moved by Statistics», *Quote Investigator* (20 de febrero de 2013).

6. Alístate en una Hogwarts para filántropos

1. P: ¿Por qué en Mongolia o el Líbano? R: En esos países el tabaco está sujeto a impuestos muy bajos, de modo que se puede salvar una enorme cantidad de vidas si se consigue presionar hasta obtener un impuesto al tabaco en ambos países. Véase Tuvdendorj, Ariuntuya, et al. (2022), «Reducing the Burden of Disease Through Tobacco Taxes in Mongolia: A Health Impact

Analysis Using a Dynamic Public Health Model», *Nicotine & Tobacco Research*, vol. 24, n.º 2; así como «Tobacco Tax: Lebanon», World Health Organization (2020).

2. Por el contrario, la mayor parte de las organizaciones benéficas no están pensadas para ayudar a tanta gente y animales como resulte posible. La mayoría se centran en temas que ya reciben mucha atención de otras organizaciones, como los enfermos de los países más ricos del mundo o el sufrimiento de animales peludos y bonitos como perros y gatos.

3. El programa estándar dura dos meses, pero muchos estudiantes se quedan y trabajan desde Kilburn Lane una vez han creado su organización.

4. Ritchie, Hannah (2022), «Around One-in-three Children Globally Suffer from Lead Poisoning: What Can We Do to Reduce This?», Our World in Data (25 de enero).

5. «Update on the Global Status of Legal Limits on Lead in Paint», United Nations Environment Programme (marzo de 2023).

6. Véase Hu, James (2022), «How Cost-Effective Is leep's Malawi Program?», <leadelimination.org> (13 de enero). Investigadores independientes han calculado que LEEP puede prevenir cada caso de exposición a plomo por solo $1.66 dólares, lo que la convierte en una de las organizaciones benéficas más eficientes del mundo en cuanto a coste/efectividad. Véase Barnes, Tom (2022), «Lead Exposure Elimination Project (LEEP)», Founders Pledge (8 de agosto).

7. «Investing in Sexual and Reproductive Health in Low- and Middle-Income Countries», Guttmacher Institute (julio de 2020).

8. Sully, Elizabeth A., et al. (2020), «Adding It Up: Investing in Sexual and Reproductive Health 2019», Guttmacher Institute (julio).

9. «Family Empowerment Media», Charity Entrepreneurship.

10. Se trata de Ben Williamson, de Maternal Health Initiative, un programa que estuvo activo durante 2023.

11. «What it really takes to found a high impact charity | Joey Savoie | EA Global: London 2021», YouTube (15 de diciembre de 2021), desde el minuto 37' 33".

12. «Good Enough Teeth – Why Gum is More Important Than Flossing», YouTube (21 de junio de 2021).

13. Uno de los libros que Joey leyó en aquella época era *The Bully, the Bullied & the Bystander*, de Barbara Coloroso (2003).

14. Véase también esta crítica de la literatura: Padgett, Sharon, y Charles E. Notar (2013), «Bystanders Are the Key to Stopping Bullying», *Universal Journal of Educational Research*, vol. 1, n.º 2.

15. Véase «Where are you on the global pay scale?», *BBC* (29 de marzo de 2012).

16. GiveWell estaba buscando nuevas organizaciones benéficas altamente eficaces. Véase «Charities we'd like to see», GiveWell Blog (15 de octubre de 2015).

17. «A High-level Review of our Thoughts on Interventions», Charity Entrepreneurship (7 de marzo de 2016).

18. «Immunization Coverage», World Health Organization (14 de julio de 2022).

19. Frenkel, Lawrence D. (2021), «The Global Burden of Vaccine preventable Infectious Diseases in Children Less than 5 years of Age: Implications for Covid-19 Vaccination. How Can We Do Better?», *Allergy and Asthma Proceedings*, vol. 42, n.º 4 (septiembre).

20. «Fortify Health», Charity Entrepreneurship.

21. Es más: Nikita Patel, cofundadora de Fortify Health, inspiró a su vez a su amiga Lucia Coulter, quien acabaría fundando el Lead Exposure Elimination Project (Proyecto de Eliminación de la Exposición al Plomo, LEEP).

22. Esa tarde, mientras tomábamos una taza de café, uno de los investigadores me contó que había publicado, no hacía mucho tiempo, un informe acerca del método madre canguro, un sencillo método de contacto piel contra piel que puede ser crucial para salvar la vida de cientos de miles de bebés prematuros.

«En cuestión de semanas, uno de los estudiantes fundó una organización para el contacto madre canguro», me contó. «Es un nivel de impacto que muy pocos académicos pueden siquiera soñar.»

23. Banerjee, Abhijit, et al. (2021), «Selecting the Most Effective Nudge: Evidence from a Large-Scale Experiment on Immunization», NBER Working Paper n.º 28726 (abril).

24. Véase Wiblin, Robert y Keiran Harris (2021), «Varsha Venugopal on Using Gossip to Help Vaccinate Every Child in India», *The 80,000 Hours Podcast* (18 de octubre).

25. Fuente: correspondencia del autor con Joey Savoie.

26. Un ejemplo de este tipo de redes es el escultismo, que comenzó en 1907, en un campamento de una semana para veinte chicos en una isla del sur de Inglaterra. Este pequeño campamento de verano acabó convirtiéndose en la red mundial de escoltas, chicos y chicas, que conocemos hoy en día.

7. Averigua lo que el mundo necesita y haz que ocurra

1. Roser, Max (2024), «Mortality in the Past: Every Second Child Died», Our World in Data (noviembre).

2. Warner, Kathryn (2014), «Edward II's Brothers and Sisters», Blogspot (10 de abril).

3. Blair, Olivia (2019), «So Who Really Was Queen Anne? The Truth About *The Favourite*'s Forgotten Monarch», *Harper's Bazaar* (8 de febrero).

4. Roser, «Mortality in the Past».

5. Roser, Max (2023), «Extreme Poverty: How Far Have We Come, How Far Do We Still Have to Go?», Our World in Data (27 de agosto).

6. Roser, Max, y Hannah Ritchie (2018), «Optimism and Pessimism», Our World in Data (27 de julio).

7. Roser y Ritchie, «Optimism and Pessimism».

8. Crawford, Jason (2020), «Why Haven't We Celebrated

Any Major Achievements Lately?», The Roots of Progress (17 de agosto).

9. «The Polio Crusade», <pbs.org> (7 de diciembre de 2022). Véase también DeWolf Smith, Nancy (2009), «In a Time of Plague», *Wall Street Journal* (30 de enero).

10. King, Gilbert (2012), «Salk, Sabin and the Race Against Polio», *Smithsonian Magazine* (3 de abril).

11. Carter, Richard (1965), *Breakthrough: The Saga of Jonas Salk*, Trident Press, p. 1.

12. Oshinsky, David M. (2005), *Polio: An American Story*, Oxford University Press, pp. 214-215.

13. *Ibid.*, p. 211.

14. Henderson, Donald (1998), «Smallpox Eradication: A Cold War Victory», *World Health Forum*, vol. 19, n.º 2. Véase también Kruse Thomas, Karen (2020), «40 Years in a Post-Smallpox World», Johns Hopkins (8 de mayo).

15. Irlam, Gordon (2012), «In praise of Viktor Zhdanov», 80,000 Hours Blog (23 de febrero).

16. «William, Duke of Gloucester (1689-1700)», Royal Collection Trust.

17. Henderson, D. A. y Petra Klepac (2013), «Lessons from the Eradication of Smallpox: An Interview With D. A. Henderson», *Philosophical Transactions of the Royal Society B: Biological Sciences*, vol. 368, n.º 1623.

18. Nelson, Ann Marie (1999), «The Cost of Disease Eradication: Smallpox and Bovine Tuberculosis», *Annals of the New York Academy of Sciences*, vol. 894, n.º 1.

19. Bukrinskaya, A. G. (1996), *Viktor Zhdanov – My Husband: Elena Tatulova's Diary*, p. 38.

20. *Ibid.*, p. 23.

21. Pomeroy, Ross (2019), «Has Malaria Really Killed Half of Everyone Who Ever Lived?», *RealClearScience* (3 de octubre).

22. Yoshida, Nobuko, et al. (1980), «Hybridoma Produces Protective Antibodies Directed Against the Sporozoite Stage of Malaria Parasite», *Science*, vol. 207, n.º 4426.

23. Bojang, Kalifa A., et al. (2001), «Efficacy of RTS,S/AS02 Malaria Vaccine Against Plasmodium Falciparum Infection in Semi-immune Adult Men in The Gambia: A Randomised Trial», *The Lancet*, vol. 358, n.º 9297.

24. Me refiero a la investigación para la vacuna, no a toda la investigación acerca de la malaria. Véase Sachs, Jeffrey (1999), «Sachs on development: Helping the world's poorest», *Economist* (12 de agosto).

25. Calculado en víctimas por cada enfermedad. Y hablo de toda la investigación sobre la malaria, que en 1993 sumaba unos 84 millones de dólares. Véase Anderson, J. M. MacLean, y C. Davies (1996), *Malaria Research: An Audit of International Activity*, Unit for Policy Research in Science and Medicine, p. 29.

26. Pawar, Pratik (2022), «Why Did It Take 35 Years to Get a Malaria Vaccine?», *Smithsonian Magazine* (2 de junio). Véase también Dattani, Saloni, Rachel Glennerster y Siddhartha Haria (2023), «Why we didn't get a malaria vaccine sooner», *Works in Progress* (7 de septiembre).

27. Cálculo efectuado a petición mía por el investigador Bobby Vos, sobre datos de la OMS. Véase por ejemplo «World malaria report 2022», *World Health Organization* (8 de diciembre de 2022).

28. «War-torn Somalia eradicates polio», <bbc.co.uk> (25 de marzo de 2008).

29. Citado en Dawson, Louise (2011) «How the bicycle became a symbol of women's emancipation», *Guardian* (4 de noviembre).

30. Citado en LaFrance, Adrienne (2014), «How the Bicycle Paved the Way for Women's Rights», *The Atlantic* (26 de junio).

31. Admito que el origen de su fascinación es un tanto decadente. Tras una de sus cenas, la acomodada Cochrane vio que su mejor vajilla estaba desportillada. Sospechó que sus sirvientes habían sido un poco bruscos lavando su mejor vajilla, y se juró que a partir de entonces la lavaría ella misma. Pero no le fue muy

bien. Aclarar, enjabonar, fregar, secar... con los dedos arrugados y las manos agrietadas, resultó ser más trabajo del que esperaba. Así que Cochrane decidió librarse de una vez por todas de esta onerosa tarea. Unos años más tarde, fue a la Exposición Universal de Chicago. Allí se podían admirar los grandes inventos de la época, como el telégrafo, el fonógrafo y el lavavajillas de Josephine Cochrane. Los visitantes se quedaban boquiabiertos ante el extraño artilugio con sus engranajes, correas y poleas, asombrados de que se pudieran meter 200 platos sucios y, dos minutos después, sacarlos limpios. Véase Fenster, Julie M. (1999), «The Woman Who Invented The Dishwasher», *Invention & Technology*, vol. 15, n.º 2.

32. De acuerdo, algunos hombres lo intentaron. Tanto Joel Houghton (en 1850) como L. A. Alexander (en 1865) diseñaron prototipos de lavavajillas, pero ninguno tuvo especial éxito. Lo que diferenciaba a Cochrane del resto es que la suya era una máquina diseñada para lavar platos con agua a presión en lugar de con cepillos. Los lavavajillas de hoy en día aún se basan en esta idea. Véase Ram, Jocelyn, y Eric Atkisson (2019), «"I'll do it myself "», United States Patent and Trademark Office (16 de octubre); Snodgrass, Mary Ellen (2004), *Encyclopedia of Kitchen History*, Fitzroy Dearborn, p. 320.

33. Ram y Atkisson, «"I'll do it"».

34. *Ibid.* Algunos autores sostienen que estas nuevas tecnologías no han hecho ganar mucho tiempo a las mujeres, en parte debido a las mayores exigencias de limpieza y pulcritud actuales (lavamos la ropa con más frecuencia que hace cien años). Pero estudios empíricos basados en diarios que se pedía a las mujeres que llevaran, registrando su trabajo hora a hora, muestran que las mujeres de hoy siguen dedicando mucho menos tiempo a limpiar, lavar y cocinar. Si esto no parece ser así, un factor que puede contribuir a ello es que, desde los años setenta, el tiempo que las mujeres (y también los hombres) dedican a otras dos tareas «domésticas» no ha hecho más que aumentar: hacer la compra y cuidar de los niños. Véase Gershuny, Jonathan, y Teresa

Attracta Harms (2016), «Housework Now Takes Much Less Time: 85 Years of US Rural Women's Time Use», *Social Forces*, vol. 95, n.º 2.

35. Las cifras son para la persona promedio, incluida cualquier ayuda doméstica. Véase Greenwood, Jeremy, Ananth Seshadri y Mehmet Yorukoglu (2005), «Engines of Liberation», *The Review of Economic Studies*, vol. 72, n.º 1, p. 113.

36. Lewis, Helen (2020), «The next battleground for feminism is simple: women's time», <penguin.co.uk> (3 de marzo).

37. Lord, Alexandra M. (2022), «The Revolutionary 1965 Supreme Court Decision That Declared Sex a Private Affair», *Smithsonian Magazine* (19 de mayo).

38. Heine, J. A. H. (2019), *Consensuspolitiek in Nederland: Een studie naar de politieke besluitvormingscultuur in de tweede helft van de twintigste eeuw*, tesis doctoral, Universidad de Leiden, capítulo 11.

39. Wanucha, Genevieve (2011), «A Mind of Her Own», MIT *Technology Review* (22 de febrero).

40. Eig, Jonathan (2014) *The Birth of the Pill: How Four Crusaders Reinvented Sex and Launched a Revolution*, W.W. Norton, p. 96.

41. Halberstam, David (1993), *The Fifties*, Villard Books, p. 289.

42. Eig, *The Birth of the Pill*, p. 61.

43. White Junod, Suzanne (1998), «FDA's Approval of the First Oral Contraceptive, Enovid», US Food and Drug Administration.

44. Ritchie, Hannah, Pablo Rosado y Max Roser (2017), «Meat and Dairy Production», Our World in Data (agosto).

45. Citado en Eschner, Kat (2017), «Winston Churchill Imagined the Lab Grown Hamburger», *Smithsonian Magazine* (1 de diciembre).

46. «Singapore approves sale of lab-grown chicken nuggets in world first», *ABC News* (2 de diciembre de 2020).

47. La frase procede del título en neerlandés de un excelen-

te libro de Roanne van Voorst: *Ooit aten we dieren* (2019) [hay trad. cast.: (2022), *Hace mucho tiempo comíamos animales: el futuro de la comida*, Barcelona, Destino, trad.: Olga García Arrabal]. Véase también Bregman, Rutger y Jesse Frederik (2021), «Kijjken we straks terug op het eten van dieren zoals we nu terugkijjken op het verbranden van heksen?», *De Correspondent* (27 de marzo).

48. «Josh Balk», *Viva!*

49. «Why Does Wikipedia Work?», *NPR* (12 de julio de 2013).

50. Smil, Vaclav (2022), *How the World Really Works: A Scientist's Guide to Our Past, Present and Future*, Penguin Books, p. 19 [hay trad. cast.: *Cómo funciona el mundo: una guía científica de nuestro pasado, presente y futuro*, Barcelona, Debate, trad.: Marcos Pérez Sánchez].

51. Pinker, Steven (2019), *Enlightenment Now: The Case for Reason, Science, Humanism, and Progress*, Penguin Random House, p. 149 [hay trad. cast.: (2018), *En defensa de la Ilustración: Por la razón, la ciencia, el humanismo y el progreso*, Barcelona, Paidós, trad.: Pablo Hermida Lezcano].

52. Storrs Hall, J. (2021), *Where is My Flying Car?*, Stripe Press, capítulo 18.

53. «Carta de Benjamin Franklin a Joseph Priestley, 8 de febrero de 1780», National Archives and Records Administration.

54. Wilson, Tom (2022), «Fusion energy breakthrough by US scientists boosts clean power hopes», *Financial Times* (11 de diciembre).

55. Véase «I'd Put My Money on the Sun and Solar Energy», *Quote Investigator* (9 de agosto de 2015).

56. Roser, Max (2020), «Why did renewables become so cheap so fast?», Our World in Data (1 de diciembre).

57. «Vast Power of the Sun Is Tapped By Battery Using Sand Ingredient: new battery taps sun's vast power», *New York Times* (26 de abril de 1954).

58. Citado en Botts, Linda (1980), *Loose Talk: The Book of Quotes*, Rolling Stone Press, p. 7.

59. Friedman, Thomas L. (1981), «Revolutionary Changes For Solar Field», *New York Times* (18 de agosto).

60. «Das Green Old Deal», NPR (17 de enero de 2020).

61. Según evidencian los propios datos de BP, que comparte en <www.energyinst.org>. Véase también Frederik, Jesse (2023), «De klimaatactivist, de zakenbankier, de wetenschapper: voor de groene revolutie zijn ze állemaal nodig», *De Correspondent* (23 de mayo).

62. Shi, Zhengrong (2012), «Suntech's Founder Dr. Shi on Leaving His Post and the Future of PV», *Greentech Media* (23 de agosto).

63. Para más información acerca de Martin Green, Zhengrong Shi y Hans-Josef Fell, véase también este fascinante libro sobre la historia de la energía solar: Nemet, Gregory F. (2019), *How Solar Energy Became Cheap: A Model for Low-Carbon Innovation*, Routledge.

64. Véase también Klein, Ezra (2023), «The Dystopia We Fear Is Keeping Us From the Utopia We Deserve», *New York Times* (8 de enero).

65. Acemoglu, Daron y Simon Johnson (2023), *Power and Progress: Our Thousand Year Struggle Over Technology and Prosperity*, Basic Books, p. 5 [hay trad. cast.: (2023), *Poder y progreso: Nuestra lucha milenaria por la tecnología y la prosperidad*, Barcelona, Deusto, trad.: Alexandre Casanovas López].

8. Salva una vida. ¡Ahora, por solo 4.999 dólares!

1. He aquí un interesante artículo sobre este fenómeno: Bhattacharya, Jay, y Mikko Packalen (2020), «Stagnation and Scientific Incentives», NBER, working paper n.º 26752 (febrero).

2. Estos últimos ejemplos proceden del ensayo *Sobre la denotación*, del filósofo Bertrand Russell. La pregunta filosófica es:

¿es cierta la frase? La afirmación no puede ser cierta, porque Francia no tiene rey. Pero si la afirmación es falsa, eso implicaría que su negación («El actual rey de Francia no es calvo») debe ser cierta, ¿no? Pero ese tampoco parece ser el caso. ¿Significa eso que la afirmación no es verdadera ni falsa? Los filósofos analíticos podían discutir incesantemente sobre estos asuntos.

3. Singer, Peter (2015), «From Moral Neutrality to Effective Altruism: The Changing Scope and Significance of Moral Philosophy», The Tanner Lectures on Human Values (conferencias Tanner sobre valores morales; disponible en <https://tannerlectures.org/lectures/from-moral-neutrality-to-effective-altruism-the-changing-scope-and-significance-of-moral-philoso phy/> en inglés).

4. «Malcolm X: Oxford University Union Debate in 1964», <blackhistorymonth.org.uk> (inglés).

5. Singer escribió el artículo en noviembre de 1971; se publicó al año siguiente. Singer, Peter (1972), «Famine, Affluence, and Morality», *Philosophy and Public Affairs*, vol. 1, n.º 3, p. 230.

6. Gardner, Chris (2015), «Spielberg Trading Up to 300-Foot Yacht», *The Hollywood Reporter* (7 de agosto).

7. En la página web <givingwhatwecan.org> hallarás una calculadora que te indica, según investigaciones económicas, cuán rico eres en comparación con las demás personas del mundo.

8. Dostoievski, Fiódor (1917), *Crime and Punishment*, P. F. Collier & Son, p. 27. Hay numerosas versiones en castellano: (2006), *Crimen y castigo*, Barcelona, DeBolsillo, trad.: Rafael Cansinos Assens. El original ruso se publicó en 1866.

9. Myers, Joe (2021), «These charts show the growing income inequality between the world's richest and poorest», World Economic Forum (10 de diciembre).

10. Véase, por ejemplo, «Population growth rate vs child mortality rate, 2021», Our World in Data; «Will saving poor children lead to overpopulation?», <gapminder.org>.

11. «Levels and Trends in Child Malnutrition», World Health Organization OMS (31 de marzo de 2020).

12. Payne, Keith (2010), «Why Is the Death of One Million a Statistic?», *Psychology Today* (14 de marzo).

13. «A Single Death Is a Tragedy; A Million Deaths Is a Statistic», *Quote Investigator* (21 de mayo de 2010).

14. Schwitzgebel, Eric, y Joshua Rust (2014), «The moral behavior of ethics professors: Relationships among self-reported behavior, expressed normative attitude, and directly observed behavior», *Philosophical Psychology*, vol. 27, n.º 3.

15. Schwitzgebel, Eric (2015), «Cheeseburger ethics», *Aeon* (14 de julio).

16. Singer, «Famine, Affluence, and Morality», p. 242.

17. Citado en Vedantam, Shankar, et al. (2020), «Justifying The Means: What It Means To Treat All Suffering Equally», *Hidden Brain*, podcast (1 de junio), desde el minuto 20' 09".

18. Citado en Rustin, Susanna (2011), «The Saturday interview. Toby Ord and Bernadette Young on the joy of giving», *Guardian* (24 de diciembre).

19. En aquella época su nombre era oficialmente William Crouch. Más tarde adoptaría el apellido de su esposa, Amanda MacAskill. Hoy en día están divorciados, pero William decidió mantener el apellido.

20. Puedes firmar el siguiente compromiso en el sitio web de Giving What We Can: «Reconozco que puedo utilizar parte de mis ingresos para hacer mucho bien. Dado que puedo vivir razonablemente bien con unos ingresos más reducidos, me comprometo a donar al menos el 10 por ciento de lo que gano a las organizaciones que puedan utilizarlo más eficazmente para mejorar la vida de los demás, ahora y en los años venideros. Hago esta promesa libre, abierta y sinceramente». Tu nombre se añade entonces a la lista pública de todas las personas que se han comprometido a donar. Puede que pienses: ¿realmente hay que hacer alarde de la generosidad? Por supuesto que es bueno ser discreto, pero también es importante inspirar a los demás: al fin y al cabo, el comportamiento es contagioso. Además, resulta más fácil ceñirte a tus planes y principios si los has compartido con otras personas.

21. Caviola, Lucius, Stefan Schubert y Joshua D. Greene (2021), «The Psychology of (In)Effective Altruism», *Trends in Cognitive Sciences*, vol. 25, n.º 7 (julio).

22. Caviola, Lucius, et al. (2020), «Donors vastly underestimate differences in charities' effectiveness», *Judgment and Decision Making*, vol. 15, n.º 4.

23. Jamison, Dean T., et al. (eds., 2006), *Disease Control Priorities in Developing Countries: Second Edition*, World Bank and Oxford University Press.

24. Todd, Benjamin (2023), «How much do solutions to social problems differ in their effectiveness? A collection of all the studies we could find», *80,000 Hours Blog* (14 de febrero).

25. Ord, Toby (2013), «The Moral Imperative toward Cost-Effectiveness in Global Health», Center for Global Development (8 de marzo).

26. Hansen, Melanie (2024), «Average Cost of Food per Month for a College Student», <educationdata.org> (10 de agosto).

27. FEMA, «Benefit-Cost Analysis Sustainment and Enhancements: Standard Economic Value Methodology Report, Version 12.0» (mayo de 2023), p. 17.

28. Suzuki, Emi, y Haruna Kashiwase (2023), «New UN estimates show 14,000 children die and 5,000 babies are stillborn every day mostly of preventable causes», World Bank Blogs (9 de enero).

29. Se trataba de Julia Wise, que acabaría teniendo una idea más alegre tanto de donar como de tomar helado. Véase Wise, Julia (2013), «Cheerfully», <givinggladly.com> (8 de junio) y «Live it up», <jdwise.blogspot.com> (enero de 2011).

30. Citado en Lowe, Josh (2013), «Being Superman», *Prospect Magazine* (15 de mayo). Véase también Matthews, Dylan (2013), «Join Wall Street. Save the world», *Washington Post* (31 de mayo).

31. Un colega filósofo bromeó al señalar que si Peter Singer fuera lógicamente coherente, dejaría que el niño se ahogara en el

estanque, luego vendería sus zapatos nuevos y donaría los beneficios. Aunque un verdadero altruista eficaz solo haría eso si pudiera conseguir más de 5.000 dólares por los zapatos, para poder salvar más de una vida con el dinero. Y para el caso, un verdadero altruista eficaz, para empezar, nunca habría comprado unos zapatos tan caros.

32. Sandefur, Justin (2023), «How Economists Got Africa's aids Epidemic Wrong», <cgdev.com> (31 de mayo).

33. Levitz, Eric (2022), «Is Effective Altruism to Blame for Sam BankmanFried?», *New York Intelligencer* (16 de noviembre).

34. Citado en Ables, Kelsey (2023), «The enduring appeal of remote Pacific islands for rich apocalypse preppers», *Washington Post* (26 de julio). Véase también Lewis, Michael (2023), *Going Infinite: The Rise and Fall of a New Tycoon*, Allen Lane, pp. 187-191.

35. Ya en 2015, unos años antes de que el movimiento descarrilara, una joven filósofa de Oxford, Amia Srinivasan, escribió que «el altruismo eficaz no intenta comprender cómo funciona el poder, excepto para alinearse mejor con respecto a él». «El AE no proporciona una crítica social radical», escribió, «y en este sentido, lo deja todo tal y como está». Srinivasan, Amia (2015), «Stop the Robot Apocalypse», *London Review of Books*, vol. 37, n.º 18 (24 de septiembre).

36. «GiveWell Responds on Global Health and Effective Altruism», *Wall Street Journal* (2 de agosto de 2022).

37. La mayor parte de los AE subrayan que hay muchos modos de hacer el bien: como funcionario, como científico, presionando, como activista, etcétera. La pregunta es siempre ¿en qué puedes tú, con tus habilidades y talentos particulares, gastar mejor tu tiempo? Como escribí en el capítulo 1, una carrera a tiempo completo consta de unas 80.000 horas, y cada hora que pasa se va para siempre. Más que dinero, el tiempo que te queda en el planeta es tu posesión más preciada. Una organización de AE se llama 80.000 Horas y proporciona consejos laborales a aspirantes a cambiar el mundo.

38. Ozden, James (2022), «Effective Altruism: Not as bad as you think», *Understanding Social Change*, Newsletter de Substack (24 de noviembre).

39. En realidad, el director de la escuela, Joey Savoie, fue uno de los primeros trabajadores de Toby Ord y William MacAskill en su organización benéfica Giving What We Can.

40. Reese, Jacy (2018), *The End of Animal Farming: How Scientists, Entrepreneurs, and Activists Are Building an Animal-Free Food System*, Beacon Press, pp. 135-136.

41. Citado en Goudreau, Jenna (2014), «Dustin Moskovitz, The Second Youngest Billionaire In America, Discusses What It Feels Like To Be Filthy Rich», *Business Insider* (1 de octubre).

42. Nader, Ralph (2020), «What it takes to create social change against all odds», <ted.com>, desde el minuto 18' 21".

43. Harper's Magazine, n.º 142 (febrero de 1921), p. 397. Citado en Garrett Samson, Gloria (1996), *The American Fund for Public Service: Charles Garland and Radical Philanthropy, 1922–1941*, Greenwood Press, p. 1.

44. Garland subrayó que no era socialista y que no había llegado a su extraordinaria forma de pensar durante su estancia en Harvard («una universidad que», según él, «produce hipócritas»). Simplemente quería ser un buen cristiano, dijo, y Jesús tampoco había aceptado un millón de dólares, ¿verdad? Véase Cowen, Dick, *The Garland Book*, manuscrito inédito, Facultad de Derecho de Yale, Biblioteca de Derecho Lillian Goldman (sin fecha), p. 64, p. 80, p. 93 (cita de Randolph), y p. 74 (cita de Sinclair).

45. Weldon Johnson, James (1968), *Along This Way*, Viking Press, p. 386 [hay trad. cast.: (2014), *Autobiografía de un ex hombre de color*, Madrid, Señor Lobo Ediciones, trad.: Pepa Cornejo]. Publicado originalmente en 1933.

46. Cowen, *The Garland Book*, p. 10.

47. *Ibid.*, p. 17.

48. Ming Francis, Megan (2019), «The Price of Civil Rights: Black Lives, White Funding, and Movement Capture», *Law and*

Society Review, vol. 53, n.º 1 (29 de enero), p. 300. Esta historiadora sostiene que el apoyo del Fondo Fiduciario Garland supuso la «captura del movimiento» por parte de los filántropos blancos, y que la NAACP, que inicialmente se centraba en detener los linchamientos a estadounidenses de raza negra, se vio influida por el fondo para desplazar el foco de su atención a la educación. Otro historiador afirma lo exactamente opuesto: que la NAACP empleó al Fondo Garland para sus propios fines. Para saber más en torno a este fascinante debate, véase Ming Francis, Megan, y John Fabian Witt (2020), «Movement Capture or Movement Strategy? A Critical Race History Exchange on the Beginnings of Brown v. Board», *Yale Journal of Law and the Humanities* (9 de julio).

9. Amplía tu círculo moral

1. Snelgrave, William (1754), *A new account of Guinea, and the slave-trade*, J. Wren, prólogo. Publicado originalmente en 1734 con el título *A New Account Of Some Parts Of Guinea, and The Slave Trade*.

2. Hochschild, Adam (2005), *Bury the Chains*, p. 2.

3. La fuente principal para este párrafo es también *Bury the Chains*, the Hochschild: véase p. 51 (acerca de los candados), p. 118 (*speculum oris*) y p. 34 (esclavos rebautizados como emperadores).

4. Boswell, James (1952), *The Life of Samuel Johnson*, Encyclopedia Britannica, p. 364. Publicada originalmente en 1791 [hay trad. cast.: (2021), *Vida de Samuel Johnson*, Barcelona, Acantilado, trad.: Miguel Martínez-Lage].

5. Citado en *Board of Trade*, *Report of the Lords of the Committee of Council, Volume* I (Londres, 1789) y Clarkson, Thomas (1808), *The History of the Rise, Progress and Accomplishment of the Abolition of the African Slave-Trade by the British Parliament: Volume I*, R. Taylor & Co., p. 536.

6. Citado en Kleingeld, Pauline (2014), «Kant's Second Thoughts on Colonialism», *Kant and Colonialism: Historical and Critical Perspectives*, Oxford University Press, p. 51.

7. Lepore, Jill (2019), *These Truths: A History of the United States*, W.W. Norton & Company, p. 120.

8. «Thomas Jefferson and Sally Hemings. A Brief Account», <https://www.monticello.org/thomas-jefferson/jefferson-slavery/thomas-jefferson-and-sally-hemings-a-brief-account/monticello affirms-thomas-jefferson-fathered-children-with-sally-hemings/> (inglés).

9. Locke, John (1988), *Two Treatises of Government*, Cambridge University Press, p. 141. Hay numerosas versiones en castellano, p. ej.: (1996), *Dos ensayos sobre el gobierno civil*, Barcelona, Planeta, trad.: Francisco Giménez Gracia.

10. Hochschild, *Bury the Chains*, p. 87.

11. *Ibid.*, p. 87.

12. Williams, Evan G. (2015), «The Possibility of an Ongoing Moral Catastrophe», *Ethical Theory and Moral Practice*, vol. 18.

13. Citado en Williams-Myers, Albert James (1995), *Destructive Impulses: An Examination of an American Secret in Race Relations*, University Press of America, p. 58.

14. Robert P. George (@McCormickProf), Twitter (2 de julio de 2020).

15. Appiah, Kwame Anthony (2010), «What Will Future Generations Condemn Us For?» *Washington Post* (26 de septiembre).

16. Joy, Melanie (2020), *Why We Love Dogs, Eat Pigs and Wear Cows, Red Wheel*, pp. 96-100 [hay trad. cast.: (2013), *Por qué amamos a los perros, nos comemos a los cerdos y nos vestimos con las vacas: una introducción al carnismo*, Madrid, Plaza y Valdés, trad.: Montserrat Asensio Fernández].

17. Ehrich, Kristine R., y Julie R. Irwin (2005), «Willful Ignorance in the Request for Product Attribute Information», *Journal of Marketing Research*, vol. 42, n.º 3 (agosto).

18. Cotter, Bridget (2023), «Mary Wollstonecraft: An Introduction to the Mother of First-wave Feminism», *Conversation* (7 de marzo).

19. Rowlatt, Bee (2015), «The Original Suffragette: The Extraordinary Mary Wollstonecraft», *Guardian* (5 de octubre).

20. Algo similar sucedió con Martin Luther King. Actualmente el Día de MLK es una festividad nacional en EE. UU., pero en la década de 1960 la mayoría de los estadounidenses lo detestaba. Unos meses antes de ser asesinado, en 1968, su popularidad estaba en su punto más bajo: casi el 75 por ciento de los estadounidenses lo desaprobaban (y especialmente su posición con respecto a la guerra en Vietnam). Véase Cobb, James C. (2018), «Even Though He Is Revered Today, mlk Was Widely Disliked by the American Public When He Was Killed», *Smithsonian Magazine* (4 de abril).

21. McLaughlin, Mignon (1963), *The Neurotic's Notebook*, The Bobbs-Merrill Company, p. 72.

22. DuRocher, Kristina (2011), *Raising Racists: The Socialization of White Children in the Jim Crow South*, University Press of Kentucky, pp. 23-24.

23. Barba, Francisco, Lieven Huybregts y Jef Leroy (2020), «Estimating the Burden of Child Acute Malnutrition Accurately», *International Food Policy Research Institute* (3 de diciembre).

24. Hamer, Jurriën (2021), *Waarom schurken pech hebben en helden geluk: Een nieuwe filosofie van de vrije wil, De Bezige Bij*. Véase también Sapolsky, Robert (2023), *Determined: A Science of Life without Free Will*, Penguin Press [hay trad. cast.: (2024), *Decidido: una ciencia de la vida sin libre albedrío*, Madrid, Capitán Swing, trad.: Mariano Guirao].

25. «Per capita meat consumption by type, 1961 to 2020», Our World in Data.

26. Ritchie, Hannah, Pablo Rosado y Max Roser (2017), «Meat and Dairy Production», Our World in Data (agosto); Kaneda, Toshiko y Carl Haub (2022), «How Many People Have

Ever Lived on Earth?», *Population Reference Bureau* (15 de noviembre).

27. «Majority Say They Would Shop Differently if Facts Made Known», Vegan FTA (19 de enero de 2022).

28. Loria, Joe (2016), «Shocking: New Study Finds Public Knows Nothing About Factory Farming», Mercy for Animals (18 de noviembre).

29. Schouten, Frederieke (2022), «Onderzoek: meeste Nederlanders weten weinig over lot kalfjes uit de zuivelindustrie», *Dier&Recht* (30 de mayo).

30. Zimmerman, Amalia (2018), «Sentience Institute Survey Analysis», Animal Charity Evaluators (28 de junio).

31. Van Heck, Laura, et al. (2022), «Wat vindt Nederland van de Eiwittransitie? De toekomst van de veehouderij», Kieskompas, estudio encargado por ProVeg (enero).

32. Bourdain, Anthony (2000), *Kitchen Confidential: Adventures in the Culinary Underbelly*, Bloomsbury, p. 101 [hay trad. cast.: (2001), *Confesiones de un chef: aventuras en el trasfondo de la cocina*, Barcelona, RBA Ediciones, trad.: Carmen Aguilar].

33. MacInnis, Cara C., y Gordon Hodson (2015), «It Ain't Easy Eating Greens: Evidence of Bias Toward Vegetarians and Vegans from Both Source and Target», *Group Processes & Intergroup Relations*, vol. 20, n.º 6, p. 6.

34. Hahn, Erin R., Meghan Gillogly y Bailey E. Bradford (2021), «Children are Unsuspecting Meat Eaters: An Opportunity to Address Climate Change», *Journal of Environmental Psychology*, vol. 78, pp. 4-5.

35. Wilks, Matti, et al. (2021), «Children Prioritize Humans Over Animals Less Than Adults Do», *Psychological Science*, vol. 32, n.º 1.

36. Hahn, Gillogly y Bradford, «Children are Unsuspecting Meat Eaters», p. 2.

37. Véase «"I Won't Eat Animals", Girl Tells Her Mother» en YouTube, uno de mis vídeos favoritos a la hora de ilustrar este argumento.

38. Rediker, Marcus (2017), *The Fearless Benjamin Lay: The Quaker Dwarf Who Became the First Revolutionary Abolitionist*, Beacon Press, p. 115.

39. Jackson, Maurice (2009), *Let This Voice Be Heard: Anthony Benezet, Father of Atlantic Abolitionism*, University of Pennsylvania Press, p. 19.

40. La Real Sociedad para la Prevención de la Crueldad hacia los Animales (RSPCA) se fundó en Londres en 1824. Véase «The Story of the RSPCA», RSPCA. Con respecto a la historia de Heyrick, véase Holcomb, Julia L. (2016), «I Am a Man, Your Brother: Elizabeth Heyrick, Abstention, and Immediatism», *Moral Commerce: Quakers and the Transatlantic Boycott of the Slave Labor Economy*, Cornell University Press.

41. Booth, Nick J. (2016), «Bentham the feminist?», *UCL Culture Blog* (3 de marzo).

42. Bentham, Jeremy (1978), «Offences Against One's Self: Paederesty Part 1», *Journal of Homosexuality*, vol. 3, n.º 4. Bentham escribió el artículo hacia 1785.

43. Bentham, Jeremy (1789), *An Introduction to the Principles of Morals and Legislation*, T. Payne and Son, p. 351. Hay numerosas versiones en castellano, p. ej.: (2008) *Los principios de la moral y la legislación*, Buenos Aires, Ed. Claridad, trad.: Margarita Costa.

44. Véase por ejemplo Birch, Jonathan, et al. (2021), *Review of the Evidence of Sentience in Cephalopod Molluscs and Decapod Crustaceans*, London School of Economics and Political Science (noviembre).

45. Véase Kaneda y Haub, «How Many People».

46. La frase de que el arco de la historia se inclina hacia la justicia la acuñó por primera vez el reverendo Theodore Parker, en 1852, y solo se volvió famosa cuando Martin Luther King la empleó. Véase «The Arc of the Moral Universe Is Long, But It Bends Toward Justice», *Quote Investigator* (15 de noviembre de 2012).

47. Aquí parafraseo a Hillel el Anciano, un erudito y sabio

judío que vivió en el siglo I a. C. Escribió: «Si yo no me ocupo de mí, ¿quién lo hará? Si solo me ocupo de mí, ¿qué soy? Y si no es ahora ¿cuándo?».

48. King Jr., Martin Luther (1958), «Advice for Living», *Ebony Magazine* (enero), p. 34. Publicado en línea por el Martin Luther King, Jr. Research and Education Institute, Universidad de Stanford.

49. Simon, Herbert A. (1991), *Models of My Life*, Basic Books, p. 281.

50. Medio siglo después de la publicación de *Animal Liberation*, también Peter Singer llegó a esa conclusión. Véase Coghlan, Simon (2023), «Peter Singer's Fresh Take on Animal Liberation – a Book That Changed the World, But Not Enough», *Conversation* (12 de junio).

51. Ivanovich, Catherine C., et al. (2023), «Future Warming from Global Food Consumption», *Nature Climate Change*, vol. 13, pp. 297-302.

52. Eso era algo que la organización vegana más antigua del mundo, la Vegan Society, fundada en 1944, ya había notado. «Un socio no hace ninguna promesa sobre su comportamiento», escribieron los fundadores acerca de cómo convertirse en miembro, «sino que se declaran de acuerdo con el tema. La puerta está, pues, abierta de par en par, y la Sociedad da la bienvenida a todos aquellos que se sientan capaces de apoyarla». Fuente: Leenaert, Tobias (2017), *How to Create a Vegan World: A Pragmatic Approach*, Lantern Books [hay trad. cast.: (2018), *Hacia un futuro vegano: un enfoque pragmático*, Madrid, Plaza y Valdés, trad.: Scheherezade Surià López].

53. Garcés, Leah (2019), Grilled: Turning Adversaries Into Allies to Change the Chicken Industry, Bloomsbury, p. 45.

54. .Wideman, R. F., et al. (2013), «Pulmonary Arterial Hypertension (Ascites Syndrome) in Broilers: A Review», *Poultry Science*, vol. 92, n.º 1, p. 65.

55. Miller, Audrey (2021), «Why This Chicken Farmer Is Growing Mushrooms», *Stone Pier Press* (25 de mayo).

56. Garcés, Leah (2020), «A Lesson in Turning Adversaries into Allies», TEDxSeattle, desde el minuto 3' 27".

57. Garcés, *Grilled*, p. 82.

58. Nicholas Kristof (@NickKristof), Twitter (14 de marzo de 2015); Kristof, Nicholas (2015), «To kill a chicken», *New York Times* (14 de marzo).

59. Garcés, *Grilled*, p. 169.

60. Véase Garcés, Grilled, capítulo 9.

10. Haz que los historiadores del futuro se sientan orgullosos

1. Arnold Toynbee empleaba esta frase para mofarse de la postura adoptada por su colega historiador H. A. L. Fisher. Véase Toynbee, Arnold J. (1957), *A Study of History: Abridgement of Volumes VII–X by D.C. Somervell*, Oxford University Press, p. 267 [hay trad. cast.: (1995), *Estudio de la historia*, Barcelona, Ediciones Altaya].

2. Drache, Hiram M., «The Impact of John Deere's Plow», *Illinois Periodicals Online*.

3. Potter, Brian (2023), «The Blast Furnace: 800 Years of Technology Improvement», *Construction Physics*, newsletter de Substack (23 de febrero).

4. Pooley, Gale (2022), «Thinking More About Shipping Innovation», *Gale Winds*, newsletter de Substack (30 de diciembre).

5. Ritchie, Hannah y Max Roser (2020), «CO_2 emissions», Our World in Data.

6. Ritchie, Hannah y Max Roser (2022), «Plastic Pollution», Our World in Data; Ritchie y Roser (2021), «Drivers of Deforestation», Our World in Data.

7. Ritchie, Hannah (2019), «Half of the World's Habitable Land is Used for Agriculture», Our World in Data (11 de noviembre).

8. Ritchie, Hannah (2022), «Wild Mammals Make Up Only a Few Percent of the World's Mammals», Our World in Data (15 de diciembre). ¿Y qué decir de esta? Las personas solo representamos el 0,01 por ciento de toda la biomasa de la Tierra, mientras que nuestros edificios, carreteras, barcos, trenes, aviones, satélites, submarinos, túneles, presas, torres de alta tensión y cepillos de dientes eléctricos pesan más que todas las ballenas, pollos, bosques, insectos, mohos y bacterias juntos. Dicho de otro modo: todo nuestro metal, ladrillos, asfalto, vidrio, plástico, madera, grava y hormigón (¡mucho, mucho hormigón!) pesan más que toda la vida en la Tierra. Véase Elhacham, Emily, et al. (2020), «Global Human-made Mass Exceeds All Living Biomass», *Nature*, vol. 588.

9. Bennett, Carys E., et al. (2018), «The Broiler Chicken as a Signal of a Human Reconfigured Biosphere», *Royal Society of Open Science*, vol. 5, n.º 12 (12 de diciembre).

10. Aquí hago referencia a cabezas nucleares listas para ser desplegadas con misiles balísticos o listas para ser montadas en bombarderos. Véase Roser, Max, Bastian Herre y Joe Hasell (2013), «Nuclear Weapons», Our World in Data (6 de agosto).

11. Jägermeyr, Jonas, et al. (2020), «A Regional Nuclear Conflict Would Compromise Global Food», PNAS, vol. 117, n.º 13.

12. Rodriguez, Luisa (2019), «How Likely is a Nuclear Exchange Between the US and Russia?», *Rethink Priorities* (19 de junio).

13. El cálculo es el siguiente: imagina una bolsa que contiene noventa y nueve canicas azules y una roja. Cada año sacas una canica de la bolsa (y la vuelves a meter). El primer año, la probabilidad de que saques una roja es de una entre 100, o 1/100, es decir, el 1 por ciento. La probabilidad de obtener una canica azul es de 99 sobre 100, es decir, el 99 por ciento. Al año siguiente, vuelves a tener una probabilidad de 99/100 de sacar una canica azul. Puedes calcular la probabilidad de sacar una canica azul en un periodo de dos años multiplicando las probabilidades de cada año: 99/100 ×× 99/100 = 0,99 × 0,99 = 0,9801. Es decir, un 98,01

por ciento de probabilidades de no sacar una canica roja en dos años (y un 1,99 por ciento de probabilidades de sacar una roja). Al cabo de cien años, las probabilidades de sacar una canica roja habrán aumentado hasta el 63,4 por ciento. Tras 500 años, las probabilidades son del 99,3 por ciento.

14. Citado en Lloyd, Marion (2002), «Soviets Close to Using A-Bomb in 1962 Crisis, Forum Is Told», *Boston Globe* (13 de octubre).

15. Citado en Savranskaya, Svetlana V. (2005), «New Sources on the Role of Soviet Submarines in the Cuban Missile Crisis», *Journal of Strategic Studies*, vol. 28, n.º 2, p. 246.

16. Roza, David (2022), «The US military is still missing 6 nuclear weapons that were lost decades ago», *Task & Purpose* (25 de agosto).

17. A finales de 1944 estaba claro que Alemania ya no estaba trabajando en el despliegue de una bomba atómica. La única persona que abandonó el Proyecto Manhattan en ese punto fue el físico polaco-británico Joseph Rotblat. Dimitió para convertirse posteriormente en uno de los activistas más influyentes en la lucha contra el armamento nuclear. Ganó el premio Nobel de la Paz en 1995.

18. Citado en *In the Matter of J. Robert Oppenheimer: Transcript of Hearing Before Personnel Security Board, United States Atomic Energy Commission* (1954), p. 81.

19. Turing, Alan (1950), «Computing Machinery and Intelligence», *Mind*, vol. LIX, n.º 236 (octubre), pp. 433-460.

20. Citado en Khatchadourian, Raffi (2015), «The Doomsday Invention», *New Yorker* (23 de noviembre). En mayo de 2023, Hinton abandonó Google y se pasó a las filas de los críticos con la IA. Véase Metz, Cade (2023), «"The Godfather of AI" Leaves Google and Warns of Danger Ahead», *New York Times* (1 de mayo).

21. Specter, Michael (2023), «In a World of Synthetic Biology, Publishing Virus dna Sequences May Mean Perishing», *Stat* (6 de abril).

22. Kupferschmidt, Kai (2017), «How Canadian Researchers Reconstituted an Extinct Poxvirus for $100,000 Using Mail-order DNA», *Science Insider* (6 de julio).

23. Karan, Abraar, y Stephen Luby (2021), «A Natural Pandemic Has Been Terrible: A Synthetic One Would Be Even Worse», *Stat* (19 de agosto).

24. *Advancing Collective Action and Accountability Amid Global Crisis*, Global Health Security Index (diciembre de 2021), p. 57. Además de eso, tres cuartas partes de los más de 180 laboratorios de alto riesgo están situadas en áreas urbanas, y tres cuartas partes, en países que no tienen buen récord de bioseguridad. Véase Lentzos, Filippa y Gregory D. Koblentz (2021), «Fifty-nine Labs Around World Handle the Deadliest Pathogens – Only a Quarter Score High on Safety», *Conversation* (14 de junio); *Global BioLabs Report 2023*, King's College London y Schar School of Policy and Government (2023).

25. Manheim, David, y Gregory Lewis (2022), «High-risk Human-caused Pathogen Exposure Events From 1975–2016», *F1000Research*, vol. 10, n.º 752.

26. Kaplan, David E., y Andrew Marshall (1996), «Aum's Shoko Asahara and the Cult at the End of the World», *Wired* (1 de julio).

27. Broad, William J. (1998) «SOWING DEATH: A Special Report; How Japan Germ Terror Alerted World», *New York Times* (26 de mayo).

28. No, los cientos de compañías que proporcionan ADN a medida no están obligadas a filtrar sus clientes. Algunas han decidido aplicar rigurosos filtros a todas sus demandas, mientras que otras no lo hacen. Véase Schulson, Michael (2022), «Experts Debate the Risks of Made-to-Order DNA», *Undark* (21 de diciembre).

29. Citado en Schulson, «Experts Debate the Risks…».

30. Kaplan, David E., y Andrew Marshall (1996), *The Cult at the End of the World: The Terrifying Story of the aum Doomsday Cult, from the Subways of Tokyo to the Nuclear Arsenals of Russia*, Crown Publishing.

31. Olson, Kyle B. (1999), «Aum Shinrikyo: Once and Future Threat?», *Emerging Infectious Diseases*, vol. 5, n.º 4, p. 514.

32. Posteriormente morirían dos víctimas más. Véase Sugiyama, Aya, et al. (2020), «The Tokyo Subway Sarin Attack Has Long-term Effects on Survivors: A 10-year Study Started 5 years After the Terrorist Incident», *PLoS One*, vol. 15, n.º 6 ; Tanaka, Richi y Kenji Tatsumi (2020), «Woman Bedridden Since AUM Cult's 1995 Sarin Gas Attack on Tokyo Subway Dies at 56», *Mainichi* (20 de marzo).

33. Basándome en el refrán que reza: «El mundo es terrible. El mundo es mucho mejor. El mundo puede ser mucho mejor», del estadístico Max Roser, añadí una cuarta afirmación. Véase Roser, Max (2022) «The world is awful. The world is much better. The world can be much better», Our World in Data (20 de julio).

34. Véase «Emerging Infectious Diseases», <gfinderdata.policycuresresearch.org>.

35. Wolfe, Ron (2010), «Why So White?», *Arkansas Democrat-Gazette* (9 de marzo).

36. Ord, Toby (2020), *The Precipice: Existential Risk and the Future of Humanity*, Bloomsbury Publishing, p. 135. Véase también Mackby, Jenifer (2019), «BWC Meeting Stumbles Over Money, Politics», *Arms Control Association* (enero/febrero).

37. Matthews, Dylan (2022), «The Biggest Funder of Anti-nuclear War Programs is Taking its Money Away», *Vox* (17 de marzo).

38. Aschenbrenner, Leopold (2023), «Nobody's on the Ball on AGI Alignment», <forourposterity.com> (29 de marzo).

39. Nader, Ralph (2004), «Selling Our Children», *The Good Fight: Declare Your Independence and Close the Democracy Gap*, Regan Books.

40. Maitre, Emmanuelle, y Pauline Lévy (2019), «Becoming a Disarmament Champion: The Austrian Crusade Against Nuclear Weapons», *The Nonproliferation Review*, vol. 26, n.º 5-6.

41. Citado en Bajekal, Naina (2023), «She's Spent a Decade

Fighting to Ban Nuclear Weapons: The Stakes Are Only Getting Higher», *time* (4 de enero).

42. Bajekal, «She's Spent a Decade Fighting...».

43. La cita procede de una entrevista inédita de Andy Weber con el periodista Tom Ough, en noviembre de 2022, y que se me ha permitido emplear en este capítulo.

44. Weber, Andrew (2017), «Countering Weapons of Mass Destruction Without a Map», TEDxIndianaUniversity (octubre), desde el minuto 1' 18".

45. Miller, Judith, William J. Broad y Stephen Engelberg (2002), *Germs: Biological Weapons and America's Secret War*, Touchstone, p. 169 [hay trad. cast.: (2002), *Guerra bacteriológica*, Barcelona, Ed. B, trad.: Rafael Marín y Elena Recasens Pons].

46. Hoffman, David E. (2011), *The Dead Hand: Reagan, Gorbachev and the Untold Story of the Cold War Arms Race and Its Dangerous Legacy*, Icon Books, pp. 443-455.

47. Hoffman, *The Dead Hand*, p. 464.

48. Miller, Broad y Engelberg, *Germs*, pp. 166 y 178.

49. Pannu, Jassi, y Jacob Swett (2023), «What if There Was Never a Pandemic Again?», *New York Times* (28 de mayo).

50. Bipartisan Commission on Biodefense (Comité Bipartidista de Biodefensa), «The Apollo Program for Biodefense: Winning the Race Against Biological Threats» (enero de 2021).

51. «The Apollo Program for Biodefense», p. 17.

52. Esta prometedora área de investigación se denomina volatolómica, y constituye un campo en crecimiento. Se trata de una técnica de análisis de minúsculos compuestos químicos emitidos en el aliento, el sudor y en las lágrimas que pueden servir como indicativos de miles de enfermedades. Véase Hu, Wenwen, et al. (2022), «Volatolomics in Healthcare and its Advanced Detection Technology», *Nano Research*, vol. 15, n.º 9 (29 de junio).

53. Un gran ejemplo tuvo lugar en Londres, a mediados del siglo XIX. Durante el infame Gran Hedor, en verano de 1858, el olor del río Támesis era insoportable. Una capa de aguas residuales y excrementos humanos flotaba sobre el agua, y cuando el

hedor llegó a Westminster los políticos huyeron de la Cámara de los Comunes sujetando pañuelos sobre sus narices. Dos semanas más tarde el Parlamento votó a favor de un ambicioso plan del ingeniero Joseph Bazalgette para construir un gigantesco sistema de tuberías, depósitos y bombas subterráneas para hacer circular las aguas residuales fuera de la ciudad. Durante dieciséis años, 20.000 obreros construyeron el sistema de cloacas, de 130 km de longitud. «La gran cloaca que discurre bajo los pies de los londinenses», rezaba el obituario de Bazalgette, «añadió unos 20 años a la expectativa de vida de estos». Un/a historiador/a señala que probablemente el ingeniero «salvó más vidas que ningún otro funcionario victoriano». Véase Moorhouse, Fin (2023), «First Clean Water, Now Clean Air», <finmoorhouse.com> (abril); Doxat, John (1977), *The Living Thames: The Restoration of a Great Tidal River*, Hutchinson Benham, p. 41.

54. Véase también Cambeiro, Juan, y Brian Potter (2023), «Indoor Air Quality Is the Next Great Public Health Challenge», *Institute for Progress* (29 de junio).

55. Gardiner, Beth (2020), «This Landmark Law Saved Millions of Lives and Trillions of Dollars», *National Geographic* (29 de diciembre).

56. Wallace-Wells, David (2022), «Air Pollution Kills 10 Million People a Year: Why Do We Accept That as Normal?», *New York Times* (8 de junio). Véase también Ritchie, Hannah, Fiona Spooner y Max Roser (2019), «Causes of Death», Our World in Data (diciembre).

57. Véase Cambeiro y Potter, «Indoor Air Quality Is the Next Great Public Health Challenge».

58. Los estándares actuales en la UE estipulan no más de 10 microgramos por litro de agua potable. Véase «Directive (EU) 2020/2184 of the European Parliament and of the Council of 16 December 2020 on the quality of water intended for human consumption (refundido) (texto con relevancia en la EEA)», EUR-LEX (23 de diciembre de 2020); Higney, Anthony, Nick Hanley y Mirko Moro (2022), «The Lead-crime Hypothesis: A

Meta-analysis», *Regional Science and Urban Economics*, vol. 97, n.º 1 (noviembre).

59. Eadie, Ewan, et al. (2022), «Far-UVC (222 nm) Efficiently Inactivates an Airborne Pathogen in a Room-sized Chamber», *Scientific Reports*, vol. 12, n.º 4373. Algunos científicos señalan también que podría haber muy poca exposición a los gérmenes, sobre todo en la primera infancia, debido a una mayor higiene, lo que causaría un sistema inmunitario más débil. La hipótesis de la higiene fue acuñada en 1989 por el inmunólogo David Strachan para explicar el aumento del asma, los eccemas, las alergias y las enfermedades autoinmunes. Sin embargo, investigaciones recientes apuntan en otra dirección. Grandes estudios realizados en Dinamarca, Finlandia y el Reino Unido no mostraron relación alguna entre la incidencia de infecciones infantiles y la incidencia de alergias (al contrario: un mayor número de infecciones víricas parecía aumentar el riesgo de asma). En cualquier caso, es importante que los niños estén expuestos a bacterias, hongos y otros microbios. Los niños con mascotas y los que juegan más al aire libre, por ejemplo, tienen menos probabilidades de sufrir alergias. El Far-UVC (como unos buenos hábitos de lavado de manos) no juega en contra de esto, y resultaría útil en espacios públicos para combatir virus transmitidos por el aire. Véase también Johnston Files, Emily, y Philip Weinstein (2020), «Early Exposure to Infections Doesn't Protect Against Allergies, But Getting into Nature Might», *Conversation* (6 de febrero).

60. Véase Howard, Jenny (2020), «Plague Was One of History's Deadliest Diseases – Then We Found a Cure», National Geographic (6 de julio); «Viewpoint: The Deadly Disease That Killed More People Than WWI», BBC (13 de octubre de 2014); Henderson, D. A. (2009), *Smallpox: The Death of a Disease*, Prometheus Books, p. 12.

61. «The Pandemic's True Death Toll», *Economist* (3 de julio 2023).

62. Kennedy, John F. (1962), «We Choose to Go to the

Moon», Rice University (12 de septiembre). El discurso íntegro se encuentra en castellano en <https://www.abc.es/ciencia/abci-elegimos-luna-porque-dificil-discurso-integro-john-kennedy-201907200635_noticia.html?ref=https%3A%2F%2Fwww.abc.es%2Fciencia%2Fabci-elegimos-luna-porque-dificil-discurso-integro-john-kennedy-201907200635_noticia.html>

63. Sagan, Carl (1997), *Pale Blue Dot: A Vision of the Human Future in Space*, Ballantine Books, p. 12 [hay trad. cast.: (2006), *Un punto azul pálido: una visión del futuro humano en el espacio*, Barcelona, Planeta, trad.: Marina Widmer Caminal].

Epílogo

1. Citado en Gibson Wilson, Ellen (1990), *Thomas Clarkson: A Biography*, St. Martin's Press, p. 183.

2. Wilson, *Thomas Clarkson*, p. 183.

3. Citado en Hochschild, Adam (2005), *Bury the Chains: The British Struggle to Abolish Slavery*, Houghton Mifflin, p. 326.

4. Citado en Midgley, Clare (2005), *Women Against Slavery: The British Campaigns, 1780-1870*, Taylor & Francis, p. 106. Publicado originalmente en 1992.

5. Wilberforce, Robert Isaac, y Samuel Wilberforce (1838), *The Life of William Wilberforce: Volume 3*, John Murray, p. 494.

6. Se trataba de George Thompson. Citado en Midgley, *Women Against Slavery*, p. 44.

7. Citado en Fogelman, Eva (1995), *Conscience and Courage: Rescuers of Jews During the Holocaust*, Anchor Books, p. 274.

8. Fogelman, *Conscience and Courage*, pp. 282-283.

9. Léons, Max, y Arnold Douwes (2000), *Mitswa en christenplicht: Bescheiden helden uit de illegaliteit*, Uitgeverij bzztôh, p. 118.

10. Citado en Smits, Matthijs (2001), «Het eigen ik speelt geen enkele rol», *Het Financieele Dagblad* (4 de mayo).

11. Orwell, George (1949), «Reflections on Gandhi», *Partisan Review* (enero). Ensayo disponible en línea en The Orwell Foundation (inglés).

12. Para demostrarse que había vencido a la lujuria, Gandhi se enzarzó en una serie de experimentos que hoy en día consideraríamos abuso. Tras la muerte de su mujer, en 1944, dormía habitualmente desnudo junto a seguidoras muchos años más jóvenes.

13. George Orwell, «Reflections on Gandhi» [hay trad. cast. en (2013), *Ensayos*, Barcelona, Ed. Debate, trad.: Juan Antonio Montiel Rodríguez]. El texto que referencia el autor se encuentra en <https://www.críticamodernidad.com/2019/03/reflexiones-sobre-gandhi-enero-de-1949.html>

14. «A Conversation About Altruism: Matthieu Ricard, Julia Wise, and Peter Singer», University Center for Human Values, Universidad de Princeton (26 de octubre de 2015), desde el minuto 30' 36".

15. Merece la pena leer un artículo de 1982 de la filósofa Susan Wolf sobre los «santos morales». Señala que la vida es algo más que moralidad. Preocuparse día tras día por el bien conduce a una existencia estéril. «Si el santo moral dedica todo su tiempo a alimentar a los hambrientos, curar a los enfermos o recaudar fondos para Oxfam», escribió Wolf, «no está leyendo novelas victorianas, tocando el oboe o mejorando su revés» (o viendo una serie, añadiría yo). Véase Wolf, Susan (1982), «Moral Saints», *The Journal of Philosophy*, vol. 79, n.º 8.

16. «A Conversation About Altruism: Matthieu Ricard, Julia Wise, and Peter Singer», desde el minuto 37' 27".

17. Ciertamente, en esta década Clarkson no pudo evitar ayudar a diez familias en apuros y recaudar dinero para socorrer a un pobre hombre que había perdido su ganado. Y cuando el movimiento abolicionista británico cobró nueva fuerza, en 1804, Clarkson volvió a recorrer Inglaterra y Escocia para activar la vieja red. Véase Hochschild, *Bury the Chains*, p. 247.

18. Monbiot, George (2011), «The 1% Are the Very Best

Destroyers of Wealth the World Has Ever Seen», *Guardian* (7 de noviembre).

19. Citado en Battersby, John (2000), «Mandela», *Christian Science Monitor* (10 de febrero).

20. Clarkson, Thomas (1808), *The History of the Rise, Progress and Accomplishment of the Abolition of the African Slave-Trade by the British Parliament: Volume I*, R. Taylor & Co., p. 293.

21. *Ibid.*, p. 294.